Beltz Taschenbuch 875

step
systematisches training für eltern & pädagogen®

STEP stammt aus den USA und ist dort führend unter mehr als 500 Elternbildungsprogrammen. Das STEP Konzept basiert auf den Forschungsergebnissen der Individualpsychologen Alfred Adler und Rudolf Dreikurs und wurde von den Familientherapeuten Don Dinkmeyer Sr. Ph.D., Gary D. McKay Ph.D. und Don Dinkmeyer Jr. Ph. D. als systematisches Training entwickelt.

Das STEP Konzept:

☞ Neue Perspektiven erkennen:
STEP hilft uns, das Verhalten unserer Kinder aus einer neuen Perspektive zu sehen und unsere Haltung und Reaktion zu ändern. Indem wir Respekt und Liebe zeigen, gehen wir mit gutem Beispiel voran und bringen unseren Kindern Respekt bei.

☞ Ermutigen:
STEP hilft uns, die Stärken unserer Kinder zu fördern und ihre Bemühungen anzuerkennen. Durch Ermutigung – die sich vom Lob unterscheidet – unterstützen wir unsere Kinder ein gesundes Selbstvertrauen zu entwickeln.

☞ Respektvolle Kommunikation praktizieren:
STEP hilft uns, durch »aktives Zuhören« mit unseren Kindern über Gefühle und Probleme so zu sprechen, dass sie sich verstanden fühlen. Durch »Ich-Aussagen« lernen wir, uns so auszudrücken, dass unsere Kinder uns verstehen.

☞ Kooperation fördern:
STEP hilft uns, unsere Kinder zu unterstützen, selbstständig Probleme zu lösen und sie für ein kooperatives Miteinander zu gewinnen.

☞ Disziplin sinnvoll ausüben:
STEP hilft uns, Grenzen zu setzen und unseren Kindern innerhalb dieser Grenzen Entscheidungsfreiheit zu lassen, damit sie aus den Folgen ihrer Entscheidungen lernen.

☞ Fehler als Lernprozess erkennen:
STEP hilft uns, »Fehler« als Erfahrungswert zu verbuchen, uns zu verzeihen und mutig nach vorne zu blicken, statt in Schuldgefühlen zu verharren und aufzugeben.

Die Autoren:

Dr. Don Dinkmeyer Sr., Autor innovativer und erfolgreicher Trainingsprogramme für Eltern, hat mehr als 20 Bücher und über 100 Zeitschriftenartikel veröffentlicht.
Dr. Gary McKay, Mitglied der amerikanischen Gesellschaft für Ehe- und Familienberatung. Zahlreiche Veröffentlichungen auf dem Gebiet der Erziehungsberatung.
Dr. Don Dinkmeyer Jr., Professor an der Western Kentucky University, ehemals Präsident der Nordamerikanischen Gesellschaft für Adlerianische Psychologie, Autor zahlreicher Bücher auf dem Gebiet der Beratung und Therapie.

Die Herausgeberinnen:

Trudi Kühn hat nach ihrer pädagogisch-philologischen Hochschulausbildung an einem Gymnasium in Hamburg unterrichtet, viele Jahre in London gelebt und Fortbildungen, insbesondere in der Humanistischen Psychologie absolviert, sowie als Trainerin für Verhandlungsführung gearbeitet. Sie hat zwei erwachsene Kinder und lebt mit ihrem Mann in Düsseldorf.
Roxana Petcov ist Sprachwissenschaftlerin und hat sich im individualpsychologischen Bereich fortbilden lassen. Sie hat die Fremdsprachenabteilung eines Erwachsenenweiterbildungsinstituts geleitet und im Qualitätsmanagement gearbeitet. Sie ließ sich bei Dr. Don Dinkmeyer Jr. in den USA zur STEP Kursleiterin ausbilden. Sie ist verheiratet, Mutter zweier erwachsener Kinder und lebt in Düsseldorf.
Linda Pliska, Schulpsychologin, lebt heute in den USA.

Don Dinkmeyer Sr. · Gary D. McKay ·
Don Dinkmeyer Jr.

STEP
Das Elternbuch

Kinder ab 6 Jahre

Herausgegeben von
Trudi Kühn · Roxana Petcov · Linda Pliska

Aus dem Amerikanischen von
Trudi Kühn und Roxana Petcov

Mit Illustrationen von John Bush

BELTZ

Dieses Buch ist erhältlich als:
ISBN 978-3-407-22875-8 Print
ISBN 978-3-407-86502-1 E-Book (EPUB)

12. Auflage 2021

in der Verlagsgruppe Beltz • Weinheim Basel
Werderstraße 10, 69469 Weinheim

Titel der Originalausgabe: The Parent's Handbook, Systematic Training for Effective
Parenting (STEP) by Don Dinkmeyer Sr., Gary D. McKay, Don Dinkmeyer Jr.

Umschlaggestaltung: Federico Luci, Odenthal
unter Verwendung des Logos von InSTEP® Elterntraining GbR, Düsseldorf
Bildnachweis: © Robert Kneschke / Fotolia

Satz: WMTP, Birkenau
Gesamtherstellung: Beltz Grafische Betriebe, Bad Langensalza
Printed in Germany

Weitere Informationen zu unseren Autor_innen und Titeln finden Sie unter:
www.beltz.de

Inhalt

Vorwort der Herausgeberinnen

Wir alle wissen aus eigener Erfahrung, welche Herausforderung Kindererziehung gerade heutzutage bedeutet. Wie oft ertappen wir uns dabei, auf die Erziehungsmethoden unserer Eltern zurückzugreifen, wenn wir uns in emotional geladenen Situationen befinden, nicht weiter wissen und uns **hilflos fühlen**. Nicht immer benutzen wir diese Erziehungsmethoden, weil sie uns besonders zusagen, sondern eher in Ermangelung einer Alternative. Wie kommt es zu diesem Dilemma?

Im Laufe unseres Lebens bereiten wir uns immer wieder auf verschiedene Aufgaben mit unterschiedlichen Anforderungen vor, indem wir uns einer qualifizierten Ausbildung unterziehen. Aber wo lernen wir heutzutage, in Zeiten, die viele von uns als verunsichernd und stressig empfinden, wie wir eine kooperative, stressfreiere Atmosphäre in der Familie erreichen? Wie können wir eine erfüllende Beziehung zu unseren Kindern aufbauen, die ein Leben lang hält, ohne den Halt traditioneller Familienstrukturen und unter dem Einfluss so vieler unwägbarer Faktoren, die von außerhalb der Familie auf Eltern und Kinder einwirken? Wo lernen wir, wie wir am besten das Ziel erreichen, das gewiss allen Eltern gemeinsam am Herzen liegt: unsere **Kinder zu glücklichen und verantwortungsbewussten Menschen zu erziehen**, die, mit gesundem Menschenverstand ausgerüstet, in unsere schnelllebige und immer komplexer werdende Welt passen?

Längst sind neue Zeiten angebrochen, und es gibt zahlreiche Ratgeber, die uns bei unserer Aufgabe behilflich sein wollen und können. Aber wie viele davon haben wir gelesen, mit dem festen Vorsatz, das »Gelernte« in die Praxis umzusetzen? Und wie oft haben wir erfahren müssen, dass wir uns bei den täglichen Auseinandersetzungen wieder hilflos fühlen, weil uns die »richtigen« Worte, der richtige

Ton, die richtige Haltung fehlen? Wir meinen es gut, aber wie können wir unseren Kindern zeigen, dass wir sie lieben und anerkennen ohne das Gefühl zu haben, ihnen alles durchgehen zu lassen? Wieweit sollen die Freiräume in welchem Alter gehen und wie sollen wir Grenzen setzen? Wie drücken wir uns aus, damit wir gehört und verstanden werden? Wie fordern und fördern wir unsere Kinder – wo liegt die Grenze zwischen überfordern und fördern? Wir stellen fest, dass wir keine **klare und wirksame Strategie** – die zu unserer Familie passt – zur Hand haben, um der Herausforderung, die Kindererziehung heute an uns stellt, gerecht zu werden.

Mit dem **STEP** Programm stellen wir – die Herausgeberinnen Trudi Kühn, Roxana Petcov und Linda Pliska – ein systematisches, praktisches und sofort anwendbares Konzept vor, das uns persönlich in unseren eigenen Familien auf überzeugende Weise geholfen hat. Als Pädagoginnen haben wir erkannt, wie wichtig es ist, Eltern bei der großen Aufgabe der Kindererziehung **Hilfe zur Selbsthilfe** zu geben.

Frau Pliska hat als Schulpsychologin an der Internationalen Schule in Düsseldorf 1998 mit STEP Elternkursen in englischer Sprache begonnen. Wir, Trudi Kühn und Roxana Petcov, haben das Buch ins Deutsche übersetzt und kulturell angepasst, in der Hoffnung, dass es hierzulande ebenso begeisterte Anhänger findet wie in den USA und anderen Ländern.

Im Jahr 2000 wurde der erste STEP Kurs in deutscher Sprache von uns, den Herausgeberinnen, an der Internationalen Schule Düsseldorf durchgeführt. Seit 2001 bilden wir Kursleiter/innen aus, mit dem Ziel, STEP Kurse in allen größeren Städten der Bundesrepublik, in der deutschsprachigen Schweiz sowie in Österreich, Belgien und Luxemburg anbieten zu können.

Das Bundesministerium für Bildung und Forschung hat die Evaluation von STEP im Rahmen der Präventationsforschung gefördert. **Professor Dr. Klaus Hurrelmann** von der Fakultät für Gesundheitswissenschaften an der Universität Bielefeld führte die Evaluation in Deutschland durch.

In den letzten Jahren wird das Angebot der STEP Kurse von immer mehr Eltern begeistert angenommen. Trotzdem ist es durchaus möglich, sich das STEP Konzept im **Selbststudium** anzueignen. Wir empfehlen, pro Woche ein Kapitel des Buches zu lesen. Die »Aufgabe der Woche« und die »Nur für Sie«-Sequenz eines jeden Kapitels eignen sich besonders als Anregung, STEP während der darauf folgenden Woche in der Familie zu praktizieren. Sicher ist dabei ein hohes Maß an Selbstdisziplin gefragt.

Für ein **optimales Ergebnis**, d.h. eine in relativ kurzer Zeit erkennbare Änderung des Verhaltens unserer Kinder durch eine Verbesserung der Beziehungen in unserer Familie, empfiehlt es sich allerdings, an einem **STEP Elternkurs** teilzunehmen. Durch Selbstreflexion lernen wir, unsere Einstellung unseren Kindern gegenüber zu überdenken, die Kinder besser zu verstehen und ihr Verhalten aus einem neuen Blickwinkel zu betrachten. Die praktische Anwendung von STEP bei themenspezifischen Übungen und beim Erfahrungsaustausch mit anderen Eltern unter Anleitung eines/r **zertifizierten Kursleiters/in** verschafft uns die notwendige Praxis und das Vertrauen in unsere eigene Fähigkeit, die STEP Prinzipien und Fertigkeiten in entscheidenden Situationen zu Hause authentisch umzusetzen.

In den Kursen wird mit dem STEP »Elternbuch«, den STEP Trainervideos, anschaulichem visuellem Material, Fallbeispielen und Rollenspielen gearbeitet, die speziell für den Kurs entwickelt wurden. Die Kurse laufen in der Regel jeweils **10 Wochen lang**, wöchentlich jeweils 2–2 ½ Stunden. Sie sind sowohl für Ehepaare, alleinerziehende Mütter/Väter, Adoptiv- und Pflegeeltern sowie für Patchworkfamilien geeignet als auch für alle Menschen, die sich beruflich mit Kindern beschäftigen, z.B. Tagespflegepersonen.

Wobei hilft STEP?

- ✓ Neue Perspektiven erkennen: STEP hilft uns Eltern, das Fehlverhalten unserer Kinder zu verstehen, neu zu interpretieren und bewusst anders als erwartet zu reagieren. Indem wir unsere Kinder mit Respekt behandeln, gehen wir mit gutem Beispiel voran und bringen ihnen bei, uns ebenfalls zu respektieren.
- ✓ Ermutigung: STEP hilft uns, auf die Bemühungen unserer Kinder mit Ermutigung zu reagieren, auf diese Weise unsere Liebe zu zeigen und so ihr Selbstvertrauen zu stärken.
- ✓ Kommunikation lernen: STEP hilft uns, durch die Technik des »aktiven Zuhörens« mit unseren Kindern über deren Gefühle und Probleme zu sprechen. Sogenannte »Ich-Aussagen« helfen uns, uns so auszudrücken, dass unsere Kinder uns zuhören und verstehen.
- ✓ Kooperation lernen: STEP hilft uns, nach klaren Kriterien zu unterscheiden, ob wir dem Kind die ganze Verantwortung für die Lösung eines Problems überlassen, ob wir das Kind respektvoll bei der Lösungsfindung unterstützen oder ob es sich um unser Problem handelt. Durch die Zusammenarbeit bei der Lösungsfindung wird die Kooperationsbereitschaft und die Konfliktfähigkeit des Kindes gefördert.
- ✓ Disziplin einüben: STEP hilft uns, Grenzen zu setzen, aber auch Freiräume für eigene Entscheidungen zu gewähren, indem wir unseren Kindern innerhalb dieser Grenzen ihrem Alter entsprechend eine Wahl lassen. Durch liebevoll-konsequentes und zuverlässiges Verhalten, durch natürliche und logische Konsequenzen, die wir auf das Fehlverhalten unserer Kinder folgen lassen, zeigen wir ihnen unsere Für-

sorge und unseren Respekt. Das erstrebte Ziel ist Selbstdisziplin.

✓ FEHLER EINGESTEHEN: STEP hilft uns, »Fehler« als Erfahrungswerte, als Teil eines Lernprozesses zu verbuchen, uns zu verzeihen und mutig nach vorn zu blicken und den nächsten Schritt zu gehen, statt in Schuldgefühlen zu verharren oder aufzugeben.

Kommentare von Teilnehmer/innen an STEP Elternkursen:

Mit Hilfe von STEP habe ich meinen persönlichen Blickwinkel geändert, denn ich habe mich und die Kinder besser kennen und verstehen gelernt. So kann ich Fehlverhalten richtig/besser zuordnen und durch logische Konsequenzen unsere Kinder zu eigenverantwortlichem Handeln anleiten. Ich habe auch erfahren, was ich mit Ermutigung erreichen kann. Das Miteinander in der Familie ist freundlicher, die Stresssituationen haben sich reduziert. Durch das tägliche Anwenden von STEP bin ich geübter und ich arbeite weiter daran. Der Erfolg ist mit Geld nicht zu bezahlen.

Beate Lindlar, drei Kinder, Bochum

Wir haben durch den STEP Kurs unsere Emotionen gut unter Kontrolle bekommen. Viel Zündstoff ist seitdem aus unserer Familie verschwunden.

Stress mit den Kindern belastet immer auch die Beziehung zwischen den Eheleuten. Und die ist durch den STEP Kurs wieder viel besser geworden.

Karin und Karl Müller, drei Kinder, Düsseldorf

Das STEP Elterntraining gab mir als Teilnehmer neue Methoden an die Hand, mit denen sich ein an den Bedürfnissen von Kindern und Eltern orientiertes und gleichzeitig wesentlich harmonischeres Familienleben Schritt für Schritt realisieren ließ. Besonders wichtig waren mir dabei praktische Hilfen, mich selbst immer wieder zu ermutigen, konsequent und gleichzeitig fair zu sein und vor allem den täglichen Frust mit positiven inneren Dialogen abzubauen. Eine große Unterstützung bei der Umsetzung der Theorie in die Praxis ergibt sich durch die Diskussion in der Gruppe.

Bernd Hippler, zwei Kinder, Dortmund

STEP hat uns dabei geholfen, eine neue Sichtweise einzunehmen. Verzwickte Situationen können wir nun ergründen und je nach Problemstellung entsprechend darauf reagieren. Die Praxis zu Hause zeigt, dass sich unsere Mühe gelohnt hat, und zwar für alle Beteiligten. Die Stimmung ist entspannter, weil wir Methoden gelernt haben, die uns ruhiger und sicherer handeln lassen, und weil wir nun noch sensibler auf unsere und die Gefühle der Kinder reagieren können. Falls wir einmal eine »harte Nuss« zu knacken haben, können wir nun auf STEP zurückgreifen und die Situation analysieren und für die Zukunft eine bessere Lösung finden. Wir fühlen uns nun zufriedener und glücklicher. Die 20 Trainingsstunden haben eine gute Basis geschaffen, die wir nun allmählich ausbauen können. Danke an das STEP Team. Toll, dass es euch gibt.

Christine von Winterfeldt und Carsten Dorn,
zwei Kinder, Hamburg

Als ich am Info-Abend hörte, Erziehung soll Spaß machen, war ich sehr erstaunt. Für mich war es bis vor dem STEP Kurs harte Arbeit. Heute kann ich auch sagen: »Erziehung macht Spaß.« Klar gibt es Situationen, bei denen ich glaube, dass alles entgleist, aber durch den STEP Kurs kann ich kreativer an die Situation herangehen und auch mal lachen, wenn es nicht so klappt, wie ich es mir vorgestellt habe. Ich beziehe bei Konfliktsituationen nicht sofort alles auf mich, sondern habe gelernt, auch aus dem Blickwinkel des Kindes die Sache anzuschauen.

Monika Norz, Spielgruppenleiterin,
zwei Kinder, Kloten, Schweiz

Zusätzliche und jeweils neueste Informationen sowohl über STEP Elternkurse als auch über STEP Kursleiterseminare erhalten Sie auf der Website des jeweiligen Landes: Bundesrepublik Deutschland: **www.instep-online.de**, Österreich: **www.instep-online.at**, Schweiz: **www.instep-online.ch**.

Dort haben Sie die Möglichkeit, sich über die Kursleiter/innen in Ihrer Gegend zu informieren und sich zu einem STEP Elternkurs anzumelden. Die auf o.g. Websites mit ihrem Profil und ihren Kursterminen vertretenen Mulitplikator/innen sind **zertifiziert** und unterliegen den **Qualitätsanforderungen des InSTEP Trainernetzwerks.**

Wir möchten es nicht versäumen, uns an dieser Stelle besonders bei den Autoren Dr. Don Dinkmeyer Jr., Dr. Don Dinkmeyer Sr. und Dr. Gary C. McKay sowie seiner Frau Joyce für die sehr geschätzte Unterstützung bei der Vorbereitung unseres Projektes zu bedanken.

Ein besonders herzliches »Danke« geht auch an unsere überaus verständnisvollen und hilfsbereiten Familien und Freunde, ohne deren Unterstützung unser Projekt in so kurzer Zeit nicht hätte verwirklicht werden können. Insbesondere Frau Anne Ehrensberger und Herrn Peter Haslebacher – beide sitzen im Beirat des InSTEP Trainernetzwerks – soll hier für ihre in vieler Hinsicht kompetente Beratung und unermüdliche Begleitung gedankt werden.

Für Fragen und Kommentare steht Ihnen unsere Emailadresse **mail@instep-online.de** zur Verfügung.

Trudi Kühn, Roxana Petcov
Düsseldorf im März 2019

Vorwort der Autoren

Man sagt, dass alles dahin zurückkehrt, wo es hergekommen ist, und sich damit der Kreis schließt. Wir freuen uns deshalb besonders, dass **STEP** (**S**ystematisches **T**raining für **E**ltern und **P**ädagogen) jetzt ins Deutsche übersetzt worden ist, in die Muttersprache der beiden Psychologen – **Professor Alfred Adler und Professor Rudolf Dreikurs** –, auf deren Individualpsychologie die Theorie dieses Buches zurückzuführen ist.

Die Ausgangsthese der Individualpsychologie ist: Der Mensch ist ein soziales Wesen. Sein Verhalten ist darauf ausgerichtet, ein Gefühl der Zugehörigkeit zu erlangen. Wenn einem Kind dies auf positive Art nicht gelingt, fühlt es sich entmutigt und versucht, das Ziel der Zugehörigkeit mit störendem Verhalten zu erreichen.

Die **Individualpsychologie**, die Adler und sein bedeutendster Schüler Dreikurs entwickelt haben, leistet heutzutage ausgezeichnete Dienste, in einer Zeit, in der ein demokratischer Erziehungsstil benötigt wird, der unseren Kindern Selbstdisziplin beibringt. Diese **Selbstdisziplin** ist notwendig, damit unsere Kinder mit der zunehmenden Verantwortung, der sie gewachsen sein müssen, und dem größeren Freiraum, den sie beanspruchen und brauchen, umgehen können.

STEP kommt unserem Bedürfnis entgegen, zu wissen wann und wie wir Grenzen setzen können. STEP stellt uns bei der Erziehung unserer Kinder einen roten Faden zur Verfügung und hilft uns damit, unseren Kindern die Sicherheit zu bieten, die sie brauchen, um ihre Grenzen auszutesten, die Konsequenzen ihrer eigenen Entscheidungen zu erfahren und damit die Chance zu haben, daraus zu lernen.

Wir glauben, dass Elternsein eine der lohnendsten Aufgaben in unserem Leben darstellt, aber gleichzeitig auch eine der größten Herausforderungen! Es gibt viele sich widersprechende Theorien über Kindererziehung. Unsere Eltern, Verwandten, Freunde und Ehe/Partner haben alle ihre eigenen Vorstellungen. Es ist nicht einfach, sich seinen eigenen Weg zu bahnen.

STEP basiert auf demokratischen Prinzipien und hilft Ihnen und Ihren Familien, indem Sie Verhaltensweisen und Fertigkeiten üben, die im »Elternbuch« vorgeschlagen werden. Indem Sie STEP anwenden, werden Sie feststellen, dass Sie es in der Hand haben, das Verhältnis zu Ihren Kindern zu verbessern und erreichen können, was Sie wollen: glückliche und verantwortungsbewusste Kinder zu erziehen. Wenn Sie sich dazu entschlossen haben, an einem STEP Kurs teilzunehmen und STEP in Ihrem Alltag umzusetzen, werden Sie auch während der schwierigen Teenagerjahre und wenn Ihre Kinder das Elternhaus bereits verlassen haben, eine **tragfähige**, **erfüllende Beziehung** zu Ihren Kindern haben können.

STEP wird Ihnen nicht nur dabei behilflich sein, ein harmonischeres Zuhause zu schaffen. Mit Hilfe von STEP können Sie Ihren Kindern das notwendige gesunde Selbstvertrauen vermitteln, sowohl für sich und ihre Ideen einzustehen als auch im Team zu arbeiten. Ihre Kinder brauchen beides, um in ihrem privaten wie auch in ihrem beruflichen Leben erfolgreich zu sein und um den Herausforderungen, die das Leben an sie stellt, mit Zuversicht begegnen zu können.

In den USA haben in den vergangenen 36 Jahren (letzte revidierte Auflage 1997) vier Millionen Eltern an Kursen, in denen STEP Elterntraining vermittelt wurde, teilgenommen.

Die Herausgeberinnen, Inhaberinnen des Copyrights der deutschsprachigen Ausgabe von STEP und Gründerinnen des InSTEP Trainernetzwerks, haben sich mit Elan und großem Enthusiasmus zum Ziel gesetzt, STEP überall in Deutschland, Österreich und der deutschsprachigen Schweiz anzubieten. In ihrem Vorwort erhalten Sie weitere Informationen dazu.

DR. DON DINKMEYER SR.:
Approbierter Psychologe, Mitglied der amerikanischen Gesellschaft für Ehe- und Familientherapie, Präsident des Kommunikations- und Motivationstrainingsinstituts in Coral Spring, Florida.

DR. GARY D. MCKAY:
Approbierter Psychologe, Mitglied der amerikanischen Gesellschaft für Ehe- und Familientherapie.

DR. DON DINKMEYER, JR.:
Professor an der Western Kentucky University, approbierter Ehe- und Familientherapeut, Präsident der nordamerikanischen Gesellschaft für Adlerianische Psychologie.

1

Wir lernen, uns und unsere Kinder besser zu verstehen

Folgende Aspekte der Kindererziehung werden wir in diesem Kapitel ansprechen:

- ☞ Unsere größte Herausforderung in der Kindererziehung ist es, selbstbewusste und verantwortungsvolle Kinder zu erziehen.
- ☞ Unsere Aufgabe ist es, zu führen und zu leiten – nicht zu strafen oder alles für die Kinder zu tun, was sie selbst tun könnten.
- ☞ Wir können von unseren Kindern Kooperation erwarten.
- ☞ Das Verhalten unserer Kinder hat immer ein Ziel.
- ☞ In unserer Familie können wir gemeinsam arbeiten, miteinander spielen und zusammen wachsen.

Beispiel

Es ist Mittwochnachmittag. Frau K. hat ihre Kinder gerade von der Schule und vom Kindergarten abgeholt. Sie sind im Gemüseladen. Sebastian heult und rüttelt am Einkaufswagen: »Ich mag kein Gemüse. Pfui! Ich will Spaghetti und Tomatensauce!«

Katharina ist müde und schlecht gelaunt. Sie hat Husten und ihre Nase läuft. Frau K. ist gereizt und ihr Kopf schmerzt. Sie macht sich Gedanken darüber, was sie tun wird, falls Katharina wirklich krank werden sollte und morgen nicht zur Schule gehen könnte. Sie kann sich nicht erinnern, was sie zum Abendessen einkaufen wollte und sie hofft, dass sie genug Geld dabei hat.

Katharina schubst ihre Schwester Natalie in einen Stapel Plastikflaschen. Die Flaschen rollen herum. Natalie schreit und beginnt zu weinen. Frau K. holt tief Luft und schließt ihre Augen. Sie fragt sich: »Warum muss alles so schwierig sein?«

Die meisten von uns kennen solche Vorfälle und verstehen, wie sich diese Mutter fühlt. Jeden Tag müssen wir Kindererziehung, Beruf und Hausarbeit miteinander in Einklang bringen – und wenn dann noch Geldsorgen drücken... Oft werden dadurch unsere Zeit, ebenso wie unsere Geduld, auf das Äußerste in Anspruch genommen. Wir würden nur zu gerne das Beste für unsere Familie tun. Aber nur allzu oft wissen wir nicht wie. Wir fühlen uns überfordert, überwältigt und alleine. Das muss nicht sein!

Als Eltern haben wir ein gemeinsames Interesse: unsere Kinder. Die meisten von uns teilen ein gemeinsames Ziel: Kinder zu erziehen, die glücklich und gesund sind, selbstbewusst, kooperativ und verantwortungsvoll. Wir wollen starke Familienbande, die ein Leben lang halten. Wir wollen Kinder, die sich zu eigenständigen, ausgeglichenen Persönlichkeiten entwickeln. Wir wollen Kinder heranwachsen sehen, die geliebt werden, sich geliebt fühlen und deshalb Liebe geben können.

Gute Erziehungsmethoden können erlernt werden

Wir können lernen,

✓ wie Kinder sich entwickeln und weshalb sie ein bestimmtes Verhalten zeigen,

✓ wie wir wirksam und positiv mit Fehlverhalten umgehen,

✓ wie wir am besten unsere Kinder ermutigen,

✓ wie wir aufmerksam zuhören und offen miteinander reden.

Eines ist sicher: Elternsein ist nicht leicht. Aber andererseits: Ist nicht aller Anfang schwer?

> Beispiel
> Wie haben wir lesen gelernt? Haben wir einfach angefangen? Oder hat etwa jemand anders – ein Lehrer, die Eltern, eine Schwester oder ein Bruder – mit uns gearbeitet, uns gezeigt, wie man mit den Buchstaben und Lauten umgehen muss?
>
> Wie haben wir Rad fahren gelernt? Sind wir etwa einfach aufs Rad gestiegen und losgefahren? Oder hat jemand das Rad gehalten und erklärt, wie es jetzt weitergehen soll?

Es war gewiss nicht leicht, lesen und Fahrrad fahren zu lernen. Um diese Fähigkeiten zu erwerben, benötigten wir Zeit, Geduld und Übung. Wir waren zudem auf Hilfe und Rat angewiesen.

Ebenso wie lesen und Fahrrad fahren, können wir auch gute Erziehungsmethoden lernen, üben und uns Schritt für Schritt verbessern.

Gute Erziehungsmethoden sind wichtig

Erzieher/innen, Lehrer/innen und Sozialpädagog/innen durchlaufen jahrelange Ausbildungen, um ihren Beruf ausüben zu können und zu dürfen. Die Idee, dass es für Mütter und Väter nützlich sein kann, Erziehungsmethoden zu erlernen, ist noch ziemlich neu. Die Gesellschaft hat begonnen, unsere Aufgabe als Eltern schätzen zu lernen. Schließlich sind wir Eltern die wichtigsten Menschen im Leben unserer Kinder. Damit nehmen wir schon heute Einfluss auf die Zukunft unserer Gesellschaft.

Es gibt viele verschiedene Wege, unsere Kinder zu erziehen. Welchen wir auch wählen, das Wichtigste dabei bleibt, das *Ziel* nicht aus dem Auge zu verlieren: Wir wollen

- ✓ Kinder erziehen, die glücklich, gesund, selbstbewusst, kooperativ und verlässlich sind,
- ✓ eine tragfähige, erfüllende, dauerhafte Beziehung mit unseren Kindern aufbauen,
- ✓ unseren Kindern helfen, verantwortungsbewusste Erwachsene zu werden,
- ✓ liebevolle und liebenswerte Kinder erziehen.

Wie kann STEP Elterntraining dabei helfen?

STEP kann uns bei der Wahl einer Erziehungsmethode unterstützen, die für uns und unsere Kinder hilfreich sein wird. Das vorliegende Buch vermittelt eine *praktische, anwendbare* Erziehungsmethode. Sie kann uns helfen, den Herausforderungen der Kindererziehung Schritt für Schritt besser gerecht zu werden. Die Anwendung von STEP im Alltag wird unsere Fähigkeiten im Umgang mit unseren Kindern und damit unser Selbstvertrauen verbessern.

Im ersten Kapitel lernen wir etwas über uns selbst, indem wir uns zwei Fragen stellen:

1. Was gefällt mir an dem, was ich bereits tue?
2. Was möchte ich ändern?

Wir werden außerdem auch einiges über unsere Kinder erfahren:

- ✓ Was können wir von unseren Kindern erwarten?
- ✓ Welche Charakterzüge schätzen wir besonders an unseren Kindern?

✓ Warum zeigen unsere Kinder ein bestimmtes Fehlverhalten?

✓ Wie können wir unseren Kindern helfen, sich für ein angemessenes Verhalten zu entscheiden?

Außerdem werden wir Wege lernen, uns als Familie näher zu kommen:

✓ Wie können wir einander zeigen, dass wir einander lieben und respektieren?

✓ Wie können wir mehr Spaß miteinander haben?

Welcher Erziehungsstil wird uns helfen, unser Ziel zu erreichen?

Wir haben alle eine bestimmte Art, mit unserem Kind umzugehen, unseren eigenen *Erziehungsstil*. Es gibt viele verschiedene Arten, Kinder zu erziehen. Die drei häufigsten sind folgende:

1. Befehle erteilen
   Dieser Stil setzt zu enge Grenzen. Er gibt Kindern wenig oder keine Freiheit.
2. Gewährenlassen oder zu oft nachgeben
   Dieser Stil gibt Kindern viel Freiheit, setzt jedoch keine Grenzen.
3. Wahlmöglichkeiten anbieten
   Auf diese Weise lernen Kinder, das Gleichgewicht zu finden zwischen Freiräume nutzen und Grenzen akzeptieren.

Wir wollen uns diese Erziehungsstile genauer ansehen. Nur wenige Leute halten sich an nur einen Stil. Wir neigen gewöhnlich dazu, *einen* Stil zu bevorzugen. Während wir die folgenden Zeilen lesen, denken wir über unseren eigenen Erziehungsstil nach. Wir fragen uns:

✓ Kann uns unser Erziehungsstil helfen, den Herausforderungen zu begegnen?

- ✓ Was können wir ändern, um den Herausforderungen besser gerecht zu werden?
- ✓ Wie können wir unserem Kind angemessene Grenzen setzen? Wie viel Freiheit sehen wir als sinnvollen Freiraum für unser Kind an?

Zusammenfassung

- ✓ Wie fühlen Sie sich als Eltern? Denken Sie darüber nach, wie Sie sich im Augenblick fühlen.
- ✓ Wenn Sie sich gut fühlen, fragen Sie sich: Weshalb? Was haben Sie gemacht, damit Sie sich gut fühlen? Wie können Sie dieses Gefühl bewahren?
- ✓ Finden Sie wenigstens einen Grund, weshalb Sie sich heute gut fühlen. Was ist gut daran? Was könnten Sie tun, um sich aus diesem Grund öfter gut zu fühlen?

Befehle erteilen

Dieser Stil wird oft als *autoritär* bezeichnet. Die Eltern sind sehr streng, sie stellen eine Menge Regeln auf. Von den Kindern wird erwartet, dass sie sich genau an die Regeln halten. Um die Einhaltung der Regeln zu erzwingen, werden die Kinder belohnt und bestraft.

Was lernen unsere Kinder daraus?

Belohnungen führen Kinder dazu, für ihr »brav sein« eine Bezahlung zu erwarten:

Beispiel

Als Tobias sieben Jahre alt war, verlangte Frau Z., seine Mutter, von ihm, ruhig zu sein, damit das Baby schlafen konnte. Als Belohnung gab sie ihm Limonade. Als Tobias neun war, musste er mit seinem kleinen Bruder spielen, damit Frau Z. sich auf ihre Prüfungen vorbereiten konnte. Als Belohnung erlaubte sie Tobias, eine Pizza für sich und seine Freunde zu bestellen. Jetzt ist Tobias elf. Seine Mutter braucht seine Hilfe: Sie erwartet, dass er auf seinen Bruder aufpasst. Als Belohnung möchte Tobias ein neues Spiel für seine Playstation.

Kinder neigen dazu, strengen Regeln zu folgen, um Auseinandersetzungen und Strafe zu vermeiden. Möglicherweise lernen sie dadurch, alles zu tun, um ihren Eltern zu gefallen, oder aber Angst vor den Eltern zu haben. Sie lernen jedoch nicht, für sich selbst zu denken. Stattdessen richten sie sich vielleicht nach Freunden und anderen Personen, die ihnen sagen, was sie tun sollen. Wir alle wissen: Der Rat von Freunden ist nicht immer der beste.

BEISPIEL

Miriam ist acht. Sie hat ihre Handschuhe in der Schule vergessen. Herr W., ihr Vater, schreit sie an. Am nächsten Tag vergisst Miriam die Bestätigung der Eltern, dass sie an einem Schulausflug teilnehmen darf. Jetzt hat Herr W. wirklich genug. Er verbietet ihr, an dem Schulausflug teilzunehmen.

Ein paar Tage später bekommt Miriam ihr Zeugnis. Sie hat Angst vor der Reaktion des Vaters. Ihre Freunde raten ihr, die Noten im Zeugnis einfach abzuändern. Miriam findet die Idee gut.

Wenn Kinder bestraft werden, weil sie nicht »brav« waren, könnten sie möglicherweise lernen, ihre Eltern nicht zu mögen. Oft finden sie einen Weg, es den Eltern heimzuzahlen. Einige Kinder rebellieren gegen strenge Eltern schon im frühen Kindesalter, andere erst wenn sie älter werden.

Wenn Kinder nicht gehorchen, reagieren strenge Eltern manchmal mit Schreien, Vorwürfen oder sogar mit Schlagen. Die Kinder fühlen sich hilflos und versuchen, ihre

Umwelt wieder in den Griff zu bekommen, indem sie vielleicht das Verhalten der Eltern ihnen gegenüber im Spiel mit anderen Kindern nachahmen. Sie sehen, dass Erwachsene Problemen mit lautstarken Gefühlsausbrüchen und körperlicher Gewalt begegnen. Sie kommen möglicherweise zu der Überzeugung, dass Schreien, Brüllen und Schlagen die richtigen Methoden sind, um Probleme zu lösen.

1. Kinder müssen Erwachsenen vertrauen können. Sie sollen keine Angst vor ihnen haben.
2. Kinder brauchen die Chance, zwischen Alternativen wählen zu dürfen. Dies wird ihnen helfen, Grenzen zu erkennen und zu akzeptieren und Verantwortung zu übernehmen.
3. Kinder sollen erkennen, dass Probleme mit ruhigen Worten – nicht mit Schreien und Schlagen – gelöst werden können.

Die autoritäre Methode hilft nicht bei der Vertrauensbildung zwischen Eltern und Kindern. Sie erlaubt keinen Freiraum und keine Wahlmöglichkeiten. Durch diese Methode lernen unsere Kinder nicht, Worte zu benutzen, um Probleme zu lösen.

Gewährenlassen oder zu oft nachgeben

Eltern, die dazu neigen häufig nachzugeben oder ihre Kinder zu oft gewähren zu lassen, folgen dem *antiautoritären* (laissez-faire) Erziehungsmodell. Sie setzen dem Freiheitstrieb ihrer Kinder keine Grenzen oder sie setzen Grenzen, die sie oft ändern. Diese Kinder wachsen ohne verlässliche Richtlinien auf. Sie können tun und lassen, was sie wollen. Wir nennen diese Kinder »verwöhnt«.

Jedermann weiß: Freiheit ohne Grenzen bedeutet Probleme für alle. Warum? Weil die Gesellschaft Grenzen setzt. Kinder, deren Verhalten keine Grenzen gesetzt werden, haben Schwierigkeiten, sich in unserer Gesellschaft zurechtzufinden.

Beispiel

Wie wäre es, wenn es keine Verkehrsregeln gäbe? Wie wäre es, wenn jeder so fahren würde, wie er Lust hätte: auf der falschen Straßenseite, in der Mitte, ohne anzuhalten, so schnell wie möglich? Das Ergebnis wäre eine Menge Zusammenstöße, die man nicht einmal als »Unfälle« bezeichnen könnte!

Kinder, denen die Eltern keine Grenzen setzen, haben möglicherweise Schwierigkeiten zu lernen, mit anderen umzugehen.

Was lernen unsere Kinder daraus?

Ohne von den Eltern gesetzte Grenzen ist es sehr wahrscheinlich, dass die Kinder mehr Probleme oder »Zusammenstöße« beim Erlernen von Verantwortungsbewusstsein haben. Möglicherweise haben sie Schwierigkeiten, mit anderen auszukommen. Gewöhnlich lernen sie, einfach zu tun, was sie wollen. Sie *lernen nicht*, die Gefühle und Rechte anderer zu berücksichtigen. Sie erkennen nicht, dass Menschen Verantwortung füreinander tragen.

✓ Kinder brauchen Grenzen. Sie erhalten dadurch Orientierung, um Entscheidungen treffen zu können.

- ✓ Kinder müssen erkennen, dass andere Menschen genauso wichtig sind wie sie.
- ✓ Wenn wir wollen, dass unsere Kinder verantwortungsbewusste Erwachsene werden, müssen wir ihnen helfen, verantwortungsvolle Kinder zu sein. Wenn wir keine Grenzen setzen, werden wir der Herausforderung, die die Erziehung an uns stellt, nicht gerecht.

Wahlmöglichkeiten anbieten

Welcher Erziehungsstil *wird uns helfen*, verantwortungsbewusste Kinder zu erziehen? Betrachten wir den demokratischen Stil genauer. Er ist nicht antiautoritär, sondern er erstrebt ein Gleichgewicht zwischen Freiräumen und Grenzen, zwischen Rechten und Pflichten.

Dieser Stil zielt darauf ab, zu Verantwortlichkeit zu erziehen, indem wir:

1. Grenzen setzen und
2. Wahlmöglichkeiten innerhalb dieser Grenzen anbieten.

Wie gehen wir dabei vor? Eltern, die den demokratischen Erziehungsstil nutzen, ermutigen ihre Kinder, einige Entscheidungen selbst zu treffen. Sie ermutigen ihre Kinder, mit ihren Ideen einen Beitrag zu leisten, auch bei Entscheidungen, die die Familie betreffen. Das zeigt den Kindern, dass die Eltern ihre Ansichten respektieren.

BEISPIELE

Katharina ist elf. Sie möchte am Freitagabend gerne bei Britta übernachten. Außerdem möchte sie am Samstagabend mit Anne und Jasmin ins Kino gehen. Herr B., Katharinas Vater, sagt dazu: »Es ist ganz wunderbar, so viele Freunde und so viele Pläne zu haben, aber ich glaube, dass zwei Nächte hintereinander zu viel sind. Du darfst gerne entweder Freitag oder Samstag ausgehen. Du hast die Wahl.«

Am Sonntagnachmittag wollen Ria und Rolf K. mit ihren beiden Kindern etwas unternehmen, das allen Spaß macht. Sie bitten die Jungen, Martin und Manuel, sich zwischen dem Strand und dem Kindermuseum zu entscheiden. Martin entscheidet sich für den Strand und Manuel für das Museum. Sie können sich nicht einigen. Rolf sagt: »Manchmal ist es schwer, sich zu einigen. Wie können wir das entscheiden?« Martin schlägt vor: »Wir könnten Strohhalme ziehen.« Manuel ist einverstanden. Rolf sagt daraufhin: »Der kürzere Strohhalm entscheidet. Nächstes Mal machen wir, was wir dieses Mal nicht machen können.«

Indem Eltern den Kindern eine Wahl zugestehen, helfen sie ihnen, verantwortungsvoll zu handeln.

Beispiel

Der neunjährige Sebastian lässt stets seine matschigen Schuhe an, wenn er ins Haus kommt. Eines Tages sagt Herr D., sein Vater, zu ihm: »Sebastian, bitte, ziehe deine Schuhe aus oder du musst nachher den Boden wischen. Es liegt bei dir, du kannst dich entscheiden.« Ein paar Tage später zieht Sebastian wieder die Schuhe nicht aus. Herr D. reicht ihm wortlos einen Schwamm und einen Eimer mit Wasser. Sebastian vergisst von da an nicht mehr, seine Schuhe auszuziehen.

Wahlmöglichkeiten anbieten

Entscheiden Sie sich für eine Situation, in der Sie Ihrem Kind bewusst Wahlmöglichkeiten anbieten. Alle angebotenen Möglichkeiten sollten für Sie annehmbar und vom Alter und der Reife des Kindes abhängig sein. Hier einige Ideen:

- ✓ »Zum Abendessen können wir Pfannkuchen oder Spaghetti haben. Was möchtest du?«
- ✓ »Du kannst jedes T-Shirt aussuchen, solange es weniger als 15 Euro kostet.«

- ✓ »Welches Kartenspiel möchtest du heute Abend mit uns spielen?«
- ✓ »Du hast Englisch- und Matheaufgaben zu erledigen. Was möchtest du zuerst machen?«

Was lernen unsere Kinder daraus?

Wenn wir den Kindern ermöglichen, am Entscheidungsprozess mitzuwirken, so lernen sie, dass ihre Meinung zählt. Sie lernen dabei außerdem, dass einige Entscheidungen Verantwortung mit sich bringen. Bedeutet das, dass wir jede Entscheidung unseren Kindern überlassen? Nein. Es bedeutet, dass wir die Kinder soweit wie möglich in den Entscheidungsprozess mit einbeziehen.

Wir wollen unseren Kindern beibringen zu kooperieren und verantwortungsbewusst zu handeln. Der demokratische Erziehungsstil kann uns dabei helfen.

Durch STEP werden wir noch andere Möglichkeiten kennen lernen, den Kindern Wahlmöglichkeiten anzubieten. Wir werden erfahren, wie wir ohne Strafe und Belohnung Disziplin ausüben können. Wir werden herausfinden, dass Fehlverhalten eine Entscheidung ist, die unsere Kinder in bestimmten Situationen treffen. Wir werden Möglichkeiten lernen, wie wir Kindern helfen können, Verantwortung für ihre Entscheidungen zu übernehmen.

Was können wir von unserem Kind erwarten?

Bevor wir Grenzen setzen und unserem Kind Wahlmöglichkeiten anbieten, müssen wir entscheiden, was wir sinnvollerweise von unserem Kind erwarten können. Jedes Kind ist eine einzigartige Mischung aus angeborenen Anlagen und erlerntem Verhalten. Einiges daran wird sich nicht ändern lassen. Dazu gehören zum Beispiel das Geschlecht und unterschiedliche Charakterzüge wie Feinfühligkeit oder Hartnäckigkeit.

Einige angeborene Charakterzüge können im Laufe der Zeit stärker oder schwächer werden, sie werden jedoch nicht ganz verschwinden. Einige Verhaltensweisen, die wir heute beobachten, könnten sich in wenigen Wochen oder Monaten verändert haben.

Daneben beeinflussen weitere Aspekte die Art, in der unsere Kinder wachsen und gedeihen und wie sie sich verhalten.

Dazu gehören:

- Temperament;
- Vererbung und Umwelt;
- Rollenverteilung zwischen Mädchen und Jungen;
- Alter und Entwicklungsphasen.

Diese Faktoren können die Beurteilung dessen erschweren, was wir von unseren Kindern erwarten können. Deshalb wollen wir sie näher betrachten.

Temperament

Wenn wir von *Temperament* sprechen, beziehen wir uns auf die Verhaltensweise. Jedes Kind hat sein eigenes Temperament, unabhängig davon, wie intelligent oder begabt das Kind ist. Es ist Ausdruck der einzigartigen Eigenschaften, mit denen das Kind geboren wurde.

Einige Kinder sind sehr aktiv, andere eher ruhig. Einige brauchen viel Schlaf, andere weniger. Einige umgeben sich gerne mit Menschen, andere sind lieber alleine.

Beispiel

Manuela und Corinna sind beide zehn. Manuela hat viele Freundinnen. Sie fährt sehr gerne Rad, sie schwimmt gerne und sie spielt Fußball. Corinna dagegen bevorzugt Puzzles und Brettspiele. Sie und ihre Freundin Bettina verbringen ihre Freizeit in der Bibliothek oder spielen am Computer.

Wenn wir das jeweilige Temperament erkennen und akzeptieren, verstehen wir unser Kind besser. Dieses Verständnis gibt uns auch die Chance, mehr Freude an unserem Kind zu haben. Es hilft uns, das Kind so anzuleiten und zu begleiten, wie es seinem Temperament entspricht.

Vererbung und Umwelt

Der Begriff *Vererbung* bezieht sich auf Charakterzüge, die »typisch« sind für eine Familie. Mit diesen Anlagen wurde das Kind geboren. Körperliche Merkmale, wie Augenfarbe und Größe, sind vererblich. Einige Leute glauben, dass Verhaltensweisen auch vererblich sind. Andere sind überzeugt, dass das Verhalten von Ereignissen, von Menschen und Orten, also von der *Umwelt* geprägt wird, in der das Kind lebt. Experten auf diesem Gebiet diskutieren dieses Problem seit vielen Jahren.

- ✓ Wenn Verhalten vererbt ist, weshalb verhalten sich Kinder in der gleichen Familie so unterschiedlich?
- ✓ Wenn Verhalten von den Umwelteinflüssen abhängt, weshalb verhalten sich Kinder in den gleichen Situationen unterschiedlich?

Sowohl Vererbung als auch Umwelt spielen eine Rolle im Verhalten unserer Kinder. Wir können nichts an der Vererbung ändern, aber bei der Erziehung müssen wir uns darüber im Klaren sein, dass wir durch die Umgebung, in der unser Kind aufwächst, erheblich Einfluss auf das Verhalten nehmen können.

BEISPIEL

Jonas ist acht Jahre alt. Herr und Frau G., seine Eltern, sind geschieden. Jonas verbringt jeweils eine Woche mit seiner Mutter und die andere mit seinem Vater. Er wechselt jeweils am Sonntagabend. Jonas ist gern bei beiden Eltern. Normalerweise ist er ein zufriedenes Kind. Kürzlich ist er dazu übergegangen, am Sonntagmorgen lautstark zu protestieren und gemein zu sein. Er streitet und ist weinerlich. Er hat Schreianfälle und beschimpft seine Eltern. Er zeigt dieses Benehmen sowohl bei seinem Vater als auch bei seiner Mutter. Seine Eltern beschließen, mit Jonas darüber zu sprechen. Sie treffen sich eines Abends in einem Schnellimbiss. Frau G. sagt zu Jonas: »Mir scheint, dass die Sonntage seit einiger Zeit schlimm für dich sind.« Jonas erwidert: »Ich mag es gar nicht, wenn ich gehen muss. Ich möchte mit euch beiden zusammen sein.« Herr G. sagt daraufhin: »Es tut mir Leid, Jonas, aber das ist nicht möglich. Deine Mutter und ich wollen dir trotzdem helfen und wir möchten gerne schöne Sonntage mit dir verbringen. Wie können wir dir helfen, damit du dich an den Sonntagen besser fühlst?« Jonas erwidert: »Ich finde es furchtbar, wenn ich mich gut fühle nach dem Abendessen und dann gehen muss.« Die drei reden noch einige Zeit, bis sie schließlich übereinkommen, etwas Neues auszuprobieren. Jonas wird in Zukunft nicht am Sonntagabend, sondern erst am Montagmorgen wechseln. Kurz darauf hat sich sein Verhalten gebessert und allen macht das Wochenende mehr Spaß.

Die Eltern von Jonas konnten sein Fehlverhalten nicht einfach hinnehmen. Es war sehr weise, der Ursache auf den Grund zu gehen. Dadurch hat Jonas erfahren, dass seine Gefühle wichtig sind. Die seinen Bedürfnissen angepassten Umstände haben Jonas geholfen, sein Verhalten zu ändern.

Rollenverteilung zwischen Mädchen und Jungen

Unter *Rolle* verstehen wir ein bestimmtes, erwartetes Verhalten. Jede Kultur neigt dazu, Mädchen und Jungen unterschiedliches Verhalten zuzuweisen. Während der letzten Jahrzehnte haben sich die Erwartungen unserer Gesellschaft bezüglich der Rolle von Mädchen und Jungen erheblich einander angenähert. Trotzdem lernen unsere Kinder von ihren Eltern, anderen Erwachsenen und anderen Kindern, was es heißt, ein Mädchen bzw. ein Junge zu sein.

Beispiel

Am Ende eines Films sagt die neunjährige Rebecca: »Ich habe geweint, als der Junge vom Baum fiel.« Frau R., ihre Mutter, erwidert: »Ich auch, es war wirklich traurig.«

Nach dem gleichen Film schluchzt der neunjährige Bernd und wischt sich die Augen. Frau Z., seine Mutter, lacht ihn aus: »Warum weinst du?«, fragt sie. »Du bist doch ein großer Junge und schließlich ist es doch nur ein Film.«

Als Eltern möchten wir jedoch gewiss nicht, dass die Haltung der Gesellschaft bezüglich der Rollenverteilung unsere Erwartungen an unsere Kinder beeinflusst. Wir müssen vorsichtig sein, dass wir, beeinflusst durch dieses gesellschaftliche Rollenverständnis, das Fehlverhalten unserer Kinder nicht entschuldigen. Sowohl von Jungen als auch von Mädchen kann erwartet werden, dass sie beim Kochen, Waschen und bei der Kinderbetreuung helfen. Sowohl Mädchen als auch Jungen müssen lernen, dass Zuschlagen falsch und Weinen in Ordnung ist.

Alter und Entwicklungsphasen

Kinder durchlaufen verschiedene *Entwicklungsphasen.* Von den unterschiedlichen Altersgruppen können wir bestimmte Fertigkeiten und Verhaltensmuster erwarten.

Beispiele

Frau M. erwartet nicht von ihrem Enkel, dem sieben Jahre alten Johannes, die Wäsche ganz alleine zu waschen. Aber sie erwartet, dass er ihr beim Falten der Wäsche und beim Einräumen in den Schrank hilft.

Herr W. erwartet nicht von seinem 12-jährigen Sohn Stefan, dass er um acht Uhr abends ins Bett geht. Aber er erwartet, dass er versteht, wie wichtig es ist, genügend Schlaf zu bekommen.

Außerdem entwickelt sich jedes Kind im eigenen Tempo.

BEISPIELE
Laura ist acht Jahre alt und glaubt noch immer an das Christkind. Ihr Freund Karl, der genauso alt ist, glaubt nicht mehr daran.

Marie und Julia sind beste Freundinnen. Sie sind elf. Marie versteht nicht, warum die Haarfrisur für Julia so wichtig ist und weshalb sie immer Jungs anrufen will. Sie hätte es lieber, wenn Julia Spiele mit ihr spielen würde und sie gemeinsam mit Julia ihren kleinen Bruder spazieren fahren könnte.

Wenn wir diese Phasen verstehen, dann wissen wir als Eltern, was wir von unseren Kindern verlangen können. Es ist jedoch ebenso wichtig, eine »Phase« nicht als Entschuldigung für Fehlverhalten zuzulassen – oder dadurch unsere Erwartungen zu senken.

BEISPIEL
Emil ist elf, er und seine Freunde befinden sich im Wohnzimmer. Sie spielen ein Spiel und benutzen dabei Flüche und respektlose Ausdrucksweisen. Frau N., Emils Mutter, weiß, dass es normal ist, dass Kinder Schimpfwörter lernen und »ausprobieren«. Trotzdem sagt sie zu Emil und seinen Freunden: »Es ist respektlos, Schimpfwörter zu verwenden. Ihr könnt gerne hier miteinander spielen. Ich möchte jedoch nicht, dass ihr so redet. Wenn ihr nochmal Schimpfwörter benutzt, Emil, werde ich deine Freunde bitten für heute nach Hause zu gehen. Wir probieren es dann ein anderes Mal wieder. Ihr entscheidet.«

Wir können von unserem Kind Kooperation erwarten

Temperament, Vererbung, Umwelt, Geschlechterrolle, Alter und Entwicklungsphasen beeinflussen das Verhalten unserer Kinder. Sie erklären jedoch nicht alles. Unsere Kinder können auf vielfältige Art und Weise agieren.

Oft schauen sich Eltern das schlechte Benehmen ihrer Kinder an, schütteln den Kopf und sagen:

»Sein Vater ist genauso.«

»Sie ist eben ein Mädchen – sie ist sehr gefühlsbetont.«

»Sie ist zehn? Pass bloß auf – bald werden ihre Hormone verrückt spielen.«

»Was willst du denn erwarten – von einem 12-jährigen Jungen?«

Manche Eltern sehen Fehlverhalten als »normal« an. Sie erwarten und akzeptieren es, weil sie glauben, nichts dagegen tun zu können.

BEISPIEL
Raffael mag es gar nicht, wenn sein kleiner Bruder zum Bolzplatz mitkommt. Er lässt es seine Mutter fühlen! »Warum muss ich den immer mitschleppen?« Frau M., seine Mutter, braucht etwas Zeit, in der sie Telefonanrufe tätigen und Rechnungen bezahlen kann. Aber sie gibt nach und lässt den Kleinen zu Hause. Sie sagt sich: »Wahrscheinlich kann ich von einem 12-jährigen nicht erwarten, dass er Zeit für seinen sechsjährigen Bruder hat.«

KOOPERATION ERWARTEN

Überlegen Sie, wie sie Ihrem Kind zeigen können, dass Sie Kooperation von ihm erwarten. Sie könnten etwa Folgendes sagen:

- ✓ »Bitte, komm und hilf mir, das Abendessen zuzubereiten. Ich möchte doch gerne mehr von deinen Plänen wissen, und beim Kochen kannst du mir davon erzählen.«
- ✓ »Schau mal, wie Bonny mit dem Schwanz wedelt! Ich glaube, er weiß, dass du mit ihm ausgehen willst.«

Erwartungen spielen eine sehr große Rolle, weil Kinder sie oft spüren. Wenn dies geschieht, versuchen sie, den Erwartungen – sowohl den hohen als auch den niedrigen – gerecht zu werden. Das bedeutet, wenn wir schlechtes Benehmen erwarten, werden wir es geradezu hervorrufen. Wäre es dann nicht sinnvoll, Kooperation von den Kindern zu erwarten?

BEISPIEL
Frau M. hat ein Recht auf ein bisschen Zeit, Sachen in Ruhe zu erledigen. Sie kann deshalb von Raffael erwarten, dass er dies versteht und sich kooperativ verhält. Sie versteht auch, dass Raffael die Chance haben muss, mit seinen Freunden alleine zu spielen. Deshalb könnte sie Raffael sagen: »Heute brauche ich deine Hilfe. Morgen wird Philip bei mir zu Hause bleiben.«

Kooperation zu erwarten, bedeutet natürlich nicht, dass wir sie auch sofort bekommen. Aber kooperatives Verhalten von unserem Kind zu erwarten, hilft ihm, mit der Zeit an Selbstvertrauen und Verantwortungsbewusstsein zu gewinnen.

Weshalb zeigt unser Kind Fehlverhalten?

»Gut und schön! Es hilft, sich seinen bisherigen Erziehungsstil näher anzuschauen. Es ist auch gut zu wissen, was wir von unserem Kind erwarten können. Aber noch immer haben wir ein Kind, das sich schlecht benimmt! Warum ist das so? Was können wir dagegen tun?«

Sich diese Fragen zu stellen, ist normal. Hinter Fehlverhalten steckt meist ein Grund.

Dazuzugehören ist wichtig für Kinder

Es liegt in der Natur des Menschen, dazugehören zu wollen – deshalb wollen auch Kinder fühlen, dass sie akzeptiert werden. Zu diesem Zweck setzen sie entweder positives Verhalten oder Fehlverhalten ein. Es ist wichtig zu verstehen, auf welche Weise Kinder versuchen dazuzugehören. Wenn uns dies gelingt, sind wir als Eltern erfolgreich.

Um dazuzugehören, setzen Kinder manchmal Fehlverhalten ein

Rudolf Dreikurs entdeckte, dass Kinder, die Fehlverhalten zeigen, entmutigt sind. Sie wollen dazugehören, glauben aber nicht, dass ihnen das durch positives Verhalten gelingt. Stattdessen glauben sie, dass Fehlverhalten sich bezahlt macht, weil es ihnen hilft, das Gefühl zu haben dazuzugehören.

Wenn Kinder glauben, dass sie durch positives Verhalten nicht dazugehören können, versuchen sie unbewusst durch vier verschiedene Arten von Fehlverhalten als Teil der Familie anerkannt zu werden. Dreikurs bezeichnet sie als die vier Ziele des Fehlverhaltens. Gelingt es uns, diese Ziele zu verstehen, dann wissen wir, auf welche Weise unsere Kinder dazugehören wollen, wenn sie Fehlverhalten zeigen. Dies wiederum kann uns dabei helfen, unsere Kinder zu positivem Verhalten anzuleiten.

Ein Kind, das Fehlverhalten zeigt,
ist ein entmutigtes Kind.
Rudolf Dreikurs

Die vier Ziele des Fehlverhaltens

Jedem Fehlverhalten liegt ein Ziel zugrunde. Die Kinder glauben, dass sie nur dazugehören, wenn sie

1. Aufmerksamkeit erlangen,
2. Macht ausüben,
3. Rache nehmen,
4. die eigene Unfähigkeit unter Beweis stellen.

Aufmerksamkeit erlangen

Alle Kinder brauchen *Aufmerksamkeit.* Aber einige scheinen dauernd Aufmerksamkeit zu wollen. Wenn sie glauben, dass sie Aufmerksamkeit nicht auf nützliche Weise wecken können, werden sie versuchen, sie durch Fehlverhalten hervorzurufen.

Kinder wollen Aufmerksamkeit erregen, wenn Eltern telefonieren.

Wenn es sich um das Ziel »*Aufmerksamkeit*« handelt, wird das Kind etwas tun, das die Eltern verärgert. Die Eltern schreiten ein, um das Fehlverhalten zu korrigieren. Das Kind hat die gewünschte Aufmerksamkeit bekommen. Für eine Weile wird alles in Ordnung sein, aber es wird nicht lange dauern, bis das Kind mehr Aufmerksamkeit haben will. Manchmal erzwingen Kinder Aufmerksamkeit auf ruhigere Art. Das Kind tut nichts und erwartet, dass es bedient wird. Wir nennen dies *passives* Fehlverhalten. Auch hier handelt es sich jedoch um die Erlangung von Aufmerksamkeit.

Macht ausüben

Einige Kinder glauben, nur dazuzugehören, wenn sie der »Boss« sind. Das Ziel dieser Kinder ist es, »*Macht*« auszuüben. Ein Kind, das Macht ausübt, sagt seinen Eltern durch sein Verhalten: »Ich bestimme hier, was gemacht wird! Du kannst mich nicht dazu bringen, etwas zu tun, was ich nicht will!« Oder »Mach was ich sage!« Das Kind wird dies herausschreien oder lautstark mit den Eltern streiten. Eventuell würde ein solches Kind sich auch einfach weigern, von seinem Standpunkt abzuweichen.

Manche Kinder tragen Machtkämpfe am liebsten in der Öffentlichkeit aus.

Wenn ein Kind Macht ausüben will, empfinden die Eltern Wut. Wenn die Eltern den Kampf aufnehmen, wird das Kind ebenfalls kämpfen. Geben die Eltern jedoch nach, hat das Kind den Machtkampf gewonnen und gibt deshalb sein Fehlverhalten zunächst auf.

Zuweilen wird das Kind tun, was die Eltern von ihm verlangen, aber es wird sehr langsam und nachlässig vorgehen. Dabei handelt es sich um eine Form der *passiven Machtausübung*. Ohne Worte teilt uns das Kind mit: »In Ordnung, ich mache, was du willst, nur, damit du mich in Ruhe lässt. Aber ich mache es, wie *ich* will. Du kannst mich nicht zwingen, es so zu tun, wie *du* willst.«

Rache nehmen

Einige Kinder möchten gerne das Sagen haben, sie können jedoch nicht gegen ihre Eltern gewinnen. Diese Kinder glauben, dass der Weg zur Zugehörigkeit darin besteht, es dem anderen heimzuzahlen. Dreikurs nennt dieses Ziel »*Rache*«. Ein Kind, das auf Rache sinnt, sagt oder tut etwas Verletzendes oder starrt die Eltern wütend an. In beiden Fällen fühlen sich die Eltern verletzt, sind zornig und sie versuchen, dem Kind zu zeigen, wer hier das Sagen hat. Das Ergebnis ist oft ein »Rachefeldzug«. Sowohl die Eltern als auch das Kind sind wütend und fühlen sich verletzt.

Ein Kind, das auf Rache sinnt, versucht die Eltern zu verletzen.

Die eigene Unfähigkeit unter Beweis stellen

Einige Kinder geben einfach auf. Für sie bedeutet Dazugehören, in Ruhe gelassen zu werden. Ihr Verhalten drückt sich in den Worten aus: »Ich kann es nicht.« Dreikurs nennt dies »*seine Unfähigkeit unter Beweis stellen*«. Wenn ein Kind aufgibt, fühlen die Eltern, dass sie ebenfalls aufgeben wollen. Wenn das geschieht, hat das Kind sein Ziel erreicht. Die Eltern bestätigen dem Kind dadurch, dass es unfähig ist und dass sie deshalb in Zukunft nichts mehr von ihm erwarten werden.

Kinder, die ihre Unfähigkeit unter Beweis stellen, haben aufgegeben. Genauso wie ihre Eltern.

Bei den meisten Kindern ist diese Hilflosigkeit nicht allumfassend. Gewöhnlich tritt sie nur in bestimmten Lebensbereichen des Kindes auf, zum Beispiel bei den Hausaufgaben, im Sport oder bei anderen gemeinschaftlichen Aktivitäten. Es kommt jeder Bereich in Frage, in dem das Kind keine Möglichkeit sieht, erfolgreich zu sein.

Kindern ist nicht bewusst, dass sie durch ihr Fehlverhalten ein Ziel verfolgen. Manchmal benutzen Kinder das gleiche Verhalten, um unterschiedliche Ziele zu erreichen. Wir müssen uns darüber im Klaren sein, dass wir als Eltern das Fehlverhalten der Kinder nicht verursachen. Wir können es jedoch durch unsere Reaktion verstärken. Der Schlüssel zur Erkennung der Ziele liegt in der Beantwortung der drei folgenden Fragen:

1. Wie fühlen wir uns?
2. Wie reagieren wir?
3. Wie reagiert unser Kind auf unsere Reaktion?

Woran erkennen Sie, welches Ziel hinter dem Verhalten Ihres Kindes steht?

Die Antworten auf folgende Fragen sind wichtig:

- ✓ Wie fühlen Sie sich, wenn ihr Kind Fehlverhalten zeigt?
- ✓ Wie reagieren Sie auf das Fehlverhalten?
- ✓ Wie reagiert das Kind auf Ihre Reaktion?

In Kapitel 2 werden Sie sich ausführlich mit den hinter dem Fehlverhalten verborgenen Zielen befassen. Sie werden außerdem lernen, wie Sie am besten auf Fehlverhalten reagieren.

Wie können wir ein besseres Verhältnis zu unserem Kind entwickeln?

Durch eine *gute Beziehung* zu unseren Kindern können wir ihnen helfen, ein Zugehörigkeitsgefühl zu entwickeln. Eine gute Beziehung hilft ihnen, zu kooperieren und verantwortungsvoll zu handeln. Die vier wichtigsten Elemente einer positiven Beziehung sind:

1. Respekt zeigen;
2. Spaß miteinander haben;
3. Ermutigen;
4. Liebe zeigen.

Respekt zeigen

Häufig beklagen sich Eltern, dass ihre Kinder sie nicht respektieren. Ist es jedoch nicht oft so, dass Erwachsene einen Mangel an Respekt gegenüber Kindern zeigen? Wie? Durch Nörgeln, Schreien, Schlagen oder Schimpfen. Wir signalisieren aber auch einen Mangel an Respekt, indem wir etwas für unsere Kinder tun, das sie selbst tun könnten und sie dadurch verwöhnen. Wir verhalten uns auch respektlos wenn wir das, was die Kinder und was wir tun, mit zweierlei Maß messen (Doppelmoral).

Jeder verdient Respekt

In einer demokratischen Familie werden alle Mitglieder in gleichem Maße geachtet. Wir beweisen Respekt, indem wir unsere Kinder als *gleichwertige* Menschen behandeln.

✓ Bedeutet das, dass wir gleich sind? Nein. Wir wissen mehr und haben mehr Lebenserfahrung als unser Kind. Wir tragen mehr Verantwortung. Aber sowohl wir als auch unser Kind sind menschliche Wesen. Beide verdienen Respekt.

✓ Bedeutet das, dass unser Kind uns sagen kann, was wir zu tun haben? Oder etwa, dass wir nicht in der Verantwortung stehen? Nein. Wir tragen die Verantwortung für die Erziehung. Es ist unsere Aufgabe, unser Kind zu begleiten und zu führen. Aber wir können unser Kind mit Respekt führen.

ALS REGEL GILT: Wir wollen unser Kind mit dem gleichen Respekt behandeln, den wir einem Freund/einer Freundin entgegenbringen. Es könnte einige Zeit dauern, bevor das Kind ebenfalls Respekt zeigt. Es lohnt sich jedoch zu warten und nicht aufzugeben, wenn das Kind uns nicht gleich Respekt erweist. Wir alle müssen üben, Respekt zu zeigen. Wir müssen es zur Gewohnheit werden lassen und darüber hinaus bereit sein, den ersten Schritt zu tun.

Spaß haben

Wer will keinen Spaß haben? Spaß ist ein wichtiger Aspekt in unseren Beziehungen zu unseren Freunden. Aber wie sieht es mit unseren Beziehungen innerhalb der Familie aus? Spaß mit Kindern zu haben kann so einfach sein.

Wir beginnen mit einem Lächeln

Wo und wann damit anfangen? Ein Lächeln am Morgen kann für unser Kind über die Stimmung des ganzen Tages entscheiden – und damit auch über unsere Stimmung. Wie wäre es, zur Abwechslung mal über sich selbst zu lachen? Wenn wir unsere eigenen Probleme mit Humor nehmen können, wird es auch unseren Kindern gelingen, ihre Probleme mit Humor zu betrachten. Wenn wir über unsere eigenen Fehler lachen, lernen unsere Kinder außerdem, dass es in Ordnung ist, Fehler zu machen.

Humor ist Trumpf

Um Spaß zu haben, brauchen wir kein großes Projekt zu erarbeiten. Selbst in der umtriebigsten aller Familien lässt sich der Alltag mit Spaß bereichern.

> BEISPIEL
> Häusliche Arbeiten, wie Kochen oder Einkaufen, können genutzt werden, um ein bisschen herumzualbern und dabei Spaß zu haben. Im Bus oder im Auto können wir Wortspiele spielen. Kinder lesen gerne Witze vor. Es macht Spaß, eine lustige Fernsehsendung zu schauen, während wir zusammen die Wäsche falten.

Kinder lachen gerne. Sie sehen gern die lustige Seite des Lebens. Für uns alle wiegen ein paar Minuten Humor einige Stunden Konflikt auf.

Zeit für Spaß einplanen

Es ist eine ausgezeichnete Idee, gemeinsam Zeit für Spaß einzuplanen. Wenn möglich, sollten wir jeden Tag wenigstens kurze Zeit mit unserem Kind verbringen. Am besten überlassen wir dem Kind die Entscheidung. Vielleicht will das Kind ein Spiel spielen, einen Ball hin und her werfen oder an einem Projekt arbeiten. Die Zeit des Zubettgehens bietet sich als gute Gelegenheit, uns mit dem Kind alleine zu beschäftigen.

Wenn wir anfangen, Spaß mit unseren Kindern zu haben, werden wir über das Ergebnis erstaunt sein. Wir werden feststellen, dass unsere Kinder mit Geschwistern und Freunden mehr Spaß haben und weniger streiten. Wir werden dann mehr Freude am Elternsein haben.

Ermutigen

Wir müssen an unsere Kinder glauben, wenn sie an sich glauben sollen:

- ✓ Um an ihre eigenen Fähigkeiten zu glauben und sich geliebt zu fühlen, brauchen Kinder sehr viel Ermutigung.
- ✓ Um zu echter Kooperation fähig zu sein, müssen unsere Kinder mit sich zufrieden sein.

Es ist wichtig, auf besondere Fähigkeiten zu achten

Jedes Kind ist einzigartig. Alle unsere Kinder haben besondere und wunderbare Eigenschaften. Wenn wir diese Fähigkeiten erkennen und sie hervorheben, wird sich unser Kind *ermutigt* fühlen, weiterzumachen, und wird möglicherweise auch auf anderen Gebieten Fortschritte erzielen. Jedes Mal, wenn unsere Kinder von uns ermutigt werden, lernen sie, sich wieder ein bisschen mehr zu mögen. Ihr Selbstvertrauen wächst.

Es ist wichtig, den Bemühungen unseres Kindes Beachtung zu schenken

Ermutigen bedeutet, dass wir den Fehlern weniger Bedeutung beimessen als den Stärken. Vor allem den Bemühungen sollte unsere Aufmerksamkeit gelten. Durch diese Haltung lassen wir unser Kind wissen: »Wir haben Vertrauen in dich.«

> BEISPIEL
> Wir brauchen nicht unbedingt zu warten, bis unser Kind die Aufgabe vollständig erledigt hat, bevor wir etwas über seine/ihre Bemühung sagen. Jeder Schritt auf dem Weg zur Erledigung einer Arbeit ist Teil dieser Bemühungen. Jeder Schritt verdient Ermutigung. Wenn wir die einzelnen Schritte beachten, helfen wir unserem Kind weiter zu machen.

Es ist wichtig, unser Kind anzuregen, anderen zu helfen

Wir wollen stets darauf achten, dass wir unser Kind anregen, anderen Menschen zu helfen. Für andere da zu sein fällt leichter, wenn wir gelernt haben, uns selbst zu mögen und gut zu uns selbst zu sein.

Liebe zeigen

Um sich sicher zu fühlen, braucht jedes Kind mindestens einen Erwachsenen, den es liebt und von dem es geliebt wird. Unsere Liebe zeigen wir durch Worte und Taten:

✓ Indem wir sagen: »Ich hab' dich lieb.«

✓ Indem wir unser Kind umarmen und ihm bestätigend auf die Schulter klopfen.

✓ Indem wir unser Kind in Wort und Tat mit Respekt behandeln.

✓ Indem wir unserem Kind erlauben, Verantwortungsbewusstsein und Selbstständigkeit zu entwickeln.

STEP ERMUTIGUNG

Achten Sie darauf, wann Sie »Nein« zu ihrem Kind sagen. Sagen Sie so wenig wie möglich »Nein«.

- ✓ Vermeiden Sie unbedingt Aussagen wie: »Warum tust du das immer?« oder: »Hör auf damit – ich sage es nicht noch einmal!«
- ✓ Wenn Ihnen keine positive Antwort einfällt, sagen Sie gar nichts.
- ✓ Wechseln Sie das Thema oder gehen Sie in ein anderes Zimmer.

Halten Sie Ausschau nach Möglichkeiten, ein »Nein« in ein »Ja« zu verwandeln. Das wird Ihr Kind ermutigen:

- ✓ »Okay, du kannst *einen* Keks haben.« statt: »Nein, nicht so viele Kekse, nur einen.«
- ✓ »Ja, du hast 15 Minuten geübt. Jetzt hast du schon die Hälfte geschafft.« statt: »Nein, du kannst noch nicht aufhören mit dem Üben, das war noch nicht lange genug.«

Kapitel 3 beschäftigt sich hauptsächlich mit Ermutigung. Jedes Kapitel enthält einen weiteren »Schritt auf dem Weg zur Ermutigung«, um Ihnen zu helfen, sich an regelmäßige Ermutigung zu gewöhnen. Außerdem bietet dieses Buch immer wieder Aktivitäten an, die Sie anregen, sich selbst etwas Gutes zu tun, **denn auch Sie brauchen Ermutigung!**

Sie haben den ersten großen Schritt gemacht

In Kapitel 1 haben Sie viel über sich und Ihr Kind gelernt:

- ✓ Sie haben erkannt, wie wichtig es ist, Grenzen zu setzen und Wahlmöglichkeiten anzubieten.
- ✓ Sie haben erfahren, dass sich Ziele hinter Fehlverhalten verbergen.
- ✓ Sie haben über Ihre eigenen Erwartungen nachgedacht.
- ✓ Sie haben gelernt, dass Sie Kooperation von Ihrem Kind erwarten können.
- ✓ Sie haben gelernt, dass Ihr Kind dazugehören will.
- ✓ Sie haben sich damit beschäftigt, wie Sie Ihrem Kind Respekt, Ermutigung und Liebe zeigen können.
- ✓ Sie haben sich daran erinnert, wie wichtig es ist, miteinander Spaß zu haben.

All dies ist ein bedeutender Schritt vorwärts auf dem Weg, Ihre Erziehungsziele zu erreichen.

FÜR IHRE FAMILIE

Folgende Aktivitäten brauchen nicht viel Zeit. Das Abendessen bietet sich an oder ein anderer Zeitpunkt, an dem die ganze Familie versammelt ist.

- Lassen Sie jedes Familienmitglied über etwas Gutes berichten, das sich während des Tages ereignet hat.
- Zu Anfang könnte es nötig sein, die Unterhaltung selbst zu beginnen oder Sie könnten eines der Kinder fragen: »Was hast du heute Schönes erlebt? Möchtest du uns davon erzählen?«
- Wenn das Kind sagt, dass nichts Schönes passiert ist, erwähnen Sie etwas, was Ihnen positiv aufgefallen ist, z.B. »Du hast heute lange mit deinem Bruder gespielt, ich habe euch lachen gehört.«

Je öfter Sie Ihre Erfahrungen innerhalb der Familie austauschen, desto besser.

AUFGABE DER WOCHE

Wenn Ihre Kinder Fehlverhalten zeigen, beobachten Sie sie und sich selbst. Entscheiden Sie, um welches Ziel es sich handelt und stellen Sie sich folgende Fragen:

1. Was hat mein Kind gemacht?
2. Wie habe ich mich gefühlt?
3. Wie habe ich reagiert?
4. Wie hat sich mein Kind daraufhin verhalten?
5. Was ist das Ziel des Fehlverhaltens?
6. Wie könnte ich mein Kind ermutigen, das Zugehörigkeitsgefühl durch ein positives Ziel erreichen zu wollen?

NUR FÜR SIE Stress

Elternsein ist eine anstrengende Aufgabe! Sie können sich die Aufgabe erleichtern und mit dem Stress leichter umgehen, indem Sie:

TIEF DURCHATMEN
Atmen Sie ein paar Mal tief durch. Zwingen Sie sich dabei zu nichts. Überlassen Sie sich Ihrem körpereigenen Rhythmus. Sagen Sie im Stillen zu sich selbst: »ruhig«, wenn Sie einatmen, und: »bleiben«, wenn Sie ausatmen.

SICH ENTSPANNEN LERNEN
Diese Übung reduziert Stress und erzeugt ein angenehmes Gefühl. Beginnen Sie damit, Ihre Hände zu Fäusten zu ballen und dann langsam wieder zu öffnen. Dabei erleben Sie, wie sich angespannte Muskeln anfühlen und sich Spannungen abbauen.

SICH SELBST AKZEPTIEREN
Akzeptieren Sie sich jeden Tag aufs Neue. Nehmen Sie sich Zeit, sich auf Ihre guten Eigenschaften zu besinnen. Sammeln Sie selbstbestätigende Aussagen und sagen Sie zu sich selbst z.B.: »Ich lerne, effektiver zu arbeiten« oder: »Ich bin auf dem besten Weg, an Selbstvertrauen zu gewinnen.«

Zusammenfassung

1. Die Herausforderung für Sie als Eltern besteht darin, glückliche, gesunde, selbstbewusste, kooperative, liebevolle, liebenswerte und verantwortungsbewusste Kinder zu erziehen.
2. Sie können Ihrem Kind helfen, kooperativ und verantwortungsbewusst zu sein, indem Sie Grenzen setzen und ihm innerhalb dieser Grenzen Wahlmöglichkeiten anbieten.
3. Temperament, Vererbung, Umwelt, Alter und verschiedene Entwicklungsphasen sowie Rollenverteilung zwischen Mädchen und Jungen beeinflussen das Verhalten Ihres Kindes.
4. Erwartungen spielen eine große Rolle. Wenn Sie Fehlverhalten erwarten, wird Ihr Kind wahrscheinlich dieser Erwartung entsprechen. Wenn Sie Kooperation erwarten, ist es wahrscheinlicher, dass Ihr Kind kooperieren wird.
5. Alle Kinder wollen dazugehören. Sie bekommen das Gefühl der Zugehörigkeit sowohl durch positives Verhalten als auch durch Fehlverhalten.
6. Sie unterscheiden vier Ziele des Fehlverhaltens:
   Aufmerksamkeit;
   Macht;
   Rache;
   Unfähigkeitsbeweis.
7. Sie können eine gute Beziehung zu Ihrem Kind entwickeln, indem Sie
   Respekt zeigen;
   Spaß haben;
   Ermutigen;
   Liebe zeigen.

Tabelle 1

Wie erkennen Sie die vier Ziele des Fehlverhaltens?

Wie fühlen Sie sich?	Wie reagieren Sie normalerweise?	Wie reagiert Ihr Kind auf Ihre Reaktion?	Ziel
verärgert, irritiert	nörgeln, schimpfen	hört vorübergehend auf, zeigt Fehlverhalten später wieder	Aufmerksamkeit
zornig, wütend, bedroht	strafen, streiten, kämpfen oder nachgeben	setzt Fehlverhalten fort, ist trotzig oder macht, was verlangt wird, aber langsam und nicht zufriedenstellend	Macht
zornig, wütend, sehr verletzt	strafen, heimzahlen	zeigt Fehlverhalten verstärkt, will es uns hartnäckig heimzahlen	Rache
hoffnungslos, verzweifelt, wir wollen aufgeben	aufgeben, bestätigen, dass das Kind hilflos und unfähig ist	reagiert nicht oder zeigt keine Besserung	Unfähigkeitsbeweis

2 Unsere persönlichen Wertvorstellungen, Überzeugungen und Gefühle

Folgende Aspekte der Kindererziehung werden wir in diesem Kapitel vertiefen:

- ☞ Das Verhalten unseres Kindes kann durch die Änderung unseres Erziehungsstils verbessert werden.
- ☞ Unser Kind hat seine eigenen Wertvorstellungen und Überzeugungen darüber, wie es am besten dazugehören kann.
- ☞ Die Gefühle und Handlungen unseres Kindes sind eine Folge dieser Wertvorstellungen und Überzeugungen.
- ☞ Auch wir haben Gefühle, eigene Wertvorstellungen und Überzeugungen.
- ☞ Wir können unsere Gefühle, Wertvorstellungen und Überzeugungen ändern, um unserem Kind zu helfen.

Wir haben gelernt, dass unser Kind dazugehören möchte und dass Fehlverhalten eine Art ist, dies zu erreichen. Das bedeutet nicht, dass unser Kind bewusst denkt: »Ich will Macht ausüben« oder: »Ich will mich rächen«. Es ist vielmehr so, dass Kinder lernen, dass sich Fehlverhalten bezahlt macht. Sie erkennen dies daran, wie ihre Eltern reagieren.

Was können wir tun, wenn unser Kind Fehlverhalten zeigt?

Verursachen wir als Eltern das Fehlverhalten unserer Kinder? Nein. Unsere Kinder entscheiden selbst, wie sie sich verhalten wollen. Wir können das Fehlverhalten jedoch verstärken, indem wir so darauf reagieren, wie unsere Kinder es von uns erwarten. Wenn wir stattdessen das Unerwartete tun, erreichen unsere Kinder ihre negativen Ziele nicht.

Wenn wir so reagieren, wie es unsere Kinder von uns erwarten, werden sie ihre negativen Ziele erreichen. Unsere Reaktionen helfen ihnen dabei.

Wenn wir uns anders verhalten, können wir einen vollkommen anderen Eindruck vermitteln. Wir können sie durch unsere Worte und Taten wissen lassen, dass wir entschlossen sind, ihr Fehlverhalten nicht zu unterstützen. Auf diese Weise können wir ihnen helfen, sich mit der Zeit für positive Ziele und positives Verhalten zu entscheiden.

Was ist Fehlverhalten?

- ✓ Handlungen oder Ausdrücke des Kindes, die respektlos sind oder die Rechte anderer Menschen missachten;
- ✓ die Weigerung des Kindes zu kooperieren, obwohl es weiß, wie es kooperieren kann;
- ✓ Verhalten des Kindes, das gefährlich für das Kind oder für andere ist.

Die Veränderung wird nicht über Nacht eintreten. Das vorliegende Buch beschäftigt sich damit, wie wir die positiven Ziele unserer Kinder unterstützen können. Das Unerwartete zu tun ist ein guter Anfang.

Das Unerwartete tun

Wenn wir das Unerwartete tun, machen wir das Gegenteil von dem, was unser Kind von uns erwartet. Auf diese Weise macht sich das Fehlverhalten unseres Kindes nicht bezahlt, denn unsere Reaktion unterstützt das Fehlverhalten nicht. Das Kind muss dann eine nützlichere Art finden, dazuzugehören. Wir schauen uns hierzu folgende Beispiele an.

Aufmerksamkeit

Beispiel
Jan möchte, dass Herr W., sein Vater, ein Spiel mit ihm spielt. Aber Herr W. möchte ein Telefongespräch führen, deshalb spielt Jan mit seinem Bruder Helge. Er schiebt die Figuren lautstark auf dem Spielbrett herum. Herr W. ermahnt Jan: »Etwas leiser bitte, Jan.« »In Ordnung«, antwortet Jan. Kurze Zeit später knallt er beim Austeilen die Karten heftig auf den Tisch. Herr W. seufzt: »Jan, ich hatte dich doch gebeten, leise zu spielen.« Zwei Minuten später beklagt sich Jan: »Papa, Helge schummelt!«

Hinweise auf Jans Ziel

1. Der Vater ist *verärgert.*
2. Der Vater schenkt Jan seine Aufmerksamkeit: Er *wiederholt seine Anordnung* und *ermahnt* Jan, sich kooperativ zu verhalten.
3. Jan *stellt kurzzeitig* sein Fehlverhalten *ein.* Aber wenig später macht er etwas anderes, um die *Aufmerksamkeit* seines Vaters *zu erregen.*

Der Vater weiß, dass Jan zum unpassenden Zeitpunkt seine *Aufmerksamkeit* einfordert.

Was könnte der Vater anders machen?

- ✓ Er könnte Jans Jammern und den Lärm ignorieren. Wenn er sich dazu entschließt, müssen sowohl sein Gesicht als auch seine Körpersprache Ruhe ausdrücken.
- ✓ Wenn sich Jan kooperativ verhält, könnte der Vater ihm anbieten, das Spiel später mit ihm zu spielen.

Der Vater kann Jan zu einem anderem Zeitpunkt, wenn Jan nicht darum bittet, seine Aufmerksamkeit schenken. Wenn Jan nicht aufhört und der Vater wütend wird, dann ist das Ziel des Fehlverhaltens *Macht*.

Macht

Beispiel

»Darf Marie am Samstag über Nacht bleiben?«, fragt die elfjährige Sandra. »Nein«, erinnert sie Frau G., ihre Mutter, »weil du dieses Wochenende, wie verabredet, mit deinem Vater verbringst.« Sandra versucht ihre Mutter dazu zu bringen, ihren Vater anzurufen, um den Besuch am Wochenende zu verschieben. »Das musst du selbst mit deinem Vater ausmachen«, sagt Frau G., die anfängt, wütend zu werden. Sandra ärgert sich ebenfalls, und sie fangen an zu streiten. Schließlich schreit Frau G.: »Okay, ich rufe deinen Vater an und erkläre ihm alles.«

Hinweise auf Sandras Ziel

1. Die Mutter ist *wütend.*
2. Sie *streitet* mit Sandra.
3. *Mutter und Tochter streiten* eine Weile, bis die Mutter schließlich nachgibt.

Die Mutter weiß, dass ihre Tochter danach strebt, der Boss zu sein. Das Ziel der Tochter ist es, *Macht* auszuüben.

Was könnte die Mutter anders machen?

✓ Sie könnte sich weigern, sich zu streiten oder nachzugeben, indem sie sich nicht äußert oder den Raum verlässt, wenn Sandra versucht, ihre Mutter zu dem Telefonanruf zu zwingen.

✓ Sie könnte zu einem anderen Zeitpunkt, wenn sie nicht wütend ist, erklären, dass es in Sandras Verantwortungsbereich fällt, mit ihrem Vater über die Änderung ihrer Pläne zu diskutieren.

Rache

Beispiel

Karens Klasse geht zum Jahresschulausflug in einen Vergnügungspark. Eine Woche vor dem Ausflug erkennt Karen, dass sie für den Ausflug nicht genug Geld gespart hat. Sie nimmt 15,– € aus dem Geldbeutel ihres Vaters, Herrn M. Noch am gleichen Abend bemerkt er, dass ihm 15,– € fehlen. Er findet das Geld auf Karens Nachttisch. Herr M. ist geschockt und verletzt. Er schreit Karen an: »Du kleine Diebin! Ich werde dich lehren, mich zu bestehlen!« Karen schreit: »Du hat kein Recht, in meinen Sachen herumzuschnüffeln. Das Geld gehört mir!« Der Vater brüllt: »Du wirst nicht am Schulausflug teilnehmen, sondern zur Schule gehen!« »Ich hasse dich!«, brüllt Karen zurück.

Hinweise auf Karens Ziel

1. Der Vater fühlt sich *verletzt.* Er will es Karen *heimzahlen.*
2. Er versucht Karen *wehzutun*, indem er sie nicht am Ausflug teilnehmen lässt und sie eine Diebin nennt.
3. Karen *verletzt* die Gefühle ihres Vaters, indem sie ihm sagt, dass sie ihn hasst.

Dem Vater ist klar, dass es das Ziel seiner Tochter ist, sich zu *rächen.*

Was könnte der Vater anders machen?

- ✓ Er könnte sich weigern, sich verletzt zu fühlen und davon absehen etwas zu erwidern, das wiederum verletzend ist.
- ✓ Er könnte sich einfach weigern, zu streiten.
- ✓ Er könnte mit Karen reden, wenn sie sich beide wieder beruhigt haben und dann sagen: »Karen, ich habe ein Problem. Ich habe meine 15,– € auf deinem Nachttisch gesehen. Möchtest du mit mir darüber sprechen?«

Es braucht Zeit, um den Teufelskreis der Rache zu durchbrechen. Aber Karen kann nicht auf einen Rachefeldzug gehen, wenn ihr Vater nicht mitmacht. Dies würde beiden die Chance geben, sich zu beruhigen und nachzudenken. Außerdem ist es die Aufgabe des Vaters, eine Basis für Vertrauen und gegenseitigen Respekt zu schaffen.

Beweis der Unfähigkeit

Beispiel

Während des Winters spielt die vierte Klasse zweimal die Woche Basketball in der Sporthalle. Florian berichtet seiner Mutter, Frau N.: »Niemand will mich in seiner Mannschaft haben, weil ich nie den Korb treffe und außerdem den Ball nicht halten kann.« Frau N. hat bereits versucht, Florian beim Üben behilflich zu sein. Sie hat auch seinen älteren Bruder gebeten, ihm zu helfen. Wenn Florian den Korb verfehlt und den Ball verliert, sagt er: »Ich werde das niemals können.« Frau N. erwidert: »Vielleicht ist Basketball einfach kein Spiel für dich, Florian. Ich werde mit dem Sportlehrer reden. Du brauchst dieses Spiel doch nicht zu spielen, wenn du nicht möchtest.«

Hinweise auf Florians Ziel

1. Die Mutter hat *keine Hoffnung* mehr. Nachdem sie alles Erdenkliche versucht hat, hält sie es für besser, wenn Florian Basketball *aufgibt.*

2. Die Mutter *gibt auf.* Indirekt sagt sie dadurch zu Florian, dass sie auch glaubt, dass er zum Basketball spielen nicht geeignet ist.
3. Florian hat die Erlaubnis seiner Mutter aufzugeben. Es ist *nicht wahrscheinlich,* dass sich sein Basketballspiel verbessern wird.

Florian hat gesagt: »Ich kann nicht«, und die Mutter hat dies durch ihr Verhalten bestätigt. Sie weiß, dass es Florians Ziel ist, seine *Unfähigkeit unter Beweis zu stellen.*

Was könnte die Mutter anders machen?

- ✓ Sie könnte sich weigern, Florian aufzugeben. Sie könnte sagen: »Ich weiß, dass du lernen kannst zu treffen und zu trippeln. Deshalb spielst du Basketball in der Schule, damit du es lernen kannst.«
- ✓ Sie könnte Florian absichtlich nicht bemitleiden, denn wenn Florian denkt, dass die Mutter ihn bemitleidet, wird er sich auch selbst leid tun.
- ✓ Sie könnte Florian in der Zeit, in der er lernt, Basketball zu spielen, durch Ermutigung unterstützen. Wenn er ihr berichtet, dass er den Korb nur einmal getroffen hat, aber sonst daneben geworfen hat, könnte sie sagen: »Du siehst, du kannst den Korb treffen! Du lernst also dazu!«
- ✓ Sie könnte Florian auf andere Weise ermutigen. Wenn Florian ein Mathematikproblem löst, könnte die Mutter sagen: »Ich wusste, du würdest die Aufgabe lösen, wenn du dranbleibst.«

Manchmal möchte ein Kind, das »Ich kann nicht« sagt, Aufmerksamkeit erregen und nicht etwa aufgeben. Woher wissen wir, um welches Ziel es sich handelt? Das Kind, das Aufmerksamkeit sucht, möchte, dass die Eltern sich mit ihm beschäftigen. Das Kind, das aufgibt, möchte alleine gelassen werden. Wenn unser Kind also sagt: »Ich kann nicht«, so ist es am besten, unserem Gefühl zu folgen. Sind wir verärgert? Wenn dem so ist, können wir davon ausgehen, dass es das Ziel des Kindes ist, unsere Aufmerksamkeit zu erlangen. Haben wir das Gefühl, aufgeben zu wollen? Wenn dem so ist, dann ist das Ziel des Kindes wahrscheinlich, seine Unfähigkeit unter Beweis zu stellen.

Ein Kind, das aufgibt, ist sehr entmutigt. In einer solchen Situation ist es besonders wichtig, ihm viel Unterstützung und Ermutigung zukommen zu lassen. In Kapitel 3 werden wir mehr darüber lernen, wie wir unser Kind ermutigen können.

Es ist der Mühe wert

Das Unerwartete zu tun, ist nicht immer leicht. Es bedeutet, ganz genau darauf zu achten, wie wir uns in der jeweiligen Situation fühlen. Außerdem müssen wir bereit sein, unseren Blickwinkel zu ändern, um anders reagieren zu können. Es ist wichtig, sich diese Mühe zu machen. Unsere Reaktionen haben Einfluss darauf, wie unsere Kinder heranwachsen und lernen. Der Einsatz ist der Mühe wert.

Wodurch werden unsere Kinder entmutigt?

Wir haben gesehen, dass Kinder, die Fehlverhalten zeigen, entmutigt sind. Wodurch werden unsere Kinder entmutigt? Die persönlichen Überzeugungen (z.B. »Ich bin ungeschickt«, »Ich bin selbstständig«), Wertvorstellungen (z.B. »Ungeschickt sein ist nicht gut, weil es verhindert, dass wir Erfolg haben«, »Selbstständigkeit ist erstrebenswert, weil sie uns zu einem unabhängigen Menschen macht, der auf eigenen Füßen steht«) und Gefühle unserer Kinder diesbezüglich bestimmen, auf welche Art und Weise sie glauben, dazugehören zu können.

Kinder haben eigene Überzeugungen und persönliche Wertvorstellungen

Kinder haben eigene Vorstellungen darüber, wodurch sie dazugehören können. Wertvorstellungen, die zu Fehlverhalten führen, nennen wir »fehlerhaft«. Wir sehen Fehlverhalten als einen Ausdruck der Entmutigung des Kindes, das sich nicht dazugehörig fühlt.

Die fehlerhaften Wertvorstellungen unserer Kinder

Die Kinder glauben fälschlicherweise:

AUFMERKSAMKEIT:	»Ich gehöre nur dazu, wenn ich bemerkt werde – auch dann, wenn das für die Eltern Probleme verursacht.«
MACHT:	»Ich gehöre nur dazu, wenn ich das Sagen habe – auch dann, wenn das zu Auseinandersetzungen führt. Wenn ich die Eltern dazu bringe, mit mir zu streiten, dann habe ich Macht.«
RACHE:	»Ich bin es nicht wert, geliebt zu werden. Ich gehöre nur dazu, wenn ich den Eltern weh tue. Ich möchte, dass es ihnen genauso wehtut wie mir.«
UNFÄHIGKEITSBEWEIS:	»Ich gehöre dazu, wenn ich den Eltern beweise, dass ich nichts richtig machen kann. Ich gehöre vor allem dann dazu, wenn ich etwas versucht habe und versage und dafür Mitleid bekomme.«

Zu jeder dieser Wertvorstellungen gibt es auch eine Kehrseite – eine positive Wertvorstellung, die zu besserem, positivem Verhalten führen kann. Wir wechseln die Perspektive um die positive Wertvorstellung sehen zu können.

Die Kehrseite: positive persönliche Wertvorstellungen

Wir stellen uns vor, die Kinder, die Fehlverhalten zeigen, wünschen sich:

BETEILIGUNG:	»Ich möchte ein Teil des Ganzen sein. Bitte helft mir, mich zu beteiligen.«
SELBST-STÄNDIGKEIT:	»Ich möchte selbstständig sein. Bitte lasst mir eine Wahl, gebt mir Entscheidungsmöglichkeiten, damit ich aus der Erfahrung lernen kann, verantwortlich zu handeln.«
FAIRNESS:	»Ich möchte, dass es fair zugeht. Bitte helft mir zu lernen, kooperativ zu sein.«
KOMPETENT SEIN:	»Ich brauche Zeit, um in Ruhe nachzudenken. Ich möchte erfolgreich sein. Bitte helft mir zu lernen, mir selbst zu vertrauen.«

Es hilft, die Kehrseite der vier Ziele, die positive Seite der Wertvorstellung, zu kennen. Wir können diese Information nutzen, um unseren Kindern zu helfen, andere Wertvorstellungen anzustreben:

- ✓ Beteiligung statt Aufmerksamkeit;
- ✓ Selbstständigkeit statt Machtkampf;
- ✓ Fairness statt Rache;
- ✓ Kompetenz statt Beweis der Unfähigkeit.

Wir wollen noch mehr tun als das. Wir wollen unsere Kinder ermutigen, all diese positiven Ziele anzustreben und ihnen dabei helfen, *alle* positiven Wertvorstellungen und Überzeugungen zu entwickeln und ihre Stärken zu nutzen. So können sie ihr Potenzial entfalten.

Jedes Fehlverhalten hat eine »Kehrseite«.

Wir unterstützen das Positive

Wir wollen unserem Kind helfen, fehlerhafte Wertvorstellungen und Überzeugungen in positive Wertvorstellungen zu verwandeln. Wie gehen wir dabei vor?

Indem wir unseren Kindern helfen, sich zu beteiligen:
Wir ermutigen unsere Kinder, am Familienleben aktiv teilzunehmen. Wir zeigen ihnen, wie wir mit anderen Menschen kooperieren. Auf diese Weise können sie Teil des Ganzen sein und anderen Menschen helfen.

Indem wir ihnen Wahlmöglichkeiten anbieten und sie Entscheidungen treffen lassen:
Wir lassen unserem Kind die Wahl. Wir lassen es die Erfahrung machen, die Konsequenz erleben, die sich aus der von ihm getroffenen Wahl ergibt. Wenn es möglich ist, lassen wir unser Kind Erfahrungen alleine machen. Auf diese

Weise wird unser Kind an Selbstvertrauen gewinnen. Es wird anfangen, bessere Entscheidungen zu treffen.

Indem wir fair sind:
Wir halten unser Kind dazu an, fair und ehrlich zu teilen. Wir behandeln unser Kind fair und mit Respekt, damit es uns vertraut. Auf diese Weise wird unser Kind lernen, dass Menschen fair und vertrauenswürdig sind. Wenn dem so ist, gibt es keinen Grund, Rache zu nehmen.

Wir versuchen, fair zu sein, aber unser Kind denkt, dass wir nicht fair genug sind. Wenn dies geschieht, ist es am besten, unsere Gefühle zu überprüfen. Es könnte sein, dass unser Kind auf Macht oder Rache aus ist. Wir lassen uns nicht auf einen Machtkampf ein. Wir bleiben so fair wie nur möglich.

Indem wir Mut erkennen und Mut fördern:
Wir ermutigen unser Kind, Neues auszuprobieren und nicht aufzugeben, Sorgen und Nöte auszusprechen und über seine Probleme zu reden. Wir beachten die Stärken unseres Kindes. Auf diese Weise lernt unser Kind, mutig zu sein, Neues auszuprobieren und aus den Erfahrungen zu lernen.

Woher kommen persönliche Wertvorstellungen und Überzeugungen?

Einige unserer grundsätzlichen Wertvorstellungen und Überzeugungen sind sehr früh entstanden. Diese Wertvorstellungen und Überzeugungen waren nicht immer schlüssig. Trotzdem haben sie für uns damals einen Sinn ergeben. Viele dieser Wertvorstellungen tragen wir noch heute mit uns herum. Einige sind uns nicht einmal bewusst. Manchmal können sie uns Schwierigkeiten bereiten.

Genauso wie bei uns stammen die Wertvorstellungen unserer Kinder aus Erfahrungen, die sie in der frühen Kindheit gemacht haben.

Sie entwickelten sich aus der jeweiligen Ansicht unseres Kindes zu den folgenden vier Fragen:

- ✓ Was ist wichtig in der Familie?
- ✓ Welche Position nimmt das Kind in der Familie ein?
- ✓ Was sagen die Eltern und was tun sie?
- ✓ Welchem Erziehungsstil folgen die Eltern?

Denken Sie über persönliche Wertvorstellungen nach

- ✓ Beachten Sie das positive Verhalten Ihres Kindes. Denken Sie über die persönliche Wertvorstellung oder Überzeugung nach, die sich hinter dem guten Verhalten verbirgt.
- ✓ Achten Sie auch auf das Fehlverhalten Ihres Kindes. Denken Sie auch hier über die persönliche Wertvorstellung nach. Sehen Sie die Entmutigung des Kindes. Denken Sie darüber nach, wie Sie die Kehrseite dieser Wertvorstellung verstärken können.

Was ist wichtig in der Familie?

In jeder Familie gibt es eine einzigartige Stimmung und einen einzigartigen Umgangston. Wir nennen dies *die Atmosphäre in der Familie*. Außerdem sind für jeden Erwachsenen in der Familie bestimmte Werte wichtig. Die Kombination aus Atmosphäre und Werten vermittelt dem Kind, was in der jeweiligen Familie wichtig ist.

Kinder wissen, was wichtig ist

Wir als Eltern schaffen die Voraussetzung dafür, was unsere Kinder für wichtig erachten. Zum Beispiel wissen Kinder gewöhnlich, ob Musik oder Sport für ihre Eltern wichtig sind, weil entweder der Vater oder die Mutter Freude an diesen Aktivitäten hat und sie dem Kind gerne beibringen möchte. Einige Werte mögen zwar nicht besonders hervorgehoben werden, trotzdem sind sie für die Kinder offensichtlich.

BEISPIELE
Ein Kind sieht, dass die Eltern miteinander über Probleme reden. Das Kind lernt, Kooperation zu schätzen.

Ein Kind beobachtet, dass sich die Eltern streiten und nicht kompromissbereit sind. Die Kinder lernen, dass sie sich streiten und sich durchsetzen müssen, um Probleme zu lösen.

Kinder mit beiden Elternteilen betrachten die Werte als Werte der Familie, die für *beide Eltern* wichtig sind. Dies trifft auch dann zu, wenn sich die Eltern über diese Werte nicht einig sind.

Kinder beziehen Stellung

Unsere Kinder entscheiden sich, wie sie zu den jeweiligen Werten der Familie stehen. So könnte etwa das eine Kind einen gewissen Wert akzeptieren, während ein anderes Kind in der gleichen Familie den gleichen Wert ablehnt. Wie dem auch sei, jedes Kind entscheidet letztendlich für sich selbst, was in der Familie wichtig ist.

BEISPIEL
Frau Z., die Mutter von Karla und Johanna, ist Mathematiklehrerin. Karla liebt Mathematik und ist gut in diesem Schulfach. Johanna dagegen hasst Mathematik. Obwohl sie Einsen und Zweien in den anderen Fächern bekommt, hat sie in Mathe nie eine bessere Note als eine »4«. Frau Z. hat Johanna einen Test machen lassen, um zu sehen, warum sie Schwierigkeiten in Mathematik hat. Das Testergebnis hat gezeigt, dass Johanna durchaus fähig ist, Mathematik zu verstehen.

Sowohl Karla als auch Johanna wissen, dass in ihrer Familie Mathematik wichtig ist. Aber jedes Mädchen hat sich entschieden, auf diesen Wert anders zu reagieren. Bei manchen Familien spielen auch die Großeltern eine Rolle in der Kindererziehung. Die Werte der Großeltern könnten dann ebenfalls Teil der Atmosphäre in der Familie werden. Manchmal sind sich die Erwachsenen in einer Familie über etwas nicht einig, oder sie teilen nicht die gleichen Werte.

Beispiel

Patrick und Renate leben mit ihrer Mutter, Frau P., und ihrem Großvater, Herrn R. Er ist sehr religiös. Einen großen Teil des Tages verbringt er mit Beten, Bibel lesen und Kirchen besuchen. Frau P. gehört keiner religiösen Gemeinschaft an. Oft streiten Frau P. und Herr. R. darüber. Patrick geht gerne mit seinem Großvater in die Kirche. Er lernt soviel wie möglich über die Religion seines Großvaters. Renate sieht, dass ihre Mutter darüber unglücklich ist. Sie möchte gerne mit der Familie ihrer Freundin Tanja in die Kirche gehen. Aber sie fürchtet sich, ihre Mutter zu fragen. Sie will nicht, dass ihre Mutter darüber unglücklich ist, dass sie in die Kirche geht.

Die Erwachsenen in dieser Familie sind sich nicht einig über den Stellenwert von Religion. Aber ganz sicher ist Religion in der Familie von Patrick und Renate wichtig. Patrick und Renate verstehen die einzelnen Diskussionspunkte nicht im Detail, trotzdem treffen sie Entscheidungen bezüglich ihrer Einstellung zu Religion.

Was wichtig ist, kann sich ändern

Änderungen in der Familie beeinflussen die Atmosphäre in der Familie.

Beispiele

Ein allein stehender Elternteil heiratet wieder. Der neue Ehemann oder die neue Ehefrau bringt neue Familienwerte in die Familie ein. Die Atmosphäre in der Familie ändert sich.

Die Eltern trennen sich oder lassen sich scheiden. Kinder nehmen oft die Werte stärker wahr, bei denen die Eltern nicht übereinstimmen.

Ein Elternteil beginnt eine neue Partnerschaft oder heiratet wieder. Die Kinder werden vielleicht Teil von zwei Familien mit unterschiedlichen Atmosphären.

Es ist nicht hilfreich, zu kritisieren oder Werte ändern zu wollen, die offensichtlich wichtig sind für das Kind. Jedes Kind muss als Person akzeptiert werden. Das könnte für viele Eltern eine Herausforderung bedeuten.

Beispiel

Thomas ist der Sohn von Mona M.'s neuem Ehemann. Er ist genauso alt wie Paul, der Sohn von Frau M. Thomas liebt Action-Filme. Wenn Thomas bei seiner Mutter ist, schaut er gerne Filme im Fernsehen, die ab 12 oder sogar erst ab 18 erlaubt sind. Seine Mutter findet das in Ordnung. Thomas erzählt Paul von den Filmen und er möchte sie jetzt auch sehen. Frau M. hat damit ein Problem. Sie sagt jedoch nicht zu Paul, dass Thomas oder seine Mutter einen Fehler machen. Stattdessen sagt sie zu den Jungs: »Wir haben hier andere Regeln, was Filme angeht. Sie müssen für Kinder unter 12 freigegeben sein.« Dann lässt sie den Jungs die Wahl: Sie können entweder einen Film aussuchen, der für diese Altersgruppe geeignet ist, oder sie können an diesem Abend etwas anderes unternehmen.

Denken Sie über Ihre Werte nach

Erinnern Sie sich an Ihre Kindheit:

- ✓ Was war für die Erwachsenen in Ihrer Familie wichtig?

✓ Welche Werte haben Sie akzeptiert?
✓ Welche Werte haben Sie abgelehnt?

Welche Werte würden Sie gerne an Ihre Kinder weitergeben?

Welche Position nimmt das Kind in der Familie ein?

Wir haben gesehen, welchen Einfluss unsere Werte auf unsere Kinder haben. Ein weiterer wichtiger Faktor ist die »Position« des Kindes in der Familie: Ein Kind könnte etwa das einzige Kind, das älteste, das zweitälteste, das mittlere oder das jüngste – das »Nesthäkchen« – sein.

Das Einzelkind

Einzelkinder können leicht zum Zentrum der Aufmerksamkeit in der Familie werden. Das bedeutet manchmal, dass sie Schwierigkeiten haben, mit anderen Kindern auszukommen. Viele Einzelkinder verbringen viel Zeit alleine oder mit ihren Eltern und deren Freunden. Sie können sehr kreativ sein und handeln oft wie Erwachsene.

Das Erstgeborene

Das älteste Kind war am Anfang ein Einzelkind. Es kann für das älteste Kind schwer sein, auf die volle Aufmerksamkeit der Eltern zu verzichten, wenn jüngere Geschwister nachkommen. Oft will das älteste Kind das Sagen haben. Viele Erstgeborene lernen es, zu führen und zu kooperieren. Oft lernen sie auch, verantwortungsbewusst zu sein, weil die jüngeren Geschwister sie um Hilfe bitten.

Das zweite Kind

Das zweite Kind hat niemals die volle Aufmerksamkeit der Eltern, wie sie das erste Kind am Anfang hatte. Dieses Kind könnte dazu neigen, hart zu arbeiten, um genauso gut oder besser als die älteren Geschwister zu sein. Manchmal ist das Verhalten des zweiten Kindes dem Verhalten des Erstgeborenen entgegengesetzt. Wenn das ältere Kind normalerweise »artig« ist, dann könnte das zweite Kind »unartig« sein.

Das mittlere Kind

Das mittlere Kind fühlt sich oft »eingekeilt« zwischen den älteren und den jüngeren Geschwistern. Oft lernen mittlere Kinder, mit sehr unterschiedlichen Menschen zurechtzukommen. Einige mittlere Kinder sind nicht so selbstsicher wie Einzelkinder oder Erstgeborene. Für viele ist vor allem Fairness wichtig. Wenn sie glauben, dass es nicht fair zugeht, werden sie zu »Problemkindern«, die sich falsch verhalten, um Aufmerksamkeit zu bekommen.

Das »Nesthäkchen«

Die Jüngsten müssen normalerweise nicht so viel selbst tun wie die älteren Geschwister. Diese Kinder können herrschsüchtig und sehr fordernd sein. Oder aber sie sind sehr charmant und freundlich. Manchmal benutzen sie ihren Charme, um Hilfe von anderen Leuten zu bekommen. Manche Nesthäkchen geben auf, weil sie noch nicht das tun können, was ihre älteren Geschwister können. Andere wiederum arbeiten sehr eifrig daran, die gleichen Fertigkeiten zu entwickeln wie ihre Geschwister.

Die Position der Kinder in der Familie beeinflusst die Art, wie die Kinder sich selbst sehen. Die Position bestimmt mit, was die Kinder für wichtig erachten und wie sie denken und handeln.

Beispiel

Damian ist ein Einzelkind. Seine Eltern und Großeltern lieben ihn sehr.

Damian weiß, dass er die wichtigste Person in ihrem Leben ist. Da er keine Geschwister hat, hat er gelernt, mit

Spielfiguren alleine zu spielen und Comics zu zeichnen. Er verbringt auch Zeit mit seinen Eltern und deren Freunden. Die Freunde der Eltern sind beeindruckt davon, dass Damian sich oft wie ein Erwachsener benimmt, redet und handelt. Manchmal jedoch streitet er und fordert, dass gemacht wird, was er will.

Wie schätzt das Kind seine Position in der Familie ein?

Es scheint, als ob die Position des Kindes in der Familie davon abhängt, ob das Kind ein Einzelkind ist, der/die Erstgeborene, das zweite Kind, usw. Das Ganze ist jedoch etwas komplizierter. Die Position des Kindes in der Familie basiert auch darauf, wie sie vom Kind selbst eingeschätzt wird.

BEISPIEL
Frederik ist 13. Er hat zwei Schwestern, Lisa, die sieben, und Stefanie, die fünf Jahre alt ist. Frederik spielt nicht viel mit seinen Schwestern.

Er verbringt viel mehr Zeit mit seiner Mutter oder alleine, mit dem Bauen von Modellen. Er betrachtet sich als Einzelkind. Lisa spielt gerne mit Stefanie und bringt ihr Spiele bei. Wenn sie zusammen Schule spielen, ist Lisa die Lehrerin. Lisa sieht sich als das älteste Kind.

Die Position des Kindes in der Familie ändert sich

Sobald andere Kinder Teil der Familie werden, ändert sich die Position jedes Kindes. Auch wenn neue Familien durch Scheidung oder Heirat entstehen ändern sich die Positionen aller Kinder in jeder der beteiligten Familien. Wenn es Änderungen in der Familie gibt, ändert das Kind auch oft seine Vorstellung darüber, wie es ein wichtiger Teil der Familie sein kann.

Manchmal stehen Kinder im Wettstreit um bestimmte von ihnen angestrebte Positionen in der Familie. So ist es denkbar, dass ein Erstgeborenes darum kämpft, den Platz als

»einziges« Kind zu bewahren. Der Wettstreit hat große Auswirkungen auf Wertvorstellungen und Verhalten. Wenn Kinder im Wettstreit miteinander stehen, wird ein Kind gewinnen und das andere entmutigt sein, verbunden mit dem Gefühl, versagt zu haben.

Denken Sie über Ihre Position nach

Erinnern Sie sich zurück an Ihre eigene Kindheit:

Welche Position nahmen Sie ein? Waren Sie die/der Erstgeborene? Die/der Zweite? Die/der Jüngste?

Jetzt überlegen Sie sich, wie Sie sich fühlten:

Fühlten Sie sich als Anführer, als der Boss, als das Baby oder die/der Mittlere?

Was hat Ihre damalige Position in der Familie damit zu tun, wie Sie heute sind?

Was Eltern sagen und tun

Kinder lernen aus dem, was wir als Eltern sagen und tun. Sie bilden ihre eigenen Überzeugungen und Wertvorstellungen und entscheiden sich, auf welche Weise sie dazugehören möchten. Sie beginnen ihre Reise in die Erwachsenenwelt. Die Kinder lernen, was es bedeutet, erwachsen zu sein.

Beispiel

Frau S., die Mutter von Markus, arbeitet oft nachts. Herr S. bereitet oft das Abendbrot. Er und Markus waschen das Geschirr zusammen ab. Manchmal bereitet Frau S. das Essen für Markus und ihren Mann vor. Dann essen Markus und sein Vater etwas früher. Sie haben dann etwas mehr Zeit für Haushaltsarbeiten und die Hausaufgaben von Markus, aber auch für Spaß miteinander. Markus erfährt dadurch, dass verheiratete Menschen einander helfen. Er lernt, zu geben und zu nehmen.

Kinder lernen aus dem, was ihre Eltern sagen und tun.

Niemand kann die Position eines Kindes in der Familie verändern. Wir können unseren Kindern jedoch mit gutem Beispiel vorangehen. Durch unsere Handlungen und Worte zeigen wir unseren Kindern, was uns wichtig ist. Wir können unseren Kindern helfen zu entdecken, was es bedeutet, ein Erwachsener zu sein.

Wir reden über Werte

Kinder werden zu Erwachsenen sowohl innerhalb als auch außerhalb der Familie. Es ist möglich, dass sie andere Werte schätzen lernen und neue Ideen ausprobieren. Wenn für uns ein Wert von Bedeutung ist, dann ist es wichtig, dass wir dies den Kindern vermitteln. Wir könnten etwa sagen:

- ✓ »Ich bin überzeugt, dass es wichtig ist, die Wahrheit zu sagen. Wenn wir das tun, lernen wir, einander zu vertrauen.«
- ✓ »Ich bin der Überzeugung, das wir durch »Bitte« und »Danke« Respekt voreinander zeigen.«

✓ »Ich bin fest davon überzeugt, dass Reden und der Verzicht auf Gewalt der richtige Weg ist, Konflikte zu lösen.«

Wenn wir mit unserem Kind über unsere Werte sprechen, ist es wichtig, auch die Ansicht unseres Kindes zu hören.

Wir verhalten uns so, wie wir es von unserem Kind erwarten

Unser Kind lernt mehr durch unsere Handlungen als durch unsere Worte. Unsere Kinder beobachten unser Verhalten und unsere Einstellung.

Dann erst entschließen sie sich, welche Eigenschaften sie schätzen und übernehmen wollen. Der Entscheidungsprozess braucht Zeit.

Es ist möglich, dass wir zeitweise enttäuscht sein werden, weil es so aussieht, als ob unser Kind negative Werte annimmt. Wenn wir dies erkennen, ist es am besten, sorgfältig zu überlegen, was unser Kind von unseren Reaktionen möglicherweise lernen könnte.

> Beispiel
> Herr L. ist sich darüber im Klaren, dass seine Tochter Jasmin oft ihren Willen durchsetzen will. Er macht sich deswegen Sorgen. Er denkt darüber nach, wie er ihr helfen kann, mehr Kooperationsbereitschaft zu zeigen. Ihm ist bewusst, dass er selbst oft in sehr bestimmendem Ton mit ihr spricht. Besonders nach der Arbeit, wenn er müde ist, kommandiert er Jasmin herum, anstatt freundlich mit ihr umzugehen. Herr L. beschließt, als erstes sein eigenes Verhalten Jasmin gegenüber zu ändern. Nach einer Weile ist es auch für Jasmin nicht mehr so wichtig, ihren Willen durchzusetzen.

Es ist wichtig für uns Eltern, das zu tun, was wir von unseren Kindern erwarten.

- ✓ Wenn wir von unseren Kindern erwarten, nicht zu lügen, so müssen auch wir ihnen die Wahrheit sagen – ebenso wie anderen Menschen.
- ✓ Wenn wir von unseren Kindern erwarten, höflich zu sein, so müssen auch wir mit ihnen und anderen höflich umgehen.
- ✓ Wenn wir von unseren Kindern erwarten, dass sie nicht zuschlagen, so dürfen auch wir sie nicht schlagen.

Was können Sie sagen und was können Sie tun?

Überlegen Sie sich einen Wert, den Sie Ihrem Kind beibringen wollen. Einige Beispiele für Werte sind: Ehrlichkeit, Freude am Lernen, Großzügigkeit, gutes Benehmen oder Liebe zur Musik.

- ✓ Was könnten Sie Ihrem Kind sagen, um diesen Wert zu vermitteln?
- ✓ Was könnten Sie tun, um Ihrem Kind zu zeigen, dass dieser Wert wirklich wichtig ist?

Erziehungsstile

In Kapitel 1 haben wir über Erziehungsstile gesprochen. Die Erziehungsstile erzeugen bestimmte Wertvorstellungen in unseren Kindern.

- ✓ Wenn Eltern ständig Befehle erteilen, sehen sich einige Kinder veranlasst zu kämpfen und in Wettstreit zu treten. Andere Kinder wiederum lernen daraus, dass sie dazugehören, wenn sie der Boss sind.
- ✓ Wenn Eltern häufig nachgeben oder ihre Kinder zu oft gewähren lassen, entsteht bei vielen Kindern der Eindruck, dass nur ihre eigenen Wünsche zählen.
- ✓ Wenn Eltern den Kindern Wahlmöglichkeiten anbieten, lernen sie, dass Kooperation eine Möglichkeit ist, wie Menschen gut zusammenleben können. Sie werden

wahrscheinlich zu der Überzeugung gelangen, dass jeder Mensch wichtig ist.

Auch wir hatten Eltern

Die Art, wie uns unsere Eltern erzogen haben, beeinflusst unseren gegenwärtigen Erziehungsstil.

- ✓ Es mag sein, dass wir erzogen wurden zu glauben, dass wir in allem, was wir tun, die Besten sein müssen. Möglicherweise verlangen wir deshalb das Gleiche von unseren Kindern. Vielleicht wollen wir, dass andere denken, unsere Kinder seien die schlauesten, die talentiertesten oder die stärksten.
- ✓ Vielleicht wurden wir auch erzogen zu glauben, dass wir es verdienen, ständig unseren Willen durchzusetzen. Deshalb versuchen wir, unsere Kinder dazu zu zwingen, genau das zu tun, was wir wollen. Oder wir erwarten von anderen Leuten, dass sie tun, was unsere Kinder wünschen.
- ✓ Möglicherweise sind wir auch dazu erzogen worden, andere zu respektieren. Dann werden wir wahrscheinlich von anderen Leuten erwarten, dass sie uns Respekt entgegenbringen. Wir bringen unseren Kindern bei, uns, sich selbst und anderen Menschen Respekt entgegenzubringen.

Woher kommen Gefühle?

Aufgrund ihrer Wertvorstellungen und Überzeugungen treffen unsere Kinder eine Entscheidung darüber, auf welche Weise sie dazugehören wollen. Gefühle entscheiden ebenfalls darüber, auf welche Art und Weise unsere Kinder dazugehören möchten.

Jeder hat Gefühle. Erwachsene haben sie ebenso wie Kinder. Woher kommen die Gefühle? Warum fühlen wir uns glücklich, zornig oder traurig?

Oft stellen wir uns Gefühle als etwas Magisches vor, das wir nicht kontrollieren können. Wir sagen: »Er macht mich so zornig!« oder: »Sie treibt mich noch in den Wahnsinn!«

Gefühle basieren auf Wertvorstellungen und Überzeugungen

Darüber lohnt es sich nachzudenken: Jeder von uns *erzeugt* seine eigenen Gefühle. Viele Menschen sind darüber erstaunt, und doch ist es wahr.

- ✓ Wenn wir davon überzeugt sind, dass die Menschen freundlich sind und wir ihnen vertrauen können, schaffen wir gute Gefühle in uns. Wir tun dies, um anderen Menschen näher zu kommen.
- ✓ Wenn wir davon überzeugt sind, dass die Menschen unfreundlich sind und wir ihnen nicht vertrauen können, so erzeugen wir negative Gefühle in uns. Wir tun dies, um andere Menschen von uns fern zu halten.

Wie war unser Kind im Alter von vier oder fünf Jahren? Hat sich unser Kind jemals so aufgeregt, dass wir sagen konnten, das Kind hat »die Kontrolle verloren«?

> BEISPIELE
>
> Es ist kurz vor Barbaras vierter Geburtstagsparty. Sie ist aufgeregt. Während der Party wird sie immer lauter und albert immer mehr herum.
>
> Die Großmutter des fünfjährigen Marlon soll zu Besuch kommen. Während er auf ihr Kommen wartet, wird er immer aufgeregter und wilder.

Es scheint, als würden kleine Kinder hin und wieder »die Kontrolle« über ihre Gefühle »verlieren«. Jeder, der jemals kindliche Schreianfälle erlebt hat, weiß, was das bedeutet! Als Eltern besteht ein Teil unserer Aufgabe darin, unseren Kindern zu helfen, für ihre Gefühle die Verantwortung zu übernehmen, indem sie sie in den Griff bekommen.

Alles kann auch anders gesehen werden.
Alfred Adler

Die Gefühle unserer Kinder dienen einem Zweck

Manche Kinder glauben, dass sie durch Kooperieren dazugehören können. Die Kinder erzeugen dann gute Gefühle gegenüber ihren Mitmenschen. Die guten Gefühle helfen ihnen, ihr Ziel »dazuzugehören« zu erreichen.

Wenn Kinder jedoch glauben, durch Fehlverhalten dazugehören zu können, dann erzeugen sie negative Gefühle.

Beispiel

Herr R., Annikas Vater, arbeitet zu Hause. Annika stößt ihren Kopf am Tisch. Es tut nicht richtig weh, aber Annika beginnt zu weinen. Herr R. hört auf zu arbeiten. Er fragt: »Hast du dich verletzt?« »Ja«, schluchzt Annika. »Papa, liest du mir bitte vor?«

Herr R. muss wirklich arbeiten, aber er fühlt sich schuldig, dass er nicht mehr Zeit mit seiner Tochter verbringt. Er überlegt einen Augenblick, dann erwidert er: »Es tut mir leid, aber ich kann jetzt wirklich nicht mit dir lesen. Ich muss arbeiten.« Annika weint bitterlich: »Aber ich habe mir doch am Kopf wehgetan.« »Ich glaube, dass es bald wieder in Ordnung sein wird«, sagt Herr R. Annika weint weiter, aber ihr Vater sagt nichts mehr dazu.

Später beim Abendessen ist Annika wieder zufriedener. Herr R. sagt zu ihr: »Lass uns das Geschirr wegräumen, und dann lese ich dir ein Kapitel aus deinem Buch vor.«

Annika möchte, dass ihr Vater ihr seine Aufmerksamkeit zu einem unpassenden Zeitpunkt widmet. Ihr Vater hilft ihr zu erkennen, dass Weinen nicht der richtige Weg ist, sie zu bekommen. Weinen kann auch eine Art sein, die eigene Unfähigkeit unter Beweis zu stellen oder aber Macht und Rache auszuüben.

Beispiel

Erik hat sich angewöhnt, seine Hausaufgaben erst in der letzten Minute zu machen. Frau G., seine Mutter, kennt seine Art, die Arbeit aufzuschieben.

Der Ablauf ist bislang stets der gleiche gewesen: Wie immer, macht sie sich nach einer Weile Sorgen und sagt: »Erik, du musst jetzt endlich mit deiner Arbeit anfangen.« Erik antwortet: »Hör auf, mich dauernd zu erinnern. Ich mach's ja schon.«

Dann fängt er endlich mit den Hausaufgaben an. Kurz darauf kommt er zu seiner Mutter und sagt: »Das ist nicht fair. Der Lehrer hat mir viel zu viel aufgegeben. Du musst mir helfen.«

Frau G. ist inzwischen wütend: »Ich habe dir doch gesagt, du sollst früher anfangen!« Darauf reagiert Erik mit Weinen, Schimpfen und Schreien: »Du musst mir aber helfen! Sonst wird der blöde Lehrer mich ausschimpfen! Und dann ist es deine Schuld!« Zu diesem Zeitpunkt klopft das Herz von Frau G. bereits heftig. Sie schreit zurück und sagt ihm, was für ein unmögliches Kind er ist.

Erik ist es gelungen, seine Mutter in einen Machtkampf und Rachefeldzug zu verwickeln. Er wollte seinen Willen durchsetzen. Er wollte, dass seine Mutter sich schuldig fühlt.

Was könnte Frau G. tun? Sie könnte sich weigern, sich an dem Kampf zu beteiligen. Statt ihn ständig zu erinnern und zu nörgeln, könnte sie einfach nichts sagen. Statt zu schreien oder Erik zu beschimpfen, könnte sie seinen Anfall einfach ignorieren.

Am Anfang könnte dies schwierig sein. Erik muss erkennen, dass Schreien und Brüllen seine Mutter nicht in Rage bringt und sie sich nicht schuldig fühlt. Auch an der Tatsache, dass er viele Hausaufgaben auf hat, ändert sich dadurch nichts.

Natürlich sind nicht alle negativen Gefühle, die unsere Kinder entwickeln, ein Zeichen für Fehlverhalten.

BEISPIELE
Möglicherweise hat der Freund/die Freundin unseres Kindes etwas Gemeines gesagt. Unser Kind fühlt sich vielleicht verletzt und weint deshalb.

Unser Kind hat am Computer hart gearbeitet. Dann gibt es ein Problem mit dem Computer und die ganze Arbeit ist gelöscht. Vielleicht wird das Kind deswegen sehr zornig.

Diese traurigen und zornigen Gefühle sind normal. Wir als Eltern können zuhören und zeigen, dass wir mitfühlen. In Kapitel 4 werden wir mehr darüber lernen, wie wir Gefühle heraushören. Im Augenblick wollen wir nur feststellen, ob unser Kind Gefühle benutzt, um Fehlverhalten zu zeigen. Wir beobachten dabei:

1. Wie wir uns fühlen.
2. Wie wir reagieren.
3. Wie unser Kind sich auf unsere Reaktion hin verhält.

Dies wird uns helfen zu entscheiden, wie wir uns weiter verhalten sollen. Wenn unser Kind Fehlverhalten zeigt, lassen wir uns nicht von unseren spontanen Gefühlen auf die falsche Fährte locken.

Die Gefühle der Eltern dienen auch einem Zweck

Wenn unsere Kinder Fehlverhalten zeigen, reagieren wir oft ärgerlich oder zornig. Unsere Gefühle dienen dem Zweck, unsere Kinder zu kontrollieren.

Wir haben bereits gesehen, dass Kinder zu kontrollieren – ihnen Befehle zu erteilen – weder Kooperationsbereitschaft noch Verantwortungsbewusstsein fördern. Wenn wir uns entschlossen haben, Grenzen zu setzen und den Kindern Wahlmöglichkeiten zu geben, brauchen wir nicht mehr ärgerlich oder zornig zu werden. Stattdessen können wir unsere Gefühle ändern, um sie unserem Erziehungsziel anzupassen. Dadurch wird es uns vielleicht möglich, unser

Kind so zu beeinflussen, dass es einen besseren Weg findet, dazuzugehören.

Wie können wir uns und unseren Kindern helfen?

Wir wissen, dass wir das Fehlverhalten unserer Kinder nicht verursachen. Wir tragen jedoch dazu bei, das Fehlverhalten aufrechtzuerhalten. Wir tun dies, indem wir uns so verhalten, wie die Kinder es von uns erwarten. Können wir unsere Kinder dazu bringen, sich richtig zu verhalten? Können wir ihre Wertvorstellungen, Überzeugungen und Gefühle ändern?

Genau genommen die einzige Person, die wir ändern können, sind wir selbst! Was können wir tun? Wir können anders auf das Fehlverhalten unserer Kinder reagieren. Wenn wir das tun, helfen wir unseren Kindern. Wodurch? Indem wir uns nicht so verhalten, wie es die Kinder von uns erwarten. Wir unterstützen das Fehlverhalten nicht. Das bedeutet, dass unsere Kinder einen neuen Weg finden müssen, dazuzugehören.

Wir ändern unsere Reaktion

Wir machen folgende drei Schritte, um unsere Reaktion auf das Verhalten unseres Kindes zu ändern:

1. Wir *beschließen*, unsere Reaktion zu ändern.
2. Wir *ändern* unsere Zielvorstellungen.
3. Wir *ändern* unsere Wertvorstellungen, Überzeugungen und Gefühle.

Wir beschließen, unsere Reaktion zu ändern

Zunächst schauen wir uns ganz genau an, wie wir reagieren, wenn unser Kind sich falsch verhält. Wir beschließen zu ändern, was geändert werden muss. Wir sagen uns: »Wenn unser Kind sieht, wie ich zulasse, dass mich sein Fehlverhalten aus dem Gleichgewicht bringt, helfe ich unserem Kind nicht. Ich unterstütze damit nur sein Fehlverhalten. Das ist nicht sinnvoll. Ich muss meine Reaktion ändern.«

Wir ändern unsere Zielvorstellungen

Wir beobachten genau, welcher Zielvorstellung wir folgen, wenn sich unser Kind falsch verhält. Wir fragen uns:

- ✓ Möchten wir unserem Kind Aufmerksamkeit schenken wann immer es möchte oder wollen wir ihm helfen, sich auf sich selbst verlassen zu können bzw. eigenständig zu sein?
- ✓ Möchten wir unserem Kind zeigen, wer hier das Sagen hat, oder wollen wir ihm helfen, unabhängig und verantwortungsbewusst zu handeln?
- ✓ Möchten wir uns rächen oder möchten wir zeigen, dass wir unser Kind verstehen?
- ✓ Möchten wir, dass sich unser Kind der Verantwortung für sich selbst entziehen kann, oder wollen wir ihm helfen, selbstbewusst zu sein?

Wenn unser Kind Fehlverhalten zeigt, denken wir daran, was wir mit unserer Reaktion erreichen wollen.

Wir ändern unsere Wertvorstellungen, Überzeugungen und Gefühle

Wir werden uns darüber im Klaren, woran wir glauben und was wir fühlen. Dies erreichen wir am besten, indem wir unseren »inneren Dialog« bewusst wahrnehmen.

Viele Eltern haben die Gewohnheit, eine bestimmte Art von »innerem Dialog« mit sich selbst zu führen. Bei dieser Art von Dialog geht es um: fordern, nicht aushalten können, sich beklagen und beschuldigen.

✓ FORDERN:
Wir wollen, dass die Dinge anders laufen. Wir sagen uns: »Mein Kind sollte das nicht tun. Es sollte stattdessen etwas anderes tun.«

✓ NICHT AUSHALTEN KÖNNEN:
Wir sagen uns, dass wir es einfach nicht aushalten können, wenn sich unsere Kinder falsch verhalten.

✓ SICH BEKLAGEN:
Wir beklagen uns bei uns selbst: «Das ist schrecklich. Das ist furchtbar.«

✓ BESCHULDIGEN:
Wir beschuldigen unser Kind oder uns selbst und denken: »Mein Kind enttäuscht mich. Ich bin eine schlechte Mutter/ein schlechter Vater.«

Wir können unseren inneren Dialog ändern. Um dies tun zu können, beginnen wir damit, unsere Gefühle genauer unter die Lupe zu nehmen. Wir fragen uns: »Sind wir verärgert, zornig, verletzt, verzweifelt? Oder sind wir entschlossen, unserem Kind zu helfen, sein Fehlverhalten einzustellen und auf positive Weise dazugehören? Wir können lernen, auf unser Kind nicht wütend zu sein. Wir können auf unsere Gefühle Einfluss nehmen und uns selbst dazu bringen, uns ruhig und fähig zu fühlen und unsere Reaktion zu ändern.

BEISPIEL
Die zehnjährige Maren ist wütend auf ihren Vater, Herrn P. Sie schreit: »Du magst mich nicht! Du kaufst dir selbst schöne Sachen zum Anziehen für die Arbeit, und mir kaufst du gar nichts!« Herr P. ist zornig und verletzt zugleich. Er will es Maren heimzahlen. Aber er hält sich zurück und sagt nichts.

Er denkt über das nach, was ihm durch den Kopf geht. Etwa Folgendes: »Was fällt ihr ein, so mit mir zu sprechen? Sie sollte besser damit aufhören, sonst...! Warum ist sie so ein verwöhntes Gör? Ich bin einfach ein schlechter Vater.«

Danach fragt sich Herr P.: »Was will ich erreichen? Will ich mich rächen? Nein, ich bin der Erwachsene und will Maren helfen, sich kooperativ zu verhalten. Muss ich unbedingt verletzt und wütend sein? Nein, es wäre viel hilfreicher, zu versuchen zu verstehen, was sie dazu bewegt, sich so zu verhalten. Ich mag es nicht, wenn sie so mit mir spricht, aber ich kann damit umgehen. Ich hätte gerne, dass sie respektvoller ist, aber das ist sie eben jetzt nicht. Sie verhält sich nicht richtig, aber sie ist kein schlechtes Kind. Ich bin kein schlechter Vater.«

Herr P. ändert seinen inneren Dialog. Jetzt ist er in einer viel besseren Position zu handeln. Er hat nun viele Möglichkeiten zu reagieren:

- ✓ Er könnte sagen: »Maren, du bist wirklich wütend auf mich. Möchtest du darüber reden?«
- ✓ Er könnte sagen: »Ich mag es nicht, wenn du so mit mir sprichst. Ich rede gerne mit dir darüber, wenn du dabei auch respektvoll bist.«
- ✓ Er könnte das Fehlverhalten momentan ignorieren und das Problem später besprechen.

Wenn wir unseren inneren Dialog bewusst ändern, spielen wir kein Wortspiel. Wir arbeiten daran, eine positive Zielvorstellung, ein neues Gefühl, neue Wertvorstellungen und Überzeugungen zu entwickeln. Wir hören auf, unser Kind in seinem Fehlverhalten zu unterstützen. Wir tun dies auch, damit wir beginnen können, unserem Kind zu helfen, einen Weg zu finden, wie es auf positive Weise dazu gehören kann.

Sie ändern Ihren inneren Dialog

Wenn Sie über das Fehlverhalten Ihres Kindes aufgebracht sind, fragen Sie sich:

- ✓ Was sage ich gewöhnlich zu mir selbst?
- ✓ Was kann ich mir stattdessen sagen?

Je öfter Sie dies tun, desto besser sind Sie vorbereitet, auf Fehlverhalten angemessen zu reagieren.

Wie können wir uns selbst helfen?

Es ist nicht leicht, unsere Reaktion auf Fehlverhalten zu ändern. Die Mühe lohnt sich jedoch. Folgende Vorschläge können wir nutzen, um uns selbst zu helfen.

Wir achten auf unsere Stimmlage

Manchmal sagen wir das Richtige, aber es klingt zu hart, oder aber die Art und Weise, wie wir etwas sagen, zeigt unserem Kind, dass wir nicht wirklich meinen, was wir sagen. Es ist wichtig, darauf zu achten, wie unsere Stimme klingt. Wenn es nötig ist, atmen wir tief durch. Wir sprechen ruhig und respektvoll.

Wir achten auf unsere Körpersprache

Dies ist eine weitere Möglichkeit, unsere Haltung zu überprüfen. Wirkt der zu geringe Abstand zwischen uns und unserem Kind bedrohlich? Ist unser Körper angespannt? Wiederum ist es wichtig, tief durchzuatmen und unseren Körper zu entspannen.

Wir reagieren auf unerwartete Art und Weise

Wir haben in diesem Kapitel gelernt, das Unerwartete zu tun. Wenn wir unerwartete Reaktionen zeigen, erreicht unser Kind nicht, was es will.

Es gibt Zeiten, in denen wir einfach alleine sein und uns beruhigen müssen.

Wir lenken uns ab

Wenn unsere Gefühle sehr stark sind, ist es wichtig, uns abzulenken. Vielleicht bietet es sich an, an den bevorstehenden Besuch einer Freundin/eines Freundes zu denken. Wir könnten uns auch an die guten Zeiten erinnern, die wir mit unserem Kind hatten. Wie wäre es, eine Einkaufsliste zusammenzustellen? Wenn es nötig ist, können wir auch das Zimmer verlassen und etwas tun, das uns beruhigt. Die Wäsche bügeln, um den Häuserblock gehen oder eine Zeitschrift lesen.

Wir betrachten die Angelegenheit mit Humor

Unser Sinn für Humor kann uns und unserem Kind helfen. »Selbstverständlich liege ich nachts wach und überlege, wie ich dich noch mehr quälen kann!« oder: »Nein, es ist doch ganz offensichtlich, dass ich nie ein Kind war. Sieht man das nicht?« Wir setzen diese Art Humor vorsichtig ein, denn wir wollen nicht, dass unser Kind uns für sarkastisch hält. Wir können auch über unsere eigenen Fehler lachen. Das hilft unserem Kind zu erkennen, dass wir wissen, dass wir nicht perfekt sind. Und es kann *uns* helfen, unseren inneren Dialog zu ändern.

Wir lassen keine Schuldgefühle aufkommen

Schuldgefühle helfen uns nicht. Der Entschluss jedoch, uns zu ändern, wird eine große Hilfe sein. Wenn wir wieder einmal geschrien und geschimpft haben, sagen wir uns: »Es tut mir Leid, dass ich geschrien habe. Das nächste Mal werde ich es nicht mehr tun.« Dann lassen wir Vergangenes vergangen sein. Niemand ist perfekt – wir alle machen Fehler. Wir wissen, dass ein Kind, das Fehlverhalten zeigt, kein schlechtes Kind ist. Das Gleiche gilt für uns: Eltern, die manchmal falsch reagieren, sind auch keine schlechten Eltern!

STEP ERMUTIGUNG

Der Umgang mit Fehlverhalten ist eine Herausforderung. Es ist auch eine Chance. Die Chance nämlich, unser Kind in neuem Licht zu sehen.

Achten Sie darauf, auch die Kehrseite des Verhaltens Ihres Kindes zu sehen. Hier sind einige Beispiele:

- ✓ Ein Kind, das seinen Willen durchsetzen will, könnte auch Führungsqualitäten haben.
- ✓ Ein Kind, dem Fairness sehr wichtig ist, zieht möglicherweise viele verschiedene Gesichtspunkte einer jeweiligen Situation in Betracht.

Sie sind den zweiten Schritt gegangen

In Kapitel 2 haben Sie mehr über sich und Ihr Kind gelernt. Sie haben außerdem eine neue Erziehungsmethode kennen gelernt und geübt.

- ✓ Sie haben erkannt, dass Fehlverhalten ein Versuch Ihrer Kinder ist, dazuzugehören.
- ✓ Sie haben begonnen, darüber nachzudenken, wie Sie reagieren können, wenn sich Ihr Kind nicht richtig verhält.
- ✓ Sie haben gelernt, wie sich die Wertvorstellungen, Überzeugungen und Gefühle Ihrer Kinder entwickeln.
- ✓ Sie haben erkannt, dass Sie Ihrem Kind helfen können, sich zu ändern, indem Sie sich selbst ändern.
- ✓ Sie haben entdeckt, dass Sie Ihre eigenen Wertvorstellungen, Überzeugungen und Gefühle ändern können.

FÜR IHRE **FAMILIE**

Achten Sie darauf, wann Ihr Kind kooperiert oder Verantwortung übernimmt. Lassen Sie Ihr Kind wissen, dass Sie es bemerkt haben. Benutzen Sie die Worte: »Ich weiß das zu schätzen.«

- »Ich weiß es zu schätzen, dass du den Abfall weggebracht hast, ohne dazu aufgefordert zu werden. Danke.«
- »Ich weiß es zu schätzen, wie du dich mit meinem Chef unterhalten hast, während er darauf wartete, dass ich ans Telefon komme.«

Ermutigen Sie jeden in Ihrer Familie, Hilfeleistungen zu bemerken und anzuerkennen.

AUFGABE DER WOCHE

Achten Sie auch weiterhin auf die Ziele des jeweiligen Fehlverhaltens. Wenn sich Ihre Kinder nicht richtig verhalten, beobachten Sie sie und sich selbst. Entscheiden Sie, welches Ziel dahinter steht. Fragen Sie sich:

1. Was hat mein Kind gemacht?
2. Wie habe ich mich gefühlt?
3. Wie habe ich reagiert?
4. Wie hat sich mein Kind daraufhin verhalten?
5. Was ist das Ziel des Fehlverhaltens?
6. Auf welche Art und Weise könnte ich mein Kind ermutigen, auf positive Art dazuzugehören? (Überlegen Sie sich *zwei oder drei* Möglichkeiten.)

NUR FÜR SIE BEKÄMPFEN SIE IHRE IRRATIONALEN

Wertvorstellungen und Überzeugungen

Wertvorstellungen und Überzeugungen verursachen Gefühle. Wenn Sie sich entschließen, über unerfreuliche Ereignisse nachzudenken, rufen Sie unangenehme Gefühle in sich hervor. Wie Sie sich fühlen, ist ein Ergebnis Ihrer Gedanken. Ihre irrationalen Wertvorstellungen verursachen Probleme und verhindern, dass Sie zufrieden sind. Diese irrationalen Überzeugungen nehmen gewöhnlich die Gestalt von Forderungen, Klagen und Beschuldigungen an.

Ihre entmutigenden Worte und der innere Dialog reflektieren Ihre Wertvorstellungen und Überzeugungen. Wenn Sie absoluten Aussagen, wie *Ich sollte, Ich muss* oder *Ich müsste* Glauben schenken, stellen Sie Bedingungen für sich selbst auf.

Lernen Sie, rational zu denken:

✓ Entschließen Sie sich, neue Gedanken zu denken.

✓ Lernen Sie, unangenehme Situationen logisch zu betrachten.

✓ Sehen Sie Ihre Wünsche als Vorlieben, nicht als Bedürfnisse.

✓ Betrachten Sie Ihre »Katastrophen« als die normalen Enttäuschungen oder Unannehmlichkeiten im Leben, die sie eigentlich auch sind.

Stellen Sie sich folgende Fragen, sie werden Ihnen helfen, irrationale Wertvorstellungen zu überwinden:

1. Was denke ich gewöhnlich? Fordere oder beschuldige ich?
2. Sind meine Wertvorstellungen und Überzeugungen rational oder irrational? Wie kann ich das beurteilen?
3. Was sind die Konsequenzen, wenn ich meine Wertvorstellungen und Überzeugungen beibehalte?
4. Was wären die Konsequenzen, wenn ich meine Wertvorstellungen und Überzeugungen ändern würde?

Weitere Erkenntnisse über Ihre Wertvorstellungen und Überzeugungen gewinnen Sie durch die Auseinandersetzung mit Ihrer Art, Beziehungen mit anderen Menschen zu gestalten – siehe »Was ist Ihre Priorität?«, S. 273.

Zusammenfassung

1. Um das Ziel eines Kindes zu erkennen, ziehen Sie folgende Aspekte in Betracht:

Wie fühlen Sie sich,
wenn sich das Fehlverhalten ereignet?

Wie reagieren Sie auf das Fehlverhalten?

Wie reagiert Ihr Kind auf Ihr Verhalten?

2. Das einzige Verhalten, das Sie ändern können, ist Ihr eigenes. Um Ihrem Kind zu helfen, das Fehlverhalten einzustellen, müssen Sie sich darauf konzentrieren, Ihre Reaktion zu ändern. Sie tun etwas, das Ihr Kind nicht erwartet.

3. Die Wertvorstellungen, Überzeugungen und Gefühle Ihres Kindes beeinflussen, auf welche Weise es dazugehören möchte.

4. Um Ihrem Kind zu helfen, positive Wertvorstellungen zu entwickeln, können Sie:

   Ihrem Kind helfen, sich zu beteiligen;

   ihm Entscheidungen überlassen;

   fair sein;

   Mut erkennen und fördern.

5. Wertvorstellungen und Überzeugungen ergeben sich

   daraus, was aus der Sicht des Kindes
   in der Familie wichtig ist;

   aus der Position des Kindes innerhalb der Familie;

   aus dem, was die Eltern sagen und tun;

   aus dem Erziehungsstil.

6. Gefühle sind ein Ergebnis Ihrer Wertvorstellungen und Überzeugungen. Sie können Ihre Wertvorstellungen, Überzeugungen und die darauf basierenden Gefühle ändern, indem Sie Ihren inneren Dialog ändern. Dies kann Sie dabei unterstützen, auf das Fehlverhalten Ihrer Kinder in einer Weise zu reagieren, die ihnen hilft, das Fehlverhalten einzustellen.

Tabelle 2

Der Umgang mit Fehlverhalten

Erinnern Sie sich daran, dass Sie folgende Aspekte berücksichtigen müssen, wenn Sie entscheiden, welches Ziel Ihr Kind mit seinem Verhalten verfolgt:

1. Wie fühlen Sie sich, wenn Ihr Kind Fehlverhalten zeigt?
2. Wie reagieren Sie auf das Fehlverhalten?
3. Wie reagiert Ihr Kind auf Ihre Reaktion?

Ziel des Fehlverhaltens - - - - - - - - - - **positive Kehrseite**	**Beispiele für das Fehlverhalten**	**Was Eltern tun können (Das Unerwartete tun, die Perspektive ändern)**	**Möglichkeiten, positive Ziele und Wertvorstellungen zu ermutigen**
Aufmerksamkeit - - - - - - - - - Beteiligung	Aktiv: unterbrechen, herumalbern Passiv: vergessen, Aufgaben nicht erledigen, die Erwartung, bedient zu werden	Schenken Sie Aufmerksamkeit nicht dann, wenn Sie dazu aufgefordert werden. Ignorieren Sie dieses störende Verhalten wenn möglich. Bedienen Sie das Kind nicht. Widmen Sie Ihrem Kind Ihre Aufmerksamkeit zu einem anderen Zeitpunkt.	Bedanken Sie sich, wenn Ihr Kind hilft. Beachten Sie, wenn Ihr Kind einen Beitrag leistet.

Macht - - - - - - - - - Selbst- ständigkeit	Aktiv: Wutanfall bekommen, Forderungen stellen, streiten Passiv: hartnäckig sein, die von den Eltern gestellten Aufgaben langsam und schlecht erfüllen.	Weigern Sie sich zu streiten oder nachzugeben. Ziehen Sie sich aus dem Machtkampf zurück. Wenn möglich, verlassen Sie den Raum. Wenn Sie sich beruhigt haben, sprechen Sie mit Ihrem Kind und geben Sie Wahlmöglichkeiten. Lassen Sie das Kind die Konsequenzen seiner Handlung erfahren und daraus lernen.	Geben Sie Wahlmöglichkeiten. Lassen Sie das Kind Entscheidungen treffen. Bitten Sie zu einem anderen Zeitpunkt um Hilfe und Kooperation.
Rache - - - - - - - - - Fairness	Aktiv: gemein sein, verletzende Ausdrücke benutzen, gewalttätig sein. Passiv: verletzende Blicke, sich auf gemeine Art weigern, zu kooperieren.	Weigern Sie sich, sich verletzt oder zornig zu fühlen. Rächen Sie sich nicht, indem Sie es dem Kind heimzahlen. Arbeiten Sie bei anderer Gelegenheit an der Vertrauensbildung. Helfen Sie Ihrem Kind, sich geliebt zu fühlen.	Seien Sie so fair wie möglich. Bedanken Sie sich, wenn Ihr Kind hilft. Beachten und schätzen Sie, wenn Ihr Kind einen Beitrag leistet.
Unfähigkeits- beweis - - - - - - - - - Kompetenz	Nur Passiv: leichtes Aufgeben, gar nicht erst versuchen.	Kein Mitleid zeigen. Überhaupt nicht kritisieren. Jede Leistung bemerken, unabhängig davon, wie klein sie sein mag. Das Kind nicht aufgeben.	Konzentrieren Sie sich auf die Stärken Ihres Kindes und auf seine Begabungen. Beachten Sie, wenn Ihr Kind kluge Entscheidungen trifft. Beachten Sie, wenn Ihr Kind an andere denkt. Geben Sie viel Ermutigung.

3

Wir ermutigen unsere Kinder und uns selbst

Folgende Aspekte der Kindererziehung werden wir dazulernen:

☞ Durch Ermutigung können wir unserem Kind helfen, Selbstvertrauen zu entwickeln.

☞ Ermutigung kann unserem Kind helfen, sich geliebt, akzeptiert, respektiert und geschätzt zu fühlen.

☞ Lob und Ermutigung sind nicht das Gleiche.

☞ Auch wir brauchen Ermutigung.

Wir wollen, dass unser Kind positive Wertvorstellungen und eine konstruktive Art entwickelt, dazuzugehören. Das wird dem Kind umso leichter gelingen, je mehr *Selbstvertrauen* es hat. Natürlich ist Selbstvertrauen für uns alle wichtig – für Kinder ebenso wie für Erwachsene.

Was ist Selbstvertrauen?

Es ist die Überzeugung, dass wir dazugehören und

1. akzeptiert werden,
2. stark sind und Fähigkeiten haben,
3. geliebt werden.

Selbstvertrauen gibt unseren Kindern das Gefühl, dass sie dazugehören, dass sie ihren Beitrag leisten können und dass sie geliebt werden. Es hilft ihnen, erfolgreich zu sein und Probleme zu bewältigen. Es hilft ihnen »ich kann« und »ich will« zu sagen.

Wir können unserem Kind helfen, Selbstvertrauen zu entwickeln

Wenn Eltern an ihre Kinder glauben, helfen sie ihnen, sich selbst zu vertrauen. Wenn Eltern ihren Kindern Respekt zeigen, helfen sie ihren Kindern, sich selbst und andere zu respektieren.

Wir müssen unseren Kindern zeigen, dass wir an sie glauben und sie respektieren. Es gibt viele Wege, dies zu tun. Wir erreichen dies am besten, indem wir sie *ermutigen*.

Was ist Ermutigung?

Durch Ermutigung helfen wir unseren Kindern, Selbstvertrauen zu entwickeln. Wir zeigen unseren Kindern, dass sie dazugehören und dass sie

1. akzeptiert werden,

2. Fähigkeiten haben,
3. geliebt werden.

Schauen wir uns zunächst die Wörter *ermutigen* und *entmutigen* an. Beide beinhalten das Wort *Mut*. Mut ist ein wichtiger Teil des Selbstvertrauens. Wenn wir Selbstvertrauen haben, haben wir auch den Mut, uns zu bemühen.

Ein ermutigtes Kind hat ein starkes Selbstvertrauen. Dieses Kind hat den Mut zu kooperieren, Neues auszuprobieren und verantwortungsbewusst zu handeln.

Ein entmutigtes Kind hat wenig Selbstvertrauen und wird sich deshalb keine Mühe geben. Ohne Selbstvertrauen hat ein Kind nicht den Mut, auf konstruktive Art dazuzugehören.

Beispiel

Jonas' jüngere Schwester Judith bittet um Hilfe bei der Anfertigung eines Plakats für die Schule. Während Jonas seiner Schwester hilft, kommt er immer wieder zu seiner Mutter, Frau L., gelaufen. Er hält ihr das Papier vor die Nase und sagt: »Schau dir mal an, was ich für Judith gemalt habe.« »Gefällt es dir, wie ich es für Judith ausgeschnitten habe?« »Mutti, wo ist der Tesafilm, der auf beiden Seiten klebt?« Jonas möchte seiner Schwester helfen, aber er ist sich nicht sicher. Es mangelt ihm an Selbstvertrauen.

Frau L. kann Jonas ermutigen, indem sie sein aufmerksamkeitsuchendes Verhalten ignoriert. Sie kann Jonas ihre Aufmerksamkeit später zuteil werden lassen, wenn er sie nicht mehr unaufhaltsam fordert.

Wie können wir unser Kind ermutigen?

Genauso wie Frau L., die Mutter von Jonas, möchten auch wir unserem Kind helfen. Wir können dies nicht erreichen, indem wir Fehlverhalten verstärken oder kritisieren. Ermutigung beginnt damit, dass wir Respekt zeigen.

Wir wissen, dass jeder Respekt verdient. Respekt vor uns selbst und vor anderen gehen Hand in Hand. Das gilt für Kinder ebenso wie für Erwachsene.

Beispiel

Daniel, zehn Jahre alt, baut eine Model-Rakete. Er hat lange daran gearbeitet. Sie ist fast fertig. Herr G., Daniels Vater, sucht einen neuen Job. Herr G. ist am Telefon. Er erfährt, dass jemand anders den Job, den er wollte, bekommen hat. Herr G. legt auf und seufzt. Daniel legt seine Rakete zur Seite. Er bewegt sich zu schnell, so dass die Rakete herunterfällt.

Die Teile liegen überall herum. Daniel schreit und beginnt zu weinen. Herr G. sagt zu ihm: »Das ist für uns beide ein schlechter Nachmittag gewesen. Ich bin frustriert, und mir scheint, dass es dir ebenso geht.«

Für Herrn G. ist die Tatsache, dass er den Job nicht bekommen hat, wichtiger als Daniels Rakete. Aber er hat gezeigt, dass ihm Daniels Probleme auch wichtig sind. Herr G. macht sich keine Vorwürfe, weil er den Job nicht bekommen hat. Er macht auch Daniel keine Vorwürfe oder beschimpft ihn, dass er unvorsichtig war und geweint hat. Herr G. hat Respekt vor sich und seinem Sohn. Wenn Herr G. sich immer so verhält, ist es sehr wahrscheinlich, dass Daniel lernt, sich und andere zu respektieren.

Wenn unser Kind von uns mit Respekt behandelt wird, fühlt sich das Kind geschätzt. Wenn das Kind sieht, dass wir uns selbst respektieren, geben wir dem Kind ein Beispiel für Selbstvertrauen. Das ist ermutigend für unser Kind.

Ermutigung basiert auf Respekt. Kinder brauchen ständig Ermutigung ebenso wie Respekt. Wir können lernen, unsere Kinder regelmäßig zu ermutigen. Wir lernen und üben einige Methoden, durch die wir zeigen, dass wir:

- ✓ unser Kind lieben und akzeptieren wie es ist,
- ✓ bemerken, wenn unser Kind etwas Neues versucht oder Fortschritte macht,
- ✓ unser Kind schätzen,
- ✓ an unser Kind glauben.

Im Folgenden betrachten wir diese verschiedenen Möglichkeiten der Ermutigung genauer.

Wir lieben und akzeptieren unser Kind so, wie es ist

Jedes Kind ist einzigartig. Wie jeder von uns, ist auch jedes Kind gut in einigen Dingen und nicht so gut in anderen. Genau wie wir haben Kinder »Höhen« und »Tiefen« – gute und schlechte Tage. Wenn wir unsere Kinder schätzen und akzeptieren, wissen wir um ihre Stärken und Schwächen. Wir erkennen ihre »Höhen« und »Tiefen«. Wir akzeptieren all diese Dinge, denn wir akzeptieren unsere Kinder so, wie sie sind.

Wir ermutigen unsere Kinder, indem wir sie so akzeptieren, wie sie sind.

Wenn wir dies tun, erkennen unsere Kinder, dass wir nicht von ihnen erwarten, perfekt zu sein. Sie sehen, dass wir sie lieben und schätzen.

Einige Eltern denken, dass sie ständig auf Fehler hinweisen müssen. Sie glauben, dass dies den Kindern hilft, sich zu bessern.

Das kann jedoch auch sehr entmutigend sein. Wie wäre es, wenn uns ein Freund ständig sagen würde: »Ich weiß, was mit dir nicht stimmt. Ich sage dir, was du falsch machst, und du brauchst dich dann nur zu ändern!« Kinder fühlen sich ebenso entmutigt, wenn Eltern sie ständig kritisieren.

Unsere Kinder werden nicht immer in allem so gut sein wie wir möchten. Dann brauchen unsere Kinder unsere Liebe und Anerkennung besonders. Unsere Kinder brauchen dies unabhängig davon, wie gut sie etwas tun.

Beispiel

Fabian zeigt Frau R., seiner Großmutter, die erste Fassung seines Sozialkundereferats. Fabians Lehrer hat die erste Fassung an einigen Stellen kritisiert. Fabian erklärt: »Herr Schobert mochte das Referat nicht. Er sagte, es würden wichtige Informationen fehlen.« Frau R. schaut sich die Arbeit an. Sie sagt zu Fabian: »Schau hier, Fabian. Hier sagt er, dass du auf dem richtigen Weg bist. Und dort betont er, dass deine Gliederung interessant ist.« Fabian erwidert: »Ich glaube, du hast Recht, Großmutter. Hier sagt er nochmal, dass er glaubt, meine Gliederung würde funktionieren. Ich nehme an, ich brauche nur noch ein paar Details an einigen Stellen hinzuzufügen.«

Wir können unser Kind annehmen, ohne sein Fehlverhalten zu akzeptieren.

Beispiel

Paloma hat ihre Lehrerin angelogen. Sie sagte, sie hätte ihr Arbeitsblatt zu Hause gelassen. In Wahrheit jedoch hat sie ihre Hausaufgaben nicht gemacht. Die Lehrerin hat Frau

H., Palomas Mutter, angerufen. Abends möchte Frau H. mit Paloma darüber reden. Paloma weint und sagt: »Ich weiß nicht, warum ich manchmal so schlecht bin.« Frau H. entgegnet: »Es war falsch zu lügen. Aber du bist kein schlechter Mensch. Du hast diesmal nur die falsche Entscheidung getroffen. Lass uns doch darüber reden, wie du es wieder gutmachen kannst.«

Akzeptieren Sie Ihr Kind

- ✓ Erinnern Sie sich an eine falsche Entscheidung, die Ihr Kind getroffen hat.
- ✓ Überlegen Sie sich, wie Sie Ihrem Kind helfen können zu erkennen, dass es kein schlechter Mensch ist.
- ✓ Überlegen Sie sich, wie Sie Ihrem Kind helfen können, das nächste Mal eine bessere Entscheidung zu treffen.

Wir bemerken, wenn unser Kind sich Mühe gibt

Verbesserungen brauchen Zeit. Gewöhnlich gelingt Menschen nicht alles beim ersten Mal.

Beispiel
Wir erinnern uns daran, wie es war, als wir unser Baby erstmals gebadet haben. Haben wir uns dabei ungeschickt gefühlt? War es schwer, keine Seife in die Augen des Kindes zu bringen? Haben wir uns gewünscht, mehr als zwei Hände zu haben? Im Laufe der Zeit haben wir gelernt, neue Wege zu finden, diese Aufgabe leichter zu bewältigen. Vielleicht haben wir dann das Baby mit einem Arm und einer Hand gehalten. Vielleicht haben wir den Waschlappen eingeseift, bevor wir das Baby hochnahmen. Vielleicht haben wir unserem Baby vorgesungen. Nach und nach sind wir Experten im »Baden« geworden!

Jede Fertigkeit, die wir lernen, besteht aus kleinen Schritten und Bemühungen. Das Gleiche gilt auch für unsere Kinder.

BEISPIEL
Auf seinem Halbjahreszeugnis in der 5. Klasse hat Tim eine Vier in Mathematik. Seine Eltern wissen, dass er besser sein kann. Möglicherweise möchten sie jetzt sagen: »Du musst mehr arbeiten. Du solltest eine Eins haben.« Aber inwiefern würde das Tim helfen?

Tims Eltern müssen ihn ermutigen, damit er seine Leistung verbessern kann. Um dies zu erreichen, ist es wichtig, seine Bemühungen anzuerkennen. Wie verhalten wir uns am besten in einer solchen Situation?

- ✓ Wir können kleine Verbesserungen auf dem Weg zum Ziel hervorheben.
- ✓ Wir können positive Bemerkungen machen, wenn er in einem Test eine 3+ bekommt oder wenn eine Hausaufgabe mit 3– bewertet wurde.
- ✓ Wir können Tim helfen zu verstehen, was wichtig ist. Mathematik zu lernen ist wichtiger, als eine bestimmte Note zu bekommen.

Es ist entscheidend, Bemühungen oder Verbesserungen als solche zu erkennen und jede Gelegenheit wahrzunehmen, unser Kind wissen zu lassen, dass wir seinen Fortschritt bemerkt haben.

BEMERKEN SIE VERBESSERUNGEN

Denken Sie darüber nach, auf welchem Gebiet Ihr Kind gerade Fortschritte macht. Denken Sie auch an die Bemühungen Ihres Kindes.

Zum Beispiel:

- ✓ Ist Ihr Kind einem Streit aus dem Weg gegangen?

- ✓ Ist Ihr Kind in der Schule besser geworden?
- ✓ Hat Ihr Kind einen Weg gefunden zu helfen?
- ✓ Hat Ihr Kind mit Geschwistern zusammengearbeitet?

Wir schätzen unser Kind

Ein Kind muss seinen Beitrag zum Familienleben leisten. Das gibt dem Kind das Gefühl, dazuzugehören. Wenn wir unserem Kind sagen und zeigen, dass wir seinen Beitrag wirklich schätzen, ermutigen wir das Kind, dazuzugehören.

BEISPIEL

Nora ist neun. Frau S., ihre Mutter, ist genervt, wenn Nora durch das Wohnzimmer und den Flur rennt. Frau S. möchte jedoch nicht kritisieren. Stattdessen versucht sie einen Weg zu finden, Nora zu ermutigen. Deshalb setzt sie sich hin und denkt darüber nach, was Nora in letzter Zeit gemacht hat, das sie zu schätzen wußte.

Frau S. denkt an viele verschiedene Situationen: Nora hat sich daran erinnert, ihre Schneeschuhe an der Eingangstüre auszuziehen. Sie spielt mit ihrem kleinen Bruder. Am Tag zuvor hat Nora den Müll weggebracht, ohne dass sie darum gebeten wurde. All das hat Frau S. als sehr hilfreich empfunden.

Frau S. denkt nur kurz nach. In dieser kurzen Zeit findet sie viele Dinge, die sie zu schätzen weiß. Sie beschließt, sich in Zukunft für Noras Kooperation zu bedanken.

Bedeutet das, dass Frau S. Nora im Wohnzimmer herumrennen lassen soll? Nein. Aber indem sie sich Zeit zum Nachdenken nimmt, hilft Frau S. sich selbst. Sie verhindert damit, dass sie herumschreit oder strafend eingreift. Sie denkt über ihr Erziehungsziel nach. Darüber nachzudenken, was sie zu schätzen weiß, hilft Frau S., ihrem Ziel näher zu kommen.

Frau S. könnte zu Nora sagen: »Wenn du rennen willst, kannst du das draußen tun. Es ist deine Entscheidung, ob du draußen oder drinnen spielst.« Frau S. weiß auch, dass die Ermutigung Nora mit der Zeit helfen wird, öfter zu kooperieren. Das heißt, sie nimmt sich vor auch bei anderen Gelegenheiten, wenn Nora kooperationsbereit ist, ihre Wertschätzung zu zeigen. So könnte sie z.B. sagen:

- ✓ »Danke, dass du daran gedacht hast, deine Schuhe auszuziehen.«
- ✓ »Es ist so schön, dich mit Jan spielen zu sehen. Er liebt seine große Schwester wirklich sehr.«
- ✓ »Ich weiß es zu schätzen, dass du den Abfall gleich nach der Schule weggebracht hast.«

Es gibt noch eine andere Möglichkeit, unsere Wertschätzung zu zeigen: Indem wir beachten, was für unser Kind wichtig ist. Es ist leicht, die Interessen unseres Kindes zu übersehen. Dies ist besonders dann der Fall, wenn das, was unser Kind interessiert, für uns selbst niemals wichtig gewesen ist. Aber unsere verschiedenen Interessen sind Teil dessen, was uns einzigartig macht. Wenn wir uns deshalb Zeit nehmen, mit unserem Kind über sein Hobby zu sprechen, wird es sich geschätzt fühlen. Eventuell können wir dadurch ein neues Interesse in uns wecken!

Unser Kind hat *Stärken* – Qualitäten und Talente –, die es zu einem einzigartigen Menschen machen. Wir können diese Stärken unseres Kindes bemerken und darauf aufbauen.

Beispiel

Herr B., Julias Stiefvater, sagt zu Julia: »Ich habe es gerne, wenn du Gitarre spielst. Zuvor hat nie jemand bei mir zu Hause Musik gemacht. Ich finde es wirklich schön.« »Ich könnte dir etwas beibringen«, erwidert Julia. »Würdest du das wirklich tun? Das ist großartig!«, antwortet Herr B. hocherfreut.

Wir glauben an unser Kind

Unsere Kinder müssen wissen und sehen, dass wir daran glauben, dass sie Erfolg haben können.

Beispiel

Herr und Frau W., Sarahs Eltern, sind Hausmeister in dem Mehrfamilienhaus, das sie bewohnen. Jede Woche mähen sie den Rasen. Sarah ist elf Jahre alt. Sie möchte gerne den Rasenmäher bedienen. Sie fragt Herrn W.: »Darf ich den Rasen mähen?« »Sicher, du kannst es mit mir zusammen machen.« Frau W. fügt hinzu: »Ziehe bitte auch deine festen Schuhe an, denn sie schützen dich besser.« Als Sarah zurückkommt, trägt sie ihre festen Schuhe. Herr W. sagt außerdem: »Bevor wir anfangen, musst du die Sicherheitsbrille aufsetzen. Dann zeige ich dir, wie man den Motor startet.«

Sarah weiß, ihre Eltern sind überzeugt, dass sie lernen kann, den Rasen zu mähen. Woher weiß sie das? Weil sie es ihr sagen. Sie nehmen sich auch Zeit, es ihr beizubringen. Dies wird Sarah helfen, sich zuzutrauen, auch andere Dinge auszuprobieren. Es hilft ihr, sich zu sagen: »Ich kann es.«

Erwartungen spielen eine wichtige Rolle. Für gewöhnlich spüren unsere Kinder, was wir wirklich denken. Nur wenige Kinder lernen, an sich zu glauben, wenn wir es nicht tun.

Um zeigen zu können, dass wir an unser Kind glauben, müssen wir das jeweilige Kind und die entsprechenden Umstände in Betracht ziehen. Wir denken nicht an Fehler, die das Kind in der Vergangenheit gemacht hat. Stattdessen erinnern wir uns an die vielen Dinge, die unser Kind gelernt hat, richtig zu machen. Wir machen uns keine Sorgen um Fehler, die unser Kind machen könnte. Stattdessen überlegen wir uns einen Weg, wie wir unserem Kind helfen können, seine Fertigkeiten, Fähigkeiten und Stärken selbst zu erkennen.

Erwachsenwerden ist ein Prozeß. Er dauert Jahre. Wenn wir dies in unsere Überlegungen miteinbeziehen, wird es uns leichter fallen zu sehen, dass unser Kind mit der Zeit *tatsächlich* viele Fertigkeiten dazulernt.

Was ist der Unterschied zwischen Lob und Ermutigung?

Viele Eltern verwechseln Ermutigung mit Lob. Es ist wichtig zu erkennen, dass Lob auch entmutigend wirken kann.

Lob und Ermutigung sind nicht das Gleiche. Sie erfüllen einen unterschiedlichen Zweck. Wenn wir über Lob und Ermutigung sprechen, erinnern wir uns an unsere Erziehungsziele:

- ✓ Wir wollen, dass unser Kind glücklich, gesund, selbstbewusst, kooperationsbereit, verantwortungsbewusst, liebevoll und liebenswert ist.
- ✓ Wir wollen eine tragfähige, erfüllende Beziehung mit unserem Kind, die ein Leben lang hält.
- ✓ Wir wollen unser Kind zu einem verantwortungsbewussten Erwachsenen erziehen.

Lob ist eine Belohnung

Lob ist eine Art Belohnung. Kinder *verdienen* sie sich – möglicherweise durch Wettstreit oder durch Gewinnen. Vielleicht verdienen sie sich das Lob dadurch, dass sie mit jemand anderem verglichen werden. Beim Lob handelt es sich um eine Belohnung, durch die die Eltern dem Kind zeigen, dass sie es wegen seiner Leistung schätzen.

Beispiel

Es ist Schulsportfest. Markus will eine Siegerurkunde für den Fünfzigmeterlauf bekommen. Viktor, der Zwillingsbruder von Markus, will eine Siegerurkunde in Weitspringen. Markus gewinnt die Urkunde, Viktor nicht. Frau H., die Mutter der beiden, sagt zu Markus: »Du hast gewonnen! Super!« Markus ist glücklich. Dann schaut er Viktor an. Er sagt zu seiner Mutter: »Ja, aber Viktor hat keine Urkunde bekommen.« Frau H. erwidert: »Viktor ist nicht so sportlich wie du. Aber du bist toll!« Markus denkt: »Was wäre, wenn ich nicht gewonnen hätte? Was würde Mutter dann von mir denken?«

Was vermitteln wir durch Lob?

Wenn wir unsere Kinder zu viel loben, lernen sie u.a., anderen gefällig zu sein. Grundsätzlich ist es nicht falsch, das zu tun, was jemand anderem gefällt. Wenn Kinder jedoch viel Lob erhalten, glauben sie, dass sie das tun *müssen,* was andere wollen. Sie schließen daraus, dass dies der einzige Weg ist, ein Selbstwertgefühl zu entwickeln.

Kinder lernen dadurch auch, mehr und mehr Lob bekommen zu wollen. Möglicherweise sind sie verunsichert, wenn die Eltern sie nicht mehr loben. Sie beginnen, an sich selbst zu zweifeln. Es könnte soweit gehen, dass sie denken, sie werden kritisiert, wenn sie nicht gelobt werden!

Kinder könnten dadurch lernen, jede Aktivität als Wettbewerb anzusehen, in dem sie entweder »gewinnen« oder »verlieren«. Sie lernen, dass ein Mensch besser sein kann als der andere. Sie könnten sogar anfangen zu glauben, dass der Wettstreit um die Belohnung »Lob« das Allerwichtigste im Leben ist, oder werden abhängig vom Lob.

Ein Kind braucht Ermutigung
wie eine Pflanze das Wasser.
Rudolf Dreikurs

Ermutigung ist ein Geschenk

Ermutigung ist ein Geschenk. Niemand muss es sich verdienen. Es ist für jeden, und es kann für eine Bemühung oder eine Verbesserung gegeben werden.

Beispiel
Ein Kind lernt, Trompete zu spielen. Die Eltern könnten sagen: »Dieses Lied klingt besser als vor einigen Tagen.«

Ermutigen können wir auch dann, wenn wir etwas Besonderes bemerken und dies ansprechen.

Beispiel
Später könnten die Eltern sagen: »Es ist so schön, dich spielen zu hören.«

Wir können selbst dann ermutigen, wenn das Kind keine guten Ergebnisse bringt oder einen Fehler gemacht hat.

Beispiel
»Ja, du hast zwar während des Trompetensolos nicht mehr gewusst, wo du gerade warst, aber du konntest schließlich weiterspielen. Es ist schwer, uns zu konzentrieren, wenn wir aufgeregt sind. Dass du schließlich weiterspielen konntest, zeigt, dass du diese wichtige Fähigkeit hast!«

Ermutigung von uns Eltern hilft den Kindern, sich geschätzt zu fühlen für ihr bloßes *Dasein* – für das, was sie sind. Das hilft unseren Kindern, sich selbst zu akzeptieren und sich stark zu fühlen. Es hebt ihr Selbstwertgefühl.

Was lehren wir durch Ermutigung?

Wenn wir sie ermutigen, lernen unsere Kinder

- ✓ ihre eigenen, besonderen Qualitäten zu schätzen,
- ✓ sich Aufgaben und Herausforderungen gewachsen zu fühlen,
- ✓ sich selbst so anzunehmen, wie sie sind.

Kinder lernen auf diese Weise auch, sich selbst zu ermutigen. Sie sind selbstbewusster. Ermutigte Kinder sind auch mehr an der Kooperation mit anderen interessiert.

Wenn wir loben, benutzen wir Wörter, mit denen wir beurteilen

»Du bist so ein liebes Kind!«

Es ist nicht einfach, diesem Anspruch gerecht zu werden. Wenn ein Kind dies hört, könnte es denken: »Soll ich die ganze Zeit lieb sein? Was passiert, wenn ich nicht lieb bin? Bin ich dann böse? Bin ich auch dann noch liebenswert, wenn ich nicht mache, was Papa will?«

»Du bist in die Mannschaft aufgenommen worden – ich bin so stolz auf dich!«

Für ein Kind könnte sich das anhören wie: »Durch dich stehe ich so gut da! Du hast mich dadurch erfreut, dass du getan hast, was ich wollte.« Das Kind könnte denken: »Werde ich nur geschätzt, weil ich in die Mannschaft aufgenommen wurde? Was wäre gewesen, wenn ich es nicht geschafft hätte? Wäre meine Mutter dann sehr von mir enttäuscht?«

Wenn wir ermutigen, benutzen wir Wörter, mit denen wir Anerkennung aussprechen

Beim Ermutigen konzentrieren wir uns darauf, wie ein Kind geholfen hat. Wir berücksichtigen, wie sich das Kind fühlt. Zur Ermutigung können wir als Eltern Folgendes sagen:

- ✓ »Danke, dass du so sorgfältig aufgeschrieben hast, wer angerufen hat.«
- ✓ »Du scheinst stolz darauf zu sein, zu dieser Mannschaft zu gehören!«

Ermutigen oder loben?

- ✓ Kinder müssen lernen zu kooperieren – es sollte nicht im Vordergrund stehen, »besser« als andere sein zu müssen.
- ✓ Kinder müssen sich dauernd akzeptiert fühlen – nicht nur, wenn sie etwas richtig machen.

✓ Kinder müssen lernen, für sich selbst zu denken – nicht anderen gefällig zu sein.

Viel zu loben oder nur zu loben wird uns nicht helfen, unserer Aufgabe als Eltern gerecht zu werden.

✓ Wir wollen unsere Kinder lehren, an sich selbst zu glauben.
✓ Wir wollen, dass sie sagen: »Ich kann.« und: »Ich will.«
✓ Wir wollen, dass sie kooperieren und sich um andere kümmern.
✓ Wir wollen, dass sie sich selbst motivieren können.

- Zu viel Lob kann zu gegenteiligen Ergebnissen führen.
- Ermutigung hilft uns, dem Elternsein gerecht zu werden.
- Meistens ist Ermutigung eine bessere Wahl als Lob.
- Bedeutet das, dass wir unser Kind nie loben sollten? Nein. Manchmal ist Lob genau das Richtige!

BEISPIEL
Max hat ein Tor geschossen. Sollten wir dann aufstehen und rufen: »Du kannst stolz auf dein Spiel sein!« Natürlich nicht. Wir würden einfach unserer Begeisterung freien Lauf lassen: »Super! Was für ein Tor! Großartig gemacht! Toll!«

Wir alle mögen hin und wieder eine Belohnung. Wenn unsere Kinder hart arbeiten und etwas erreichen, dann ist Lob durchaus angebracht. Aber wir handeln wirkungsvoller, wenn wir es vermeiden, unser Kind **zu oft** zu loben. Es ist besser, stattdessen zu lernen, wie wir Ermutigung zum Ausdruck bringen können.

Wir verwenden Worte der Ermutigung

Wenn wir unsere Kinder ermutigen, benutzen wir bestimmte Worte.

Einige Beispiele:

- ✓ »Danke, das war eine große Hilfe.«
- ✓ »Ich vertraue deinem Urteil.«
- ✓ »Das hört sich schwierig an, aber ich bin sicher, du wirst eine Lösung finden.«
- ✓ »Du hast hart daran gearbeitet.«
- ✓ »Du wirst immer besser im Bruchrechnen.«
- ✓ »Du kannst das.«

Über Ermutigung nachdenken

Stellen Sie sich vor, Ihr Kind läuft in einem Rennen mit:

- ✓ Was Sie *am Ende* des Rennens sagen, ist Lob.
- ✓ Was Sie *während* des Rennens sagen, ist Ermutigung.

Eine Warnung

Manchmal sagen Eltern etwas Ermutigendes, aber dann fügen sie etwas hinzu, das entmutigt. So könnten Eltern zum Beispiel sagen: »Es sieht aus, als hättest du viel daran gearbeitet.« Das Kind würde sich damit ermutigt fühlen. Was wäre jedoch, wenn die Eltern folgende Formulierungen benutzen würden?

- ✓ »Du hast hart daran gearbeitet…
Ich wünschte, du würdest das öfters tun.«
- ✓ »Ich vertraue deinem Urteil…
also enttäusche mich nicht.«
- ✓ »Du kannst es schaffen…
also hör auf zu jammern und fang an.«

All diese Aussagen ermutigen zunächst – aber dann nehmen sie die Ermutigung wieder zurück. Damit geht die Ermutigung verloren. Stattdessen fühlt sich das Kind *entmutigt*.

Bei all dem dürfen wir nicht vergessen, dass wir das Selbstvertrauen unseres Kindes aufbauen wollen. Wir wollen nicht versuchen, unserem Kind zu helfen, perfekt zu sein!

Der Neuanfang mit der Ermutigung

Beachten Sie, wenn Sie Ihr Kind loben. Achten Sie darauf, wenn Sie zum Beispiel sagen:

- ✓ »Du bist so ein liebes Kind.«
- ✓ »Das hast du großartig gemacht!«

Überlegen Sie, ob an dieser Stelle Ermutigung hilfreicher wäre. Denken Sie im Vorfeld über Worte und Ausdrücke nach, die Sie benutzen können, um Ihr Kind zu ermutigen.

Eine Bemerkung über schwere Zeiten in der Familie

Alle Familien haben Schwierigkeiten. Menschen werden krank und sterben. Mütter und Väter werden arbeitslos.

Wir alle machen Fehler. Gerade dann müssen wir besonders ermutigt werden.

Eltern lassen sich scheiden. Wenn Familien Schwierigkeiten haben, haben die Kinder auch oft Probleme. Das gilt auch für Kinder, die normalerweise glücklich und selbstbewusst scheinen. Während dieser schwierigen Zeiten fühlen sie sich belastet und dadurch verunsichert.

Das ist nicht die Schuld der Eltern. Eltern können Krankheit und Tod nicht ändern. Sie können auch keine Entlassungen verhindern. Eine Scheidung oder eine neue Ehe kann einen neuen Anfang bedeuten.

> BEISPIEL
> Frau R., Mutter eines fünfjährigen Kindes, heiratet einen Mann, der zwei Teenager mit in die Ehe bringt. Statt ein Einzelkind zu sein wie bisher, ist die Fünfjährige nun das »Nesthäkchen«.

Änderungen wie diese können bedeuten, dass das Kind seine »Position« verliert. Die Kinder müssen einen neuen Platz in der Familie finden. Um das zu erreichen, ist es möglich, dass die Kinder Fehlverhalten zeigen. Dies ist besonders dann der Fall, wenn sich die Kinder entmutigt fühlen.

Möglicherweise fühlen sich die Kinder schuldig

Vielleicht glauben sie, dass die Scheidung oder der Verlust des Arbeitsplatzes ihre Schuld war.

Möglicherweise sind die Kinder zornig oder wütend

Vielleicht wollen sie einen Elternteil, eine Schwester oder einen Bruder nicht verlieren. Sie wollen keine/n neuen Stiefvater oder Stiefmutter, keinen neuen Stiefbruder oder keine neue Stiefschwester. Einige Kinder bewältigen diese Probleme, indem sie die Schule schwänzen oder schlechte Zensuren nach Hause bringen. Vielleicht streiten sie sich, schreien und machen Dinge kaputt.

Möglicherweise haben die Kinder Angst

Sie bilden sich vielleicht ein, dass, wenn ein Elternteil geht, der andere sie auch verlassen wird. Vielleicht fragen sie sich, wo das Geld für das Essen in Zukunft herkommen wird.

Während dieser schweren Zeiten brauchen unsere Kinder besonders viel Ermutigung. Sie können diese Ermutigung von den Eltern, aber auch von anderer Stelle bekommen. Sie können sie von Freunden der Eltern und von Verwandten erhalten. Sie könnten sie von einem Priester bekommen oder von Jugendgruppen wie z.B. den Pfadfindern.

Wenn unsere Familie schwere Zeiten durchlebt, brauchen wir uns nicht schuldig zu fühlen. Wir können uns jedoch bemühen, andere Erwachsene zu finden, die unserem Kind helfen können. Wir und unser Kind werden uns besser fühlen, wenn uns das gelingt.

Gibt es andere Möglichkeiten der Ermutigung?

Passende Worte und Formulierungen zu benutzen und zuviel Lob zu vermeiden, sind zwei wichtige Wege, unser Kind zu ermutigen. Es gibt jedoch noch weitere Möglichkeiten.

Wir handeln auf eine Weise, die ermutigend wirkt

Wir ermutigen oft mit Worten, aber auch Gestik, Mimik und Handlungen können ermutigend sein.

Auch ein Nicken, ein Zwinkern oder ein Lächeln wirken ermutigend. Ebenso wichtig ist es, zuzuhören, ohne zu unterbrechen, unser Kind zu umarmen oder ermutigend auf die Schulter zu klopfen.

Wir zeigen auch Vertrauen in unser Kind, wenn wir ihm erlauben, etwas zu tun, was eine Herausforderung darstellt.

Beispiel

Moritz ist elf. Er möchte mit seinen Freunden mit dem Fahrrad zum Schwimmbad fahren. Herr G., sein Vater, und Moritz sind oft mit den Rädern zum Schwimmbad gefahren. Herr G. beschließt, daß Moritz soweit ist, mit seinen Freunden alleine zu fahren.

Am Abend zuvor schaut sich Herr G. mit Moritz die Verkehrsregeln an. Herr G. sagt zu Moritz: »Ich weiß, du bist schon einmal zum Schwimmbad gefahren, deshalb weißt du, dass dort viel Verkehr ist. Ich möchte nochmals einige der Regeln mit dir durchsprechen.« Herr G. spricht zuerst, und dann hört er zu. Moritz fühlt sich respektiert. Herr G. ist sicher, dass Moritz soweit ist, verantwortungsbewusst zu handeln. Am nächsten Tag, als Moritz mit seinen Freunden zum Schwimmbad aufbricht, lächelt Herr G. und sagt: »Viel Spaß!«

Wir zeigen auch Vertrauen, wenn wir unser Kind ein Problem selbst lösen lassen. Wir müssen dabei sicher gehen, dass es für unser Kind möglich ist, das Problem zu lösen. Dies wiederum ist vom Problem selbst und dem Alter unseres Kindes abhängig. Auch wenn Kinder Hilfe brauchen, können wir als Eltern sie dennoch »verantwortlich handeln« lassen.

Beispiel

Lisa und ihre Freundin Julia haben seit einiger Zeit Schwierigkeiten, miteinander auszukommern. Lisa sagt zu Herrn O., ihrem Vater: »Ich weiß nicht, warum Julia so gemein zu mir ist. Ich wünschte, sie würde damit aufhören.« Herr O. sieht, dass Lisa sehr verletzt ist. »Du fühlst dich verletzt, wenn Julia dich so schlecht behandelt.« Lisa nickt. Herr O. fährt fort: »Hast du darüber nachgedacht, mit ihr zu reden?«

»Ich weiß nicht, was ich sagen soll«, sagt Lisa. Herr O. schlägt vor: »Warum denkst du nicht eine Weile darüber nach, Lisa? Wenn du möchtest, kannst du dann ein paar Möglichkeiten mit mir durchspielen.«

Herr O. weiß, dass er Lisas Problem nicht lösen kann. Lisa muss lernen, mit Freunden Probleme durchzusprechen. Aber Herr O. hat ihr gezeigt, dass er an ihre Fähigkeit glaubt, eigene Konflikte zu lösen. Er hat sie ermutigt, über eigene Ideen nachzudenken. Er hat sie wissen lassen, dass er ihr gerne helfen wird.

In Kapitel 5 werden wir mehr darüber lernen, wie wir mit unserem Kind Probleme lösen können.

Wir bringen unseren Kindern bei, andere zu respektieren

Selbstwertgefühl ist sehr wichtig. Aber ebenso wichtig ist es, Respekt für andere zu empfinden und zu zeigen. Es ist schwer, uns selbst zu respektieren, wenn wir andere nicht respektieren.

Das bedeutet, dass Respekt vorzuleben auch eine Art ist, unser Kind zu ermutigen. Es gibt viele Arten, dies zu tun.

Wir helfen anderen Menschen

Wir bemühen uns, Freunden und Nachbarn zu helfen. Es könnte sich dabei um eine große Hilfeleistung handeln, wie beim Umzug anzupacken, oder nur um eine kleine.

> Beispiel
> Wir könnten zusammen mit unserem Kind für einen Nachbarn, der auf Reisen ist, die Pflanzen gießen. Wir könnten eine Mahlzeit zubereiten für die Familie einer Freundin, die erkrankt ist.

Wir ergreifen Gelegenheiten, bei denen wir auch als Familie jemandem aushelfen können.

> Beispiel
> Möglicherweise macht die Schule unseres Kindes eine Sammlung für geflüchtete Kinder oder ein Waisenhaus in der Dritten Welt. Wir könnten unserem Kind helfen, Kleidung, Süßigkeiten und Spielsachen bei Spendenwilligen abzuholen.

Wir achten auf gute Manieren

Höflich zu sein ist nicht altmodisch. Wir wissen es zu schätzen, wenn wir höflich behandelt werden. Wir leben unseren Kindern das Benehmen vor, das wir von ihnen erwarten. Wir sagen »bitte« und »danke« zu unseren Kindern.

✓ »Bitte räume das Geschirr ab, bevor du gehst.«

✓ »Vielen Dank, dass du die Wäsche weggeräumt hast.«

Wir erwarten von unseren Kindern, dass sie uns auch höflich behandeln. Wir beginnen damit, indem wir ihnen sagen, was wir von ihnen erwarten. Wenn sie es vergessen, nörgeln wir nicht. Stattdessen erinnern wir sie freundlich daran.

Beispiel

Caroline, 7, sagt zu ihrem Stiefvater, Herrn N.: »Kann ich ein Glas Saft haben?« Sie vergisst dabei, »bitte« zu sagen. Herr N. gibt Caroline das Glas und sagt: »Bitte schön.« Caroline lächelt und sagt: »Oh, ja – danke.« Herr N. erwidert: »Ich erwarte, dass du »bitte« und »danke« sagst. Wenn du es das nächste Mal vergisst, werde ich einfach nicht auf deine Bitte reagieren.«

Wir freuen uns darüber, dass Menschen unterschiedlich sind

Unsere Welt ist voller Menschen, die alle verschieden sind. Wir stammen aus großen und kleinen Familien. Wir gehören unterschiedlichen Völkern und Religionen an und wir haben unterschiedliche Werte. Wir haben an verschiedenen Aktivitäten Spaß. Wir haben unterschiedliche Interessen, Talente und Fähigkeiten.

Wir lehren unser Kind, diese Unterschiede anzuerkennen, und wir zeigen ihm, dass wir dies auch tun.

Wir sehen die positive Seite

Wir haben gesehen, dass Ziele wie Aufmerksamkeit erregen, Macht ausüben, Rache nehmen und Unfähigkeit unter Beweis stellen auch eine »Kehrseite« haben. Das gilt auch für andere Dinge. Wir erkennen die positiven Aspekte in unseren Problemen. So können wir ein eigensinniges Kind auch als entschlossen ansehen und ein Kind, das leicht verletzt reagiert, auch als empfindsam bezeichnen. Es ist also eine gute Idee, die »Kehrseite« zu betrachten, um zu lernen, Kritik zu vermeiden.

Wir ermutigen uns selbst

Veränderung braucht Zeit. Unserem Kind zu helfen, Selbstbewusstsein zu entwickeln, könnte auch einige Zeit dauern. Während dieser Zeit müssen wir unser Kind immer wieder ermutigen. Möglicherweise finden wir das schwierig, wenn unser Kind nicht so reagiert, wie wir uns das wünschen. Wenn das geschieht, ist es an der Zeit, uns selbst zu ermutigen. Wir lernen neue Erziehungsmethoden. Wir ändern unsere Art zu sprechen und zu handeln. In dieser Zeit ist es besonders wichtig, dass wir uns selbst ermutigen.

Wir haben Geduld mit uns selbst

Oft stellen wir uns das Lernen als Einbahnstraße vor, bei der es nur bergauf geht, so wie ein Auto einen Berg erklimmt. Aber bei einem Lernprozess handelt es sich um einen anderen Vorgang. Wir müssen ihn uns wie Ebbe und Flut vorstellen. Wenn die Flut kommt, geht es voran. Mit der Ebbe fallen wir zurück, und dann bewegen wir uns wieder vorwärts.

Rückschritte in alte Gewohnheiten können sehr entmutigend sein. Es hilft, sich vor Augen zu halten, dass es trotz dieser unvermeidlichen Rückschritte doch unaufhaltsam vorwärts geht.

Wir erinnern uns daran, dass unser Kind nicht mit uns identisch ist

Unser Kind ist kein Maßstab für unseren eigenen Erfolg oder Misserfolg.

- ✓ Manchmal werden sich die Dinge für unser Kind gut entwickeln. Dann können wir glücklich für unser Kind, nicht aber stolz auf uns selbst sein.
- ✓ Manchmal werden sich die Dinge nicht so gut für unser Kind entwickeln. Dann können wir zeigen, daß wir Verständnis haben. Wir als Eltern brauchen uns deswegen nicht als Versager zu fühlen.

Wir setzen realistische Ziele

Wir setzen weder für uns noch für unser Kind Ziele, die uns sicher entmutigen werden. Es tut uns allen gut, uns daran zu erinnern, auf welch vielfältige Art und Weise wir uns als Eltern weiterentwickeln.

Beispiel

Der zehnjährige Johannes sagt zu Frau W., seiner Mutter: »Ich hasse es, fett zu sein.« Frau W. weiß, dass Johannes abnehmen und sich körperlich mehr betätigen muss. Sie sagt zu Johannes: »Ich helfe dir gerne, wenn du abnehmen möchtest. Es wäre für uns alle besser, gesünder zu essen.« Frau W. entfernt nicht alles Fette und Süße aus der Küche. Sie meldet Johannes auch nicht in einem Fitness-Studio an, das er fünfmal die Woche besuchen muss. Frau W. weiß, dass Zwang Johannes nicht helfen würde, sich besser in seiner Haut zu fühlen. Sie weiß, dass es ihr auch nicht helfen wird.

Stattdessen beginnt Frau W., die Mahlzeiten der Familie Schritt für Schritt ein wenig zu verändern. Sie kauft mehr Obst und weniger Kekse.

Sie ermutigt Johannes, sich mehr körperlich zu betätigen. Sie bittet ihn, mit dem Hund den ganzen Weg zum Park zu laufen, um dort mit ihm herumzurennen. Sie bittet ihn, hinunterzugehen, um die Post zu holen. Sie schlägt ihm am Wochenende einen Spaziergang vor.

Auf diese Weise hilft sie Johannes, mit sich zufrieden zu sein. Sie hilft ihm, sich selbst zu helfen.

Wir führen positive Selbstgespräche

In Kapitel 2 haben wir uns mit dem inneren Dialog, Wertvorstellungen und Gefühlen befasst. Es ist entscheidend, den inneren Dialog immer wieder zu nutzen, um uns in alltäglichen Situationen zu ermutigen. Wir tun dies, sooft wir können. Wir ermutigen uns –, als Eltern und als Mensch – insgesamt:

- ✓ »Ich habe auf den Streit zwischen Ralf und Emma ruhig reagiert.«
- ✓ »Ich habe heute nicht geschrieen.«
- ✓ »Ich habe Kay heute zugehört.«

Akzeptieren und schätzen Sie sich selbst

Nehmen Sie sich Zeit, darüber nachzudenken, welche Dinge Sie an sich selbst mögen:

- ✓ Was ist an Ihnen einzigartig?
- ✓ Was können Sie am besten?
- ✓ Wann sind Sie am glücklichsten?
- ✓ Über welche Ihrer Eigenschaften sind Sie besonders froh?

Bewahren Sie eine Liste in Ihrer Tasche auf. Fügen Sie so oft wie möglich etwas hinzu, so dass die Liste immer länger wird.

Wenn Sie sich entmutigt fühlen, lesen Sie Ihre Liste!

Führen Sie positive Selbstgespräche, wenn Sie Ermutigung brauchen.

Wir achten auf unsere Gesundheit, so gut wir können

Wenn wir daran arbeiten, so gesund wie möglich zu bleiben, wird uns dies helfen, mit unseren eigenen Gefühlen und dem Verhalten unseres Kindes besser umzugehen. Es zeigt unserem Kind auch, dass es wichtig ist, auf seine Gesundheit zu achten.

Eine gesunde Ernährung und sich jeden Tag körperlich zu betätigen, ist wichtig. Dabei könnte es sich um einen täglichen Spaziergang oder eine 10 Minuten lange Übung auf dem Fußboden handeln. Unser Kind könnte sich dieser Übung einfach anschließen. Es ist entscheidend, unser Kind zum Mitmachen zu ermutigen.

Wie wäre es mit gesundheitsförderlichen Aktivitäten, die wir als Familie unternehmen können? Wie wäre es mit wandern, Fahrrad fahren oder Volleyball spielen? Außerdem könnten wir Einkäufe zu Fuß erledigen.

Wir müssen lernen, Zeit als etwas Wertvolles zu betrachten. Wir können nicht zu allem, was uns angetragen wird, ja sagen. Deshalb ist es wichtig zu lernen, nein zu sagen, wenn wir gesund bleiben wollen. Das zeigt unseren Kindern, dass auch sie lernen können, ihre Zeit gut einzuteilen.

Wir haben den Mut, nicht perfekt zu sein

Wir können nicht erwarten, dass das Selbstvertrauen unserer Kinder ganz plötzlich da ist. Wir können ebenfalls nicht erwarten, dass wir uns schlagartig als Eltern weiterentwickeln. Wir sind Menschen, wie unsere Kinder. Wir sind nicht perfekt, und wir werden es auch ganz gewiß niemals sein!

Wir haben bereits über das Wort »Mut« gesprochen. Rudolf Dreikurs hatte eine Idee, die er »den Mut, nicht perfekt zu sein« nannte. Mit dem Mut, nicht perfekt zu sein, sind wir bereit, uns Mühe zu geben. Wir hören damit auf, uns Sorgen darüber zu machen, was in der Vergangenheit geschehen ist. Wir konzentrieren uns darauf, was heute geschieht.

- ✓ Wir arbeiten daran, hilfsbereit zu sein – nicht besser als andere.
- ✓ Wir sehen Fehler als Teil des Lernprozesses.
- ✓ Wir freuen uns über uns selbst und über andere Menschen. Das ist viel besser, als nach Fehlern Ausschau zu halten.
- ✓ Wir nehmen kleine Veränderungen vor – wir versuchen nicht, ein ganz neuer Mensch zu sein.
- ✓ Wir werden uns unserer eigenen Stärken und Qualitäten bewusst.
- ✓ Wir wissen uns selbst zu schätzen.
- ✓ Wir betrachten Elternsein als eine Herausforderung, die wir annehmen wollen – nicht als Problem, das bewältigt werden muss.

STEP ERMUTIGUNG

Bemühen Sie sich diese Woche besonders, Ihrem Kind zu zeigen, dass Sie es so annehmen wie es ist. Richten Sie Ihre Aufmerksamkeit darauf, wie dies Ihrem Kind helfen kann, Selbstvertrauen zu entwickeln.

Achten Sie darauf, wann Sie urteilen und kritisieren wollen. Finden Sie einen Weg, wie Sie stattdessen zeigen können, dass Sie Ihr Kind unterstützen. Sie könnten zum Beispiel sagen:

✓ »Ich weiß, es ist schwer für dich, mit dem Trainer auszukommen. Was glaubst du könntest du tun, um mit den Schwierigkeiten beim Training besser umzugehen?«

✓ »Ich weiß, du wäschst nicht gerne ab. Ich finde, es war eine gute Idee von dir, dabei Musik zu hören.«

✓ »Ich weiß, es war schwer für dich, im Wartezimmer geduldig zu sein Vielen Dank, dass du dir Mühe gegeben hast.«

Planen Sie, bei welcher Gelegenheit Sie Ihr Kind ermutigen und was Sie sagen werden.

Sie sind einen weiteren, den dritten großen Schritt vorangekommen

In Kapitel 3 haben Sie viele Möglichkeiten kennen gelernt, Ihrem Kind und sich selbst zu helfen:

✓ Sie haben gesehen, wie Selbstwertgefühl und Ermutigung zusammenhängen.

✓ Sie haben Wege gefunden, Anerkennung, Vertrauen und Wertschätzung zu zeigen.

✓ Sie haben den Unterschied zwischen Lob und Ermutigung gelernt.

✓ Sie haben gelernt, dass zuviel Lob entmutigend sein kann.

✓ Sie haben Worte der Ermutigung gelernt und ihre Anwendung geübt.

✓ Sie haben viele Wege, Ermutigung zu zeigen, in Betracht gezogen.

✓ Sie haben den Mut gefunden, nicht perfekt zu sein.

FÜR IHRE FAMILIE

Überlegen Sie sich Ideen, wie Sie gemeinsam Spaß haben können. Um das zu tun, lassen Sie alle Mitglieder der Familie etwas vorschlagen. Hören Sie sich alle Vorschläge an. Manchmal klingen Ideen unsinnig oder unmöglich. Lehnen Sie sie nicht gleich rundweg ab, denn eine »unsinnige« Idee könnte jemand anderen zu einer wirklich guten Idee anregen.

Wählen Sie mindestens eine Möglichkeit aus, wie Sie zusammen, als Familie, Spaß haben können. Planen Sie dann, was Sie wann tun wollen und führen Sie es aus. Viel Spaß dabei!

AUFGABE DER WOCHE

Finden Sie Möglichkeiten, Ihr Kind zu ermutigen. Finden Sie so viele Möglichkeiten wie Sie können. Achten Sie darauf:

1. was passiert ist,
2. wie Sie Ihr Kind ermutigt haben,
3. wie Ihr Kind reagiert hat.

NUR FÜR SIE

Selbstermutigung

Sich selbst zu ermutigen, ist genauso wichtig, wie unsere Kinder zu ermutigen. Wenn Sie sich selbst nicht ermutigt fühlen, ist es umso schwieriger, Ihre Kinder zu ermutigen. Es gilt der Grundsatz: »Was ich nicht habe, kann ich nicht geben.«

Wenn Sie sich ermutigt fühlen, verlieren Sie Ihre Angst vor Fehlschlägen. Sie sehen Ihre Fähigkeiten klarer. Eine Möglichkeit, sich selbst zu ermutigen, ist es, folgende positiven Aussagen zu denken, aufzuschreiben und zu glauben:

- ✓ Ich bin ein positiv denkender Mensch.
- ✓ Ich habe viele Fähigkeiten.
- ✓ Ich kann mich ändern.
- ✓ Ich mag mich.

Denken Sie über diese ermutigenden Worte nach. Was bedeuten sie für Sie? Was können Sie außerdem zu sich selbst sagen? Denken Sie sich einen weiteren Aspekt aus, der für Sie zutrifft.

Erinnern Sie sich an diese Überzeugungen. Schreiben Sie sie auf und kleben Sie sie an den Spiegel oder bewahren Sie sie in ihrer Tasche auf, damit Sie die Liste positiver Gedanken stets zur Hand haben.

Zusammenfassung

1. Durch Ermutigung helfen Sie Ihren Kindern, ein Selbstwertgefühl zu entwickeln. Dadurch zeigen Sie Ihrem Kind, dass es wichtig ist, fähig ist und geliebt wird.
2. Sie ermutigen Ihr Kind, wenn Sie

   Ihr Kind lieben und annehmen, wie es ist,
   die Bemühungen Ihres Kindes bemerken,
   Ihr Kind schätzen,
   an Ihr Kind glauben.
3. Lob ist eine Belohnung, die sich Kinder verdienen. Durch Lob lernen sie, dass es sehr wichtig ist, anderen gefällig zu sein.
4. Ermutigung ist ein Geschenk. Jeder verdient es. Es kann für eine Bemühung gegeben werden. Es kann sogar gegeben werden, wenn ein Kind nicht erfolgreich ist. Es kann auch nur dafür gegeben werden, dass Sie sich über das bloße Dasein Ihres Kindes freuen.
5. Ermutigen Sie Ihr Kind, sooft Sie können.
6. Kinder brauchen zusätzliche Ermutigung, wenn die Familie eine schwierige Phase durchläuft.
7. Sie ermutigen Ihr Kind auch dadurch, dass Sie Respekt für sich und andere zeigen.
8. Wenn Sie realistische Ziele setzen, wird das Sie und Ihr Kind ermutigen.

Tabelle 3

Worte der Ermutigung

Worte, die sagen: **»Ich nehme dich wie du bist.«**	Worte, die sagen: **»Ich weiß, dass du es kannst.«**	Worte, die sagen: **»Ich sehe, dass du daran arbeitest und Fortschritte machst.«**	Worte, die sagen: **»Ich weiß dich zu schätzen.«**
»Du scheinst Schach sehr zu mögen.«	»Du kannst es schaffen, du bist doch schon fast fertig.«	»Du hast hart daran gearbeitet!«	»Ich habe deine Hilfe gebraucht, und du warst für mich da.«
»Was empfindest du dabei?«	»Du machst Fortschritte.«	»Du wirst ständig besser im Bruchrechnen.«	»Danke, das war eine große Hilfe.«
»Ich sehe, dass du dich darüber freust.«	»Ich vertraue deinem Urteil.«	»Schau dir den Fortschritt an, den du gemacht hast.«	»Es war sehr rücksichtsvoll von dir, das zu tun.«

»Ich kann sehen, dass du nicht zufrieden bist. Was glaubst du, was du tun könntest, damit du glücklicher bist?«

»Es sieht ganz so aus, als hätte es dir Spaß gemacht.«

»Du hast dein Bestes gegeben – das ist alles, was du tun konntest.«

»Ich mag deinen Sinn für Humor.«

»Ich finde es toll, dass dir Lernen Spaß macht.«

»Das ist schwierig, aber ich glaube, du wirst eine Lösung finden.«

»Ich brauche deine Hilfe, um dies fertigzubringen.«

»Du wirst einen Weg finden.«

»So wie ich dich kenne, wirst du es gut machen.«

»Es sieht so aus, als hättest du dir eine Menge Gedanken darüber gemacht.«

»Ich kann sehen, dass du dich darin weiterentwickelst.«

»Es sieht zwar so aus, als ob du dein Ziel nicht erreicht hättest, aber schau dir doch an, wie weit du gekommen bist.«

»Ich weiß es wirklich zu schätzen, wenn du mir hilfst. Es macht das Einkaufen wirklich viel leichter.«

»Ich brauche deine Hilfe beim Planen unseres Picknicks.«

»Du hast große Fähigkeiten in …
Würdest du das für die Familie tun?«

»Ich hatte wirklich Spaß an unserem Spiel. Danke.«

Entwickeln Sie den Mut, nicht perfekt zu sein

Sie haben fast die Hälfte der STEP Methode kennengelernt. An dieser Stelle fühlen sich Eltern oft schuldig. Es ist möglich, dass Sie sich fühlen, als ob Sie Ihre Kinder bislang »falsch« erzogen hätten. Seien Sie geduldig mit sich. Erinnern Sie sich an Ihre Erziehungsziele:

- ✓ Sie wollen ein Kind erziehen, das glücklich, selbstbewusst, kooperativ und verantwortungsbewusst ist.
- ✓ Sie wollen tragfähige, erfüllende Beziehungen zwischen den einzelnen Familienmitgliedern schaffen.
- ✓ Sie wollen ein Kind erziehen, das geliebt wird und Liebe geben kann.

Sie können noch einen wichtigen Aspekt hinzufügen, der Ihnen bei der Erreichung Ihrer Ziele hilft. Es ist der Mut, nicht perfekt zu sein (dieser Gedanke stammt von Prof. Dr. Rudolf Dreikurs). Mit diesem Mut können Sie:

1. Ihre Kinder ermutigen, sich zu bemühen und nicht Perfektion von sich zu erwarten;
2. Fehler als Teil des Lernprozesses betrachten und nicht als Versagen;
3. Fehler als Teil des Menschseins betrachten – Sie werden immer welche machen;
4. tun, was Sie können, und Ihre Bemühungen anerkennen;
5. einen weiteren Schritt gehen;

6. Ihre persönlichen Stärken und Ihren eigenen Selbstwert entwickeln;
7. gegenseitigen Respekt entwickeln, indem Sie sich selbst schätzen;
8. den Mut entwickeln, mit den Herausforderungen des Lebens fertig zu werden.

Indem Sie dieses Buch lesen, beweisen Sie, dass Sie bereit sind, neue Ideen in Betracht zu ziehen. Es ist ein Zeichen, dass Sie sich weiterentwickeln. Behalten Sie dies im Auge und ermutigen Sie sich, während Sie Fortschritte machen.

4 Wir hören unseren Kindern zu und reden mit ihnen

Folgende Aspekte der Kindererziehung werden wir in diesem Kapitel untersuchen:

- ☞ Wie wir eine gute Beziehung haben und miteinander reden können, wenn wir besondere Fertigkeiten anwenden.
- ☞ Wie wir durch Zuhören erfahren können, wie unser Kind sich fühlt.
- ☞ Wie wir unserem Kind zeigen können, dass es in Ordnung ist, über Gefühle zu reden.
- ☞ Wie wir über Probleme reden können, ohne Vorwürfe zu machen.

Kommunikation ist der Schlüssel zu den meisten Beziehungen. Wir brauchen nur daran zu denken, was sie in einer Freundschaft bedeutet. Freunde reden miteinander. Sie hören einander zu, denn durch Zuhören und Sich-Mitteilen wächst die Freundschaft.

Wenn unsere Freunde Probleme haben oder Fehler machen, nehmen wir Rücksicht auf ihre Gefühle. Wir hören zu und versuchen ihnen zu helfen. Wir tun dies, weil wir unsere Freunde respektieren und schätzen.

Wir wollen unsere Kinder genauso behandeln, denn dadurch entwickeln wir eine engere Beziehung zu ihnen.

Wenn wir verärgert sind, reden wir vielleicht mit einem/r Freund/in. Wir möchten dann, dass sie/er zuhört, uns versteht und unsere Gefühle akzeptiert. Wenn unser Kind verärgert und aufgebracht ist, möchte es das auch.

Manchmal möchten die Eltern das Problem »lösen«. Es ist ganz natürlich, dies zu empfinden. Aber hilft das?

Beispiel

Eltern neigen dann dazu, etwa Folgendes zu sagen: »Du solltest dich nicht so ärgern.« oder: »Du solltest dich schämen, dass du so schreist.« oder: »Benimm dich nicht wie ein Baby.« Wenn wir so etwas sagen, versteht das Kind möglicherweise Folgendes: »Meine Gefühle sind nicht richtig.« »Meine Mutter denkt, ich bin böse.«

Andere Eltern würden vielleicht sagen: »Mach dir nichts draus, es wird schon alles gut werden.« Das Kind könnte es dann aufnehmen als »Meine Eltern verstehen nicht, wie wichtig das für mich ist.«

Wir können Probleme nicht immer »lösen«. Wir können außerdem die Gefühle unserer Kinder nicht verschwinden lassen. Was können wir also tun?

Wir können zeigen, dass uns die Gefühle unserer Kinder *wichtig* sind. Wir können zeigen, dass wir Verständnis haben und die Gefühle unseres Kindes auch dann akzeptieren, wenn wir mit ihm nicht übereinstimmen. Wir zeigen durch Ton und Ausdrucksweise, dass wir unser Kind akzeptieren. Wir vermitteln Respekt. Das ist besser, als einen Rat zu geben, denn dadurch helfen wir unseren Kindern nicht, ihre Probleme zu lösen. Wenn wir einen Rat geben, verlassen sich unsere Kinder entweder darauf, dass er richtig ist, oder sie ignorieren ihn. Wenn wir dagegen zuhören, geben wir dem Kind die Chance, nachzudenken.

Wie können wir gute Zuhörer sein?

Kommunikation hat zwei Seiten: zuhören und sprechen. Um die Kommunikation mit unserem Kind zu fördern, ist es wichtig, aufmerksam zuzuhören und respektvoll mit ihm zu sprechen.

Wir achten auf Gefühle

Warum ist es wichtig, auf Gefühle zu achten? Es hilft unseren Kindern, sich verstanden zu fühlen. Es hilft ihnen, darüber nachzudenken, was sie fühlen und warum. Es kann ihnen helfen, ein Problem gründlich zu durchdenken. Kinder erfahren dadurch, dass es normal ist, über Gefühle zu reden.

Wir lernen, auf Gefühle zu achten

Beim Zuhören auf Gefühle zu achten, sie »herauszuhören«, ist eine besondere Fertigkeit, die wir aktives Zuhören nennen. Im Folgenden wird beschrieben, wie wir dabei vorgehen:

1. Zuhören. Wir zeigen durch unsere Körperhaltung, dass wir zuhören. Vielleicht müssen wir uns dazu herunterbeugen. Vielleicht setzen wir uns auch neben unser Kind. Wir beenden die Tätigkeit, mit der wir gerade beschäftigt sind. Wir schauen unser Kind an und schenken ihm unsere ungeteilte Aufmerksamkeit.

2. Auf das Gefühl achten, es »heraushören«. Wir achten genau auf die Worte, die unser Kind benutzt. Wir fragen uns: »Was fühlt unser Kind?« Wir denken an ein Wort, welches das Gefühl beschreibt. Wir fragen uns außerdem: »Wodurch wurde das Gefühl unseres Kindes verursacht?«
3. Wir hören aktiv zu. Wir stellen uns vor, wir seien ein Spiegel, der die Worte und Gefühle unseres Kindes widerspiegelt, d.h. wir wiederholen die Aussage entweder im Wortlaut oder mit eigenen Worten. Wir nennen die Gefühle des Kindes beim Namen und verleihen ihnen damit Ausdruck. Wir reflektieren auch den Grund für die Gefühle. Wir zeigen Respekt für unser Kind, indem wir unsere Aussage (bzgl. Gefühl und Grund) als Frage formulieren.

Wir behandeln unser Kind genauso wie unsere besten Freunde.

Beim aktiven Zuhören benutzen wir die Worte »du bist« oder »du fühlst«, um die Gefühle zu beschreiben, und »weil«, um den Grund für die Gefühle zu nennen:

✓ »Du bist neidisch, weil Michael ausgewählt wurde und nicht du. Ist das so?«

✓ »Du fühlst dich verlassen, weil dein Freund umgezogen ist. Kann das sein?«

Nach einiger Zeit werden wir es als »normal« empfinden und spontan aktiv zuhören; dann können wir auch freiere Formulierungen benutzen, die besser zu unserer Umgangssprache passen:

✓ »Habe ich dich richtig verstanden, du bist verletzt, weil Cedric dich nicht zur Party eingeladen hat?«

✓ »Du siehst enttäuscht aus. Ist das, weil Petra nicht angerufen hat?«

- ✓ »Mir scheint, du kannst es nicht erwarten, zum Training zu gehen.«

Wir beschreiben die Gefühle so genau wie möglich. Worte wie »ein bisschen«, »etwas« oder »sehr« sind dabei hilfreich:

- ✓ »Du klingst etwas besorgt wegen der Klassenarbeit.«
- ✓ »Du bist sehr wütend, weil ich gesagt habe, dass du zu Hause bleiben musst. Sehe ich das richtig?«

> BEISPIEL
> Frau R. und ihre Stieftochter Karen sind auf der Kirmes. Sie sind schon Achterbahn und Karussell gefahren und haben ihre Lieblingsleckereien gegessen. Als es Zeit ist zu gehen, bettelt Karen und jammert: »Wir können jetzt noch nicht gehen. Ich bin noch nicht mit der Rakete gefahren!« Frau R. erwidert: »Du bist unglücklich, weil wir gehen müssen, nicht wahr? Es ist auch schwer zu gehen, wo wir gerade so viel Spaß haben.«

Frau R. hätte zu Karen sagen können: »Hör auf zu jammern. Warum musst du uns diesen schönen Tag verderben?« Aber dann würde sich Karen wahrscheinlich nicht an den Spaß erinnern, den sie zusammen gehabt haben. Sie würde sich vielleicht nur daran erinnern, dass ihre Stiefmutter ihr den Tag verdorben hat. Stattdessen lässt Frau R. Karen wissen, dass sie ihre Gefühle verstehen kann. Sie gibt Karen damit eine Chance, den Tag so zu beenden, dass sie sich an die schöne gemeinsame Zeit erinnert.

Wir können Gefühle auch »sehen«

Kinder benutzen nicht immer nur Worte, um zu kommunizieren. Manchmal sind sie auch still, aber sie lächeln, verziehen das Gesicht oder weinen. Manchmal lassen sie eine Umarmung nicht zu oder lassen den Kopf hängen. Genauso wie beim Zuhören fragen wir uns: »Was fühlt unser Kind?« Wir beobachten, was der Gesichtsausdruck und die Körperhaltung uns verraten. Wir nennen dann die Gefühle, die wir sehen, beim Namen:

- ✓ »Soll dein Stirnrunzeln bedeuten, dass du nicht einverstanden bist?«
- ✓ »Wenn du so strahlst wie jetzt, siehst du sehr glücklich aus.«
- ✓ »Mir scheint, du bist wirklich verärgert. Möchtest du darüber sprechen?«

Kinder sagen uns nicht immer nur mit Worten, wie sie sich fühlen.

Gefühle erkennen

Es gibt drei Wörter, die Gefühle ausdrücken; Eltern benutzen sie zu häufig: »gut«, »schlecht« und »verärgert«. Diese Wörter sind nicht immer aussagekräftig und genau genug.

Schauen Sie sich die folgende Wortliste an. Benutzen Sie diese Wörter, wenn Sie die Gefühle Ihres Kindes beschreiben. Ergänzen Sie die Liste mit weiteren Begriffen aus Ihrem Wortschatz.

Ausdrücke für angenehme Gefühle	Ausdrücke für unangenehme Gefühle
geschätzt	zornig/wütend
besser	gelangweilt
wohl	verwirrt
aufgeregt	enttäuscht
dankbar	frustriert
großartig, wunderbar	schuldig
glücklich	verletzt
(hoch-)erfreut	allein gelassen
stolz	verachtet
erleichtert	schlecht/miserabel
zufrieden	wertlos
frohen Mutes sein	überrumpelt
	ängstlich

Einige Dinge, die wir beachten wollen

Wahrscheinlich ist es für uns als Eltern und für unsere Kinder gleichermaßen neu, auf Gefühle zu achten. Folgende Hinweise erleichtern den Anfang.

Unser Kind könnte überrascht sein

Unser Kind wird wahrscheinlich unsere neue Art zuzuhören, bemerken. Unser Kind sagt möglicherweise: »Ja, das stimmt.« und geht dann weg. Es ist wichtig, das Kind nicht zu zwingen, seine Gefühle mitzuteilen, denn es fühlt sich vielleicht bespitzelt. Jemanden zum Sprechen zu zwingen, könnte zu einem Machtkampf führen.

Es ist entscheidend, uns nicht entmutigen zu lassen, wenn unser Kind nicht gleich reagiert. Stattdessen sollten wir auf eine andere Gelegenheit warten, zuzuhören und über Gefühle zu sprechen. Es ist jedoch möglich, dass unser Kind mit uns reden möchte. Wenn dem so ist, dann könnten wir fragen: »Möchtest du mir mehr darüber erzählen?«

Wir stellen unsere Fragen in respektvollem Ton

Wir können nicht sicher sein, dass wir genau wissen, was unser Kind fühlt. Wir formulieren unsere Vermutung in fragendem Ton und ohne Unterstellungen!:

BEISPIEL

Katharina kommt von der Schule nach Hause und knallt die Türe zu. Sie geht auf geradem Weg zum Sofa und setzt sich hin. Sie macht ein finsteres Gesicht. Herr V., ihr Vater, sagt: »Kein guter Schultag heute, wie?«

»Die Schule ist okay. Aber ich hasse die Fahrt mit diesem blöden Bus!«

Herr V. setzt sich neben Katharina auf das Sofa. Er sagt: »Das klingt, als wärst du echt wütend. Möchtest du mir mehr erzählen?«

Herr V. denkt, seine Tochter hätte ein Problem in der Schule gehabt. Seine Annahme ist falsch. Weil er bei seiner Aussage einen fragenden Ton anschlägt, weiß Katharina, dass er um sie besorgt ist und helfen will. Deswegen erzählt sie ihm ein bisschen mehr. Er sagt nicht zu ihr, sie solle aufhören, herumzumeckern. Er lässt Katharina wissen, dass sie weiter mit ihm reden kann, wenn sie will.

Wir überprüfen unsere eigenen Gefühle

Manchmal kann es zu weit gehen immer auf Gefühle zu achten. Es könnte sogar teilweise zum Ziel des Fehlverhaltens unseres Kindes werden. Wenn wir diesen Verdacht hegen, sollten wir unsere eigenen Gefühle überprüfen. Sind wir verärgert, wütend oder hoffnungslos?

BEISPIEL

Jakob arbeitet an seinem Sozialkundereferat. Das ganze Wochenende kommt er zu Frau S., seiner Mutter, um sich darüber zu beklagen. Jedes Mal hört Frau S. zu und versucht zu verstehen, wie Jakob sich fühlt. Sonntagnachmittag ist sie verärgert und denkt, dass Jakob ihre Aufmerksamkeit will – nicht ihre Hilfe. Deshalb sagt sie zu ihm: »Wir haben dieses Wochenende viel über das Referat gesprochen. Ich glaube, ich kann dir nicht weiterhelfen. Aber ich weiß, dass du es fertigschreiben kannst.« Dann nimmt Frau S. die Zeitung und verschwindet damit in der Küche. Sie sagt nichts mehr darüber.

Für Frau S. ist klar, dass Jakob zuviel Aufmerksamkeit will. Sie beschließt, sie nicht zu geben, zeigt dabei jedoch Respekt. Jakob gefällt das wahrscheinlich nicht. Aber er spürt trotzdem, dass seine Mutter ihn respektiert.

Frau S. lässt Jakob damit wissen, dass er bereit sein muss, an seinen eigenen Problemen zu arbeiten. Sie zeigt, dass sie ihm vertraut.

Aktives Zuhören hilft, wenn wir »nein« sagen müssen

Manchmal müssen wir unserem Kind etwas abschlagen und »nein« sagen. Wenn das geschieht, reagiert unser Kind vielleicht verärgert. Auch dann ist es wichtig, auf die Gefühle unseres Kindes zu achten, sie widerzuspiegeln und dadurch zu zeigen, dass wir sie wahrnehmen und akzeptieren. Dann wird unser Kind sich verstanden fühlen:

- ✓ »Es ist mir klar, dass du wütend bist, aber es ist nicht in Ordnung, Sachen herumzuwerfen. Ich bin in der Küche, wenn du mit mir sprechen möchtest.«
- ✓ »Du bist enttäuscht und hältst mich für unfair, aber ich kann dich einfach nicht zum Camping gehen lassen, wenn du Fieber hast.«

Wenn unser Kind darüber streiten möchte, verlassen wir das Zimmer. Wenn die Stimmung unseres Kindes sich gebessert hat, ist es eine gute Idee, mit dem Kind zusammen etwas zu tun, das beiden Spaß macht. Auch wenn wir so reagieren, werden unsere Kinder nicht unbedingt glücklicher sein. Aber sie werden dabei lernen, dass ihre Gefühle in Ordnung sind – auch wenn ihre Handlungen nicht richtig sind.

Aktives Zuhören ist nicht immer notwendig

Wir brauchen nicht auf jede emotionale Äußerung unseres Kindes mit aktivem Zuhören zu reagieren:

- ✓ Der Ausruf: »Toll- Pizza!« braucht keinen Kommentar.
- ✓ »Es passt mir jetzt gar nicht. Kann ich erst nach dem Mittagessen staubsaugen?« könnte einfach nur eine Frage sein.

Manchmal wird es uns nicht möglich sein, mit unserem Kind zu sprechen, wenn es gerade möchte. Wir können dann einfach sagen: »Du machst dir Sorgen und würdest gerne darüber sprechen. Aber im Augenblick habe ich keine Zeit, weil ich meine Arbeit erst beenden muss. Lass uns doch während des Abendessens darüber sprechen.«

Wir sind geduldig

Möglicherweise empfinden wir aktives Zuhören am Anfang als nicht »natürlich«. Wir erinnern uns dann daran, warum wir auf diese Weise zuhören: Wir wollen unserem Kind zeigen, dass wir seine Gefühle achten, verstehen und akzeptieren. Es ist wichtig, nachzudenken, bevor wir reden. Auf diese Weise sagen wir nichts, was wir nicht sagen wollen.

Wie für jede neu erworbene Fertigkeit, werden wir auch für aktives Zuhören Zeit und Übung benötigen. Es ist wichtig, nicht aufzugeben! Nach einer Weile werden wir spüren, dass es zu einer normalen Umgangsform geworden ist. Wir werden erkennen, wie es uns und unserem Kind hilft. Vielleicht werden wir auch entdecken, dass wir einander besser verstehen.

Wie können wir mit unserem Kind sprechen, so dass es uns zuhört?

Wir haben erkannt, dass aktives Zuhören und miteinander Sprechen zusammengehören: Wir achten auf die Gefühle des Kindes und spiegeln sie wider. Im folgenden Abschnitt wollen wir uns damit befassen, wie wir unserem Kind *unsere* Gefühle mitteilen.

Wir sprechen mit Respekt

Wenn wir mit dem Verhalten unseres Kindes ein Problem haben, müssen wir darüber sprechen. Wenn wir das tun, teilen wir unsere Gefühle auf respektvolle Art mit.

> Beispiel
>
> Daniel und Timo sind Brüder. Während sie im Wohnzimmer miteinander raufen, wollen Frau G., ihre Mutter, und deren Freundin sich ernsthaft unterhalten. Frau G. beginnt wütend zu werden. Sie möchte schreien: »Ihr beiden benehmt euch unmöglich! Hört jetzt endlich auf damit!« Aber Frau G. denkt nach, bevor sie spricht. Sie sagt zu ihrer Freundin: »Entschuldige mich bitte einen Augenblick.« Zu ihren Jungs sagt sie: »Wenn ihr so viel Lärm macht, bin ich gestresst, weil Diana und ich einander nicht verstehen können. Vielleicht findet ihr hier etwas, womit ihr ruhig spielen könnt. Wenn nicht, dann könnt ihr in eurem Zimmer weitermachen. Ihr entscheidet.«

Wie wäre es, wenn wir unsere Freunde so behandeln würden, wie wir manchmal unsere Kinder behandeln?

Frau G. wollte schreien, aber sie wusste, dass Daniel und Timo dadurch nur lernen würden, dass Schreien eine Möglichkeit ist, Probleme zu lösen. Die Jungs waren schon aufgedreht. Wenn Frau G. geschrieen hätte, wäre es vielleicht in einen Machtkampf ausgeartet.

Stattdessen entschließt sich Frau G., respektvoll zu handeln. Sie macht den Jungen keine Vorwürfe, sie beschimpft sie nicht. Sie versteht, dass sie spielen wollen. Ihre Reaktion zeigt den Kindern jedoch, dass ihr Bedürfnis nach Ruhe wichtig ist.

Werden sich Daniel und Timo jetzt gut benehmen? Wenn ja, könnte Frau G. später zu ihnen sagen: »Ich weiß es zu schätzen, dass ihr ruhig wart, als Diana und ich uns unterhielten.« Wenn sie auch weiterhin laut sind, kann sich Frau G. trotzdem respektvoll ausdrücken: »Ihr habt euch also entschieden, in eurem Zimmer weiterzuspielen. Ich begleite euch.« Frau G. könnte einfach mit ihnen zum Kinderzimmer gehen. Sie braucht nichts weiter zu sagen.

Dadurch, dass sie diese respektvollen Worte hören, werden sich Daniel und Timo ermutigt fühlen. Sie werden lernen, wie sie mit anderen Menschen sprechen können, wenn sie nicht mit deren Verhalten einverstanden sind.

Welche respektvollen Worte können wir benutzen? Eine Möglichkeit wäre, unsere Sätze mit »Ich« zu beginnen, wenn wir ein Problem ansprechen wollen.

Mit »Du-Aussagen« zeigen wir keinen Respekt

Wenn wir mit Kindern in Konfliktsituationen über ein Problem sprechen, können wir »Du-« oder »Ich-Aussagen« formulieren. Mit »Du-Aussagen« zeigen wir keinen Respekt, sondern machen Vorwürfe oder nörgeln:

- ✓ »Du solltest das besser wissen.«
- ✓ »Du sollst damit aufhören.«
- ✓ »Du lässt das jetzt.«

Was lernen unsere Kinder dabei?

Kinder, die zu viele »Du-Aussagen« hören, fangen an, sich entmutigt zu fühlen. Möglicherweise nehmen sie den Kampf mit uns auf, fühlen sich wertlos oder hören nicht mehr zu. »Du-Aussagen« können das Selbstbewusstsein mindern, sie sind entmutigend und sie lehren Kinder nicht, zu kooperieren.

Mit »Ich-Aussagen« zeigen wir Respekt

Eine »Ich-Aussage« eignet sich besser, um über ein Problem zu sprechen. Mit »Ich-Aussagen« verleihen wir unseren Gefühlen Ausdruck, wenn ein Kind unsere Rechte ignoriert. »Ich-Aussagen« konzentrieren sich auf uns, nicht auf das Kind, und sie plakatieren und beschuldigen nicht. Wenn wir eine »Ich-Aussage« benutzen, sagen wir lediglich, wie wir uns fühlen.

»Ich-Aussagen« bestehen aus drei Teilen

Um eine »Ich-Aussage« zu formulieren, müssen wir drei Gesichtspunkte beachten:

1. Wir beschreiben, was *passiert ist.*
2. Wir sagen, was wir *fühlen.*
3. Wir *erklären,* weshalb wir uns so fühlen.

Zum Beispiel:

✓ »Wenn du nicht anrufst, bin ich besorgt, weil ich nicht weiß, wo du bist.«

Wir benutzen dabei folgende Worte:

1. **Wenn**	»Wenn du nicht anrufst,
2. **ich bin/fühle mich**	bin ich besorgt,
3. **weil**	weil ich nicht weiß, wo du bist.«

Sobald wir uns die Zusammensetzung einer »Ich-Aussage« eingeprägt haben, benutzen wir die Formulierungen, die wir auch normalerweise verwenden würden.

Zum Beispiel:

- ✓ »Ich war ganz erschrocken, als ich das Bügeleisen noch angeschaltet gefunden habe. Es hätte ein Feuer entstehen können.«

Wir entscheiden uns, ob wir über unsere Gefühle oder nur über das Problem sprechen wollen:

- ✓ »Ich kann den Tisch nicht decken, wenn er voller Spielsachen ist.«

Die wichtigsten Aspekte, an die wir uns erinnern müssen, wenn wir »Ich-Aussagen« verwenden, sind:

- ✓ Wir konzentrieren uns auf uns, nicht auf unser Kind.
- ✓ Wir machen niemandem Vorwürfe.

Was lernen unsere Kinder dabei?

Die »Ich-Aussagen« helfen unseren Kindern zu verstehen, was ihre Handlungen für uns bedeuten. Sie lernen, über Probleme zu sprechen, ohne jemanden zu beschuldigen. Sie lernen, ihre Gefühle auf eine Art mitzuteilen, die helfen kann, Probleme zu lösen.

Durch unsere »Ich-Aussage« zeigen wir auch Respekt vor uns selbst. Sie erlaubt uns, ehrlich zu sagen, was wir fühlen und was wir wollen. Wir zeigen dadurch Respekt gegenüber unserem Kind und dass wir Kooperation erwarten.

Wir erkennen das eigentliche Problem

Zuerst mag es schwierig erscheinen, unseren Gefühlen mit einer »Ich-Aussage« Ausdruck zu verleihen. Wenn wir folgenden Aspekt in Betracht ziehen, wird es uns allerdings leichter fallen: Meistens stört uns nicht, was unsere Kinder tun, sondern das Ergebnis dessen, was sie tun.

Beispiel

Dorothee putzt oft ihre Zähne nicht. Ihre Eltern, Herr und Frau W., machen sich Sorgen um Zahnverfall und Zahnfleischbluten. Sie sind wegen der langfristigen Folgen dieses Verhaltens besorgt.

Ja, es ist wichtig für Dorothee, ihre Zähne zu putzen. Aber was macht Dorothees Eltern wirklich Sorgen? Sind sie nicht viel mehr darüber besorgt, was geschieht, wenn sie ihre Zähne nicht putzt?

Sich auf die Konsequenzen und die damit verbundenen Gefühle zu konzentrieren, hilft Dorothees Eltern, bessere Worte zu finden, um über das Problem zu sprechen. Sie sagen nicht: »Putze jetzt deine Zähne oder du wirst 'was erleben!« Stattdessen können sie sagen:

> »Wenn du deine Zähne nicht putzt, machen wir uns Sorgen, was mit deinen Zähnen passieren wird. Es macht keinen Spaß, wenn die Zähne aufgebohrt und gefüllt werden müssen.«

Wir geben Wahlmöglichkeiten

In Verbindung mit »Ich-Aussagen« können wir auch Wahlmöglichkeiten geben. Wir erinnern uns an Daniel und Timo, die im Wohnzimmer lautstark miteinander gerauft haben? Frau G., ihre Mutter, könnte sogar noch eine weitere Wahlmöglichkeit zu der »Ich-Aussage« hinzufügen, indem sie sagt: »Ihr könnt entweder ruhig hier weiterspielen oder in eurem Zimmer oder draußen weiterraufen. Es ist eure Entscheidung.« Diese Worte geben ihren Söhnen die Wahl, was und wo sie spielen wollen. Sie hat damit auch gezeigt, dass sie von ihren Söhnen Kooperation erwartet.

Die drei Teile der »Ich-Aussage«

Bei »Ich-Aussagen« benutzen wir folgende Wörter:

1.	Wenn	»Wenn ihr nicht rechtzeitig zu Tisch kommt,

2.	ich fühle/ich bin	bin ich verärgert/ärgere ich mich,
3.	weil	weil das Essen kalt ist und nicht mehr schmeckt.«

Wir müssen vorsichtig sein, wenn wir wütend sind

Es ist wichtig, Gefühle der Wut nicht in die »Ich-Aussagen« mit einfließen zu lassen. Wut macht es schwer für die Kinder, sich nicht beschuldigt zu fühlen.

Das soll nicht heißen, dass wir niemals wütend auf unsere Kinder sein dürfen. Wenn wir der Wut jedoch zu oft Ausdruck verleihen, schaffen wir uns Probleme:

Beispiele

Ein Kind könnte auf mehr Macht und Rache aus sein. Wenn wir wütend werden, weiß das Kind, dass die Versuche, den Boss zu spielen oder sich zu rächen, wirkungsvoll sind.

Ein anderes Kind fühlt sich möglicherweise bedroht und spricht gar nicht mehr mit uns. Gute Beziehungen basieren auf respektvoller Kommunikation.

Um mit unserer Wut besser umzugehen

- ✓ verwenden wir eine »Ich-Aussage«, *bevor* wir richtig wütend sind. Zum Beispiel fühlen wir uns am Anfang nur besorgt, verängstigt oder von seinem Verhalten enttäuscht. An dieser Stelle könnten wir mit unserem Kind sprechen und dabei eine »Ich-Aussage« benutzen. Auf diese Weise können wir vielleicht vermeiden, noch ärgerlicher zu werden.
- ✓ konzentrieren wir uns auf unsere Wertvorstellungen und Überzeugungen und darauf, unsere wütenden Gefühle zu ändern. Kapitel 2 enthält viele Ideen, die uns dabei helfen.

✓ nutzen wir Zeiten, in denen wir nicht wütend sind, um mit unseren Kindern zu sprechen und miteinander Spaß zu haben.

Wenn wir wirklich wütend sind – was sollen wir dann tun?

1. *Wir entfernen uns von unserem Kind.* Wir verlassen das Zimmer, wir gehen spazieren oder wir rufen eine/n Freund/in an. Wenn wir unser Kind nicht alleine lassen können, rufen wir am besten eine/n Freund/in an und bitten sie/ihn um Hilfe.
2. *Wir suchen Hilfe für uns selbst.* Für Situationen, in denen wir handgreiflich werden und das Kind verletzen könnten, ist es notwendig, Hilfe bei einer psychologischen Beratungsstelle zu suchen. Auch ein/e STEP Erziehungsberater/in oder ein STEP Coach kann dabei unterstützen, gewaltfrei zu erziehen.

Wir sind bereit zuzuhören

Wenn wir ein Problem mit einer »Ich-Aussage« formulieren, möchte unser Kind möglicherweise darüber sprechen. In einer solchen Situation wollen wir all unsere Kommunikationsfähigkeiten nutzen.

Beispiel

Rosannas beste Freundin Tessa ist weggezogen. Beide Mädchen sind 11. Ein paar Wochen später wird ein hoher Betrag vom Familienkonto für Rosannas Handyrechnung abgebucht. Der Vater sagt zu Rosanna: »Ich war über diese hohe Rechnung geschockt. Unser Haushaltsbudget reicht nicht aus für so viele Auslandsgespräche.« Rosanna antwortet: »Aber Papa, Tessa ist so einsam. Sie kennt doch dort noch niemanden. Ich habe ihr versprochen, oft anzurufen.« Herr W. erwidert: »Das klingt, als ob du sie auch vermissen würdest. Es ist schon schwer, wenn die beste Freundin wegzieht.« »Ja, ich versuche immer nur kurz anzurufen, aber die Zeit vergeht so schnell.«

»Hast du über andere Möglichkeiten nachgedacht, wie ihr in Verbindung bleiben könnt?«, fragt Herr W.

Daraufhin reden Rosanna und ihr Vater noch länger darüber. Am Ende beschließen sie, dass Rosanna Tessa nicht mehr über Handy anruft. Ihr Vater wird auf dem PC Skype installieren. Ansonsten können die Mädchen durch E-Mail in Verbindung bleiben.

In diesem Fall haben die »Ich-Aussagen« von Herrn W. für Rosanna und ihren Vater die Möglichkeit für ein Gespräch eröffnet. Daraufhin ist viel Gutes passiert.

Herr W. hat gesehen, dass Rosanna ihre Freundin Tessa vermisst. Rosanna hat erkannt, dass ihre Probleme ihm etwas bedeuten. Herr W. hat Rosanna außerdem gezeigt, dass es möglich ist, Probleme auszudiskutieren.

Manchmal genügt es, einfach zu fragen

Wir können nicht ständig »Ich-Aussagen« verwenden. Wenn wir sie immer benutzen, wenn das Kind etwas tut, was uns nicht gefällt, wird das Kind möglicherweise nicht mehr zuhören. Manchmal ist eine einfache Bitte der beste Weg, um Kooperation zu erreichen:

- ✓ »Würdest du bitte die Katze füttern?«
- ✓ »Bitte vergiss nicht, das Bad sauber zu machen, wenn du es benutzt hast.«
- ✓ »Schließ bitte die Türe ab, sobald du im Haus bist.«

Wir benutzen freundliche »Ich-Aussagen« auch, wenn es keine Probleme gibt

Kinder finden es ganz toll, liebevolle »Ich-Botschaften« zu erhalten! Wir können unsere Kinder dadurch auf einfache Weise ermutigen:

- ✓ »Ich finde es toll, heute nach Hause zu kommen und dein frohes Lachen zu hören.«
- ✓ »Ich sehe, du hast die Wäsche weggeräumt. Danke.«

Auf Gefühle zu achten und »Ich-Aussagen« zu benutzen, wird uns helfen, mit unserem Kind besser zu kommunizieren. Diese Art der Kommunikation wird uns helfen, unser Kind zu leiten, nicht zu kontrollieren. Bei vielen Kindern dauert es lange, Respekt und Vertrauen zu entwickeln. Es ist wichtig, nicht aufzugeben. Wir wollen uns an die Herausforderung erinnern, die das Elternsein bedeutet:

- ✓ Ein Kind zu erziehen, das glücklich, gesund, selbstbewusst, kooperativ und verantwortungsbewusst ist.
- ✓ Eine tragfähige, erfüllende, dauerhafte Beziehung mit unserem Kind aufzubauen.
- ✓ Unserem Kind zu helfen, zu einem verantwortungsbewussten Erwachsenen heranzuwachsen.
- ✓ Ein Kind zu erziehen, das geliebt wird und fähig ist, Liebe zu geben.

Manchmal ist es schwer,
Verärgerung aus der »Ich-Aussage« herauszuhalten.

STEP ERMUTIGUNG

Bemerken Sie, wenn Ihr Kind hilfsbereit ist, und achten Sie darauf, wenn Ihr Kind verantwortungsbewusst handelt. Benutzen Sie ermunternde »Ich-Aussagen« oder sagen Sie: »Ich habe bemerkt/Mir ist aufgefallen«. Hier zwei Beispiele:

- ✓ »Mir ist aufgefallen, dass du staubgesaugt hast, nachdem du Popcorn im Wohnzimmer gegessen hast.«
- ✓ »Ich habe bemerkt, dass du mit deiner kleinen Schwester geduldig warst.«

Sie haben einen weiteren, den vierten großen Schritt gemacht

In Kapitel 4 haben Sie Kommunikationsfertigkeiten gelernt, die Ihnen helfen, eine bessere Beziehung zu Ihrem Kind aufzubauen:

- ✓ Sie haben herausgefunden, dass Sie Ihrem Kind zeigen, dass Sie es verstehen, indem Sie auf Gefühle achten. Außerdem hilft es Ihrem Kind, über seine Gefühle zu sprechen und sich durch Probleme durchzuarbeiten.
- ✓ Sie haben erfahren, dass Sie Gefühle »sehen« und »hören« können.
- ✓ Sie haben gelernt, wie Sie Ihre Gefühle mitteilen können, ohne zu beschuldigen und zu verurteilen.
- ✓ Sie haben außerdem neue Wege gelernt, wie Sie Ihr Kind respektieren und wie Sie selbst respektiert werden können.

FÜR IHRE FAMILIE

Nehmen Sie sich ein paar Minuten Zeit, um über ein Problem zu sprechen. Am Anfang wählen Sie am besten ein Thema, das nicht so bedeutend ist. Helfen Sie Ihrer Familie, das Problem aus einem neuen Blickwinkel zu betrachten. Beginnen Sie damit, es Ihrer Familie vorzuleben. Zum Beispiel:

> Wenn Angela sagt: »Ben ist so egoistisch! Er will überhaupt nicht teilen!«, könnten Sie erwidern: »Ben mag Salzstangen so gerne. Vielleicht isst er sie auf, ohne darüber nachzudenken. Ben, weißt du, dass Angela auch Salzletten essen möchte?«

Möglicherweise weiß Ben genau, dass Angela Salzletten möchte. Aber es ist in Ordnung, ihm hier einen Ausweg anzubieten. Das erlaubt beiden, das Problem aus einem neuen Blickwinkel zu sehen. Es hilft Ben, über Teilen nachzudenken, ohne dass ihm Vorwürfe gemacht werden. Es zeigt Angela einen Weg, wie sie mit Ben reden kann und dass dieser Weg für sie vielleicht besser funktioniert.

AUFGABE DER WOCHE

Achten Sie darauf, was Sie zuerst spontan sagen wollen, wenn Ihr Kind mit Ihnen spricht oder wenn es Fehlverhalten zeigt. Vermeiden Sie vorschnelle Reaktionen und Worte.

Überlegen Sie sich stattdessen Wege, wie Sie auf respektvolle Weise mit Ihrem Kind sprechen können. Wenden Sie folgende Methoden sooft wie möglich an:

1. Aktives Zuhören;
2. »Ich-Aussagen«.

NUR FÜR SIE

Auseinandersetzungen

IN BEZIEHUNGEN MIT ERWACHSENEN

Auseinandersetzungen mit Erwachsenen können ebenfalls extrem stressig sein. Es kann sehr hilfreich sein, den Konflikt mit Ihrem Ehemann, einem Verwandten, einer Kollegin oder einem Freund durchzusprechen und über Alternativen nachzudenken.

Die fünf Schritte, die Sie in Kapitel 5 lernen, werden Ihnen in Ihren Beziehungen mit Erwachsenen eine Hilfe sein. Berücksichtigen Sie auch folgende Überlegungen:

- ✓ Respektieren Sie einander.
- ✓ Glauben Sie daran, dass das Problem gelöst werden kann. Seien Sie bereit, alles zu tun, um eine Lösung zu finden.
- ✓ Erkennen Sie das eigentliche, zugrundeliegende Problem. Oberflächlich gesehen mag es um Geld oder Hausarbeit gehen, aber eigentlich geht es oft nur darum, wer Recht hat oder wer das Sagen hat. Oft geht es um faires Verhalten.
- ✓ Bei einem Konflikt haben die Beteiligten stillschweigend das Übereinkommen getroffen, zu streiten. Sie können diese Übereinkunft ändern, indem Sie Ihr Verhalten ändern.
- ✓ Seien Sie bereit, Kompromisse zu schließen. Fordern Sie die anderen auf, sich am Entscheidungsprozess zu beteiligen.

Zusammenfassung

1. Kommunikation ist wichtig für die Beziehung zu Ihrem Kind.
2. Kinder wollen, dass ihre Eltern auf ihre Gefühle achten, sie verstehen und akzeptieren.
3. Wenn Sie aktives Zuhören benutzen, spiegeln Sie die Gefühle und die Ursache für die Gefühle wider. Beginnen Sie damit, die Worte »Du fühlst/Du bist« und »weil« zu benutzen:

   »Du bist neidisch, weil Michael ausgewählt wurde und nicht du. Ist das so?«

   »Du fühlst dich verlassen, weil dein Freund umgezogen ist. Kann das sein?«
4. In Konfliktsituationen zeigen Sie mit »Du-Aussagen« Ihren Kindern keinen Respekt, sondern beschuldigen sie.
5. Mit »Ich-Aussagen« dagegen sagen Sie, wie Sie sich fühlen, ohne zu beschuldigen. Beim Benutzen einer »Ich-Aussage« beschreiben Sie, was geschehen ist, was Sie fühlen und warum Sie so fühlen. Sie benutzen dabei folgende Worte:

Wenn	»Wenn du nicht anrufst,
ich fühle/ich bin	fühle ich mich verunsichert/ bin ich besorgt,
weil	weil ich nicht weiß, wo du bist.«
6. Vermeiden Sie »Ich-Aussagen« in wütendem Ton.
7. Wenn Sie wirklich zornig sind, entfernen Sie sich von Ihrem Kind. Beruhigen Sie sich oder bitten Sie um Hilfe.
8. Respekt und Vertrauen aufzubauen, dauert lange. Geben Sie nicht auf.

Tabelle 4

»Du-Aussagen« und »Ich-Aussagen«

»Du-Aussage«	»Ich-Aussage«
»Warum machst du die Küche nicht sauber, wenn es von dir verlangt wird? Ich bin nicht dein Dienstmädchen!«	»Wenn die Küche nicht aufgeräumt ist, wenn ich nach Hause komme, fühle ich mich ausgenutzt. Ich möchte nicht die ganze Hausarbeit alleine machen.«
»Kannst du nicht wenigstens einmal rechtzeitig aus dem Haus gehen, damit ich weiß, du kriegst den Bus?«	»Es ist wichtig für mich, dass du mit dem Schulbus fährst. Wenn du ihn verpasst, bin ich gestresst, weil ich nicht zur Arbeit gehen und dich alleine zu Hause lassen kann.«

»Wer hat dir gesagt, du sollst deine guten Sachen draußen tragen?«	»Wenn du beim Spielen deine guten Sachen trägst, sind sie schnell kaputt. Das macht mir Sorgen, denn wir können es uns nicht leisten, neue Sachen zu kaufen.«
»Was fällt dir ein, so mit mir zu sprechen!«	»Ich fühle mich nicht respektiert, wenn ich solche Ausdrücke von dir höre.«
»Kannst du nicht sehen, dass ich beschäftigt bin?«	»Ich bin gerade dabei, etwas zu tun. Bitte warte eine Minute.«

5 Wir helfen unseren Kindern zu kooperieren

Folgende Aspekte der Kindererziehung werden wir in diesem Kapitel betrachten:

☞ Kooperation bedeutet Zusammenarbeit.

☞ Kinder können für einige ihrer Probleme selbst verantwortlich sein.

☞ Wir und unsere Kinder können miteinander sprechen und Probleme lösen.

☞ Familienkonferenzen helfen Familien, Freude miteinander zu haben und zusammen Probleme zu lösen.

Wir wollen, dass unsere Kinder zu verantwortungsbewussten Erwachsenen heranwachsen. Um miteinander leben, arbeiten und spielen zu können, müssen sie zusammenarbeiten. Eine unserer Aufgaben als Eltern ist es, unseren Kindern beizubringen, wie sie kooperieren können. Wir lehren Kooperation am besten, indem wir selbst kooperieren. Auf diese Weise leben wir Kooperation vor.

Was ist Kooperation?

Kooperation bedeutet Zusammenarbeit. Es bedeutet nicht, dass Kinder tun, was Erwachsene anordnen. Dieses Kapitel beschäftigt sich mit verschiedenen Möglichkeiten, unseren Kindern Kooperation beizubringen. Es wird uns zeigen, wie wir in der Familie zusammenarbeiten können, um Probleme zu lösen. Wir werden sehen, dass Familienleben mehr Spaß macht, wenn alle kooperieren.

Wie können wir unseren Kindern helfen zu kooperieren?

Wenn es ein Problem mit unserem Kind gibt, entscheiden wir uns zunächst, wie wir damit umgehen. Zuerst fragen wir uns: »Wessen Problem ist es? Unser Problem oder das Problem unseres Kindes?«

Wir entscheiden, wessen Problem es ist

Um entscheiden zu können, wessen Problem es ist, stellen wir uns vier Fragen:

1. Werden meine Rechte missachtet?
2. Ist unser Kind zu jung, um für dieses Problem verantwortlich zu sein?
3. Könnte jemand verletzt werden?

4. Könnte das Eigentum von jemandem beschädigt werden?

✓ Wenn die Antwort auf eine dieser Fragen »ja« ist, dann handelt es sich um ein Problem der Eltern.

✓ Wenn die Antwort auf alle Fragen »nein« ist, handelt es sich um ein Problem des Kindes.

BEISPIEL

Sofie ist elf, ihr Bruder Michael ist neun. Sie spielen draußen mit Freunden. Herr L., ihr Vater, steht am Fenster und sieht, dass die Geschwister sich darüber streiten, wer bei ihrem Spiel der Anführer sein darf. Herr L. tritt vom Fenster zurück, denn er weiß, dass dies ein Problem zwischen Sofie und Michael ist.

✓ Was wäre gewesen, wenn die Kinder im Haus gestritten hätten? Wenn der Lärm Herrn L. gestört hätte, wären damit seine Rechte missachtet worden. Es wäre sein Problem gewesen.

✓ Was wäre gewesen, wenn Michael erst drei Jahre alt gewesen wäre? Auch ein Dreijähriger kann manchmal für ein Problem verantwortlich sein, aber nicht, wenn das andere Kind viel älter und stärker ist. Wenn einer der Beteiligten sehr jung ist, ist der Erwachsene verantwortlich. Nachdem Herr L. die Kinder getrennt hat, könnte er sagen: »Wenn ihr nicht spielen könnt, ohne zu schlagen, dann ist es besser, wenn ihr getrennt spielt. Lasst es mich wissen, wenn ihr das Problem ohne schlagen lösen könnt.«

✓ Was wäre gewesen, wenn die Kinder angefangen hätten, zu schlagen und zu treten? Wenn jemand verletzt werden könnte, dann wäre es wiederum das Problem des Vaters gewesen.

Derjenige, um dessen Problem es sich handelt, ist für die Lösung verantwortlich. Bedeutet das, dass wir unserem Kind nicht bei der Lösung eines Problems helfen sollen? Nein, manchmal werden wir unserem Kind helfen wollen. Aber wenn es das Problem eines Kindes ist, dann ist das Kind auch verantwortlich dafür.

Beispiel
Der zehnjährige Paul spricht am Telefon mit einem Freund. Frau H., seine Großmutter, hört, dass sie streiten. Sie hört auch, dass er schreit: »Das ist nicht fair! Auf keinen Fall!« Er klingt sehr zornig. Frau H. sagt nicht: »Was ist los? Was stimmt nicht?« Sie versucht auch nicht, mit Pauls Freund zu reden. Sie weiß, dass es sein Problem ist, ob und wie er mit seinem Freund zurechtkommt.

Manchmal ist es das Problem der Eltern

Wir wollen uns einige Probleme von Eltern näher betrachten:

Freches Benehmen der Mutter gegenüber

Beispiel
Eva ist sieben. Seit einiger Zeit ist sie frech zu ihrer Mutter, Frau V. Im Auto auf dem Weg zum Ballett sagt sie zu ihrer Freundin: »Meine Mutter ist die dümmste Frau der Welt.« Frau V. ist verletzt und außerdem wütend. Sie hat ein Recht darauf, mit Respekt behandelt zu werden. Es handelt sich also um das Problem von Frau V.

Was kann die Mutter tun?

- ✓ Sie kann über Evas Ziel nachdenken. Möglicherweise möchte sich Eva rächen. Wenn dem so ist, kann sie etwas tun, was Eva nicht erwartet. Sie ignoriert ihr freches Benehmen zunächst.
- ✓ Später, wenn sie alleine sind, kann Frau V. eine »Ich-Aussage« benutzen, um Eva zu sagen, wie sie sich fühlt: »Wenn du mich beschimpfst, bin ich gekränkt. Ich fühle mich nicht respektiert.«

- ✓ Außerdem kann Frau V. aktiv zuhören: »Du scheinst wütend zu sein, sollen wir darüber sprechen?« Wenn Eva dazu bereit ist, können sie das Problem durchdiskutieren.
- ✓ Frau V. kann Eva Wahlmöglichkeiten geben: »Ich fahre dich zum Ballet, wenn du dich mir gegenüber respektvoll verhältst. Wenn nicht, möchte ich dich nicht fahren. Du entscheidest.«

Ärger im Auto

Beispiel

Otto ist elf. Er wird mit drei anderen Kindern von der Mutter eines Klassenkameraden, Frau Z., jeden Tag zur Schule gebracht. Ottos Mutter, Frau K., hat einen Anruf von Frau Z. bekommen. Sie berichtete ihr, dass Otto im Auto des Öfteren Schwierigkeiten macht. Er und zwei andere Kinder haben herumgeschrieen und miteinander gerauft. Otto hat mit Süßigkeiten herumgeworfen und die Kinder herumgeschubst. Frau Z. hatte ihn zuvor gewarnt, dass sie mit seiner Mutter sprechen würde, wenn es wieder vorkommt.

Frau K. möchte nicht, dass Otto rauft und Ärger verursacht. Sie weiß nicht, was sie machen soll, wenn er nicht mehr mit Frau Z. fahren darf. Die Schule ist am anderen Ende der Stadt. Sie würde das Haus früher verlassen müssen, um Otto in die Schule zu bringen und selbst rechtzeitig bei der Arbeit zu sein.

Außerdem könnte jemand verletzt werden, wenn die Kinder raufen. Es ist das Problem von Frau K., aber das heißt nicht, dass Otto ungeschoren davonkommt.

Was kann die Mutter tun?

- ✓ Frau K. kann mit Otto reden. Sie kann ihm vom Telefonanruf von Frau Z. erzählen. Sie kann ihn fragen, was los ist. Es ist möglich, dass es Ottos Ziel ist, um Einfluss und Macht zu kämpfen oder vielleicht rauft er, weil er

Angst vor den anderen Jungen hat. Mit ihm darüber zu sprechen wird Frau K. helfen herauszufinden, was los ist.

- ✓ Frau K. kann Otto auch vor die Wahl stellen, das Raufen, Schubsen und Werfen einzustellen oder nicht mehr mitfahren zu dürfen.

Frau K. kann Otto nicht dazu zwingen, sich ordentlich zu benehmen. Sie kann auch nicht ändern, dass er nicht mehr mitfahren darf. Wenn das geschehen würde, müsste er trotzdem zur Schule gehen. Sie würden früher aus dem Haus gehen müssen, damit Frau K. noch rechtzeitig zur Arbeit kommt. Otto würde die Konsequenz dadurch zu spüren bekommen, dass er früher aufstehen müsste.

Elternsein ist nicht leicht. Wenn Kinder Fehlverhalten zeigen, kann das Leben kompliziert werden. So hart das auch sein mag, Frau K. wird ihr Ziel im Auge behalten müssen:

- ✓ Ein Kind zu erziehen, das glücklich, gesund, selbstbewusst, kooperationsbereit ist und geliebt wird, aber auch selbst lieben kann.
- ✓ Eine tragfähige, erfüllende Beziehung zu ihrem Kind aufzubauen.
- ✓ Ihrem Kind zu helfen, zu einem verantwortungsbewussten Erwachsenen heranzuwachsen.

Manchmal ist es das Problem des Kindes

Wir betrachten nun einige Probleme, für die Kinder verantwortlich sind:

»Niemand mag mich«

Beispiel
Herr B., Robins Vater, kommt von der Arbeit nach Hause. Robin sitzt vor dem Fernseher und weint: »Du scheinst etwas ziemlich Trauriges anzuschauen«, sagt Herr B. zu ihm. »Es ist nicht deswegen«, jammert er, »es ist wegen Tim

und Alexander. Sie sind Ball spielen gegangen und haben mich nicht mal angerufen. Niemand mag mich.« Er weint noch heftiger.

Herr B. fühlt sich schlecht. Aber er weiß, dass er dieses Problem nicht für Robin lösen kann. Er weiß, dass Robin selbst mit seinen Freunden zurechtkommen muss. Es ist Robins Problem.

Was kann der Vater tun?

✓ Er kann Robin zuhören und dabei auf seine Gefühle achten.

✓ Wenn Robin Hilfe möchte, kann Herr B. ihm helfen, über Möglichkeiten nachzudenken, wie er mit seinen Freunden am besten umgeht. Herr B. kann Robin zu verstehen geben, dass er ihn liebt und respektiert. Aber es wird dem Vater nicht möglich sein, das Verhalten von Robins Freunden zu ändern. Freunde zu finden und zu halten ist etwas, das nur Robin selbst tun kann.

Ein Schulprojekt

Beispiel

Boris und sein Bruder teilen ein Schlafzimmer. Es herrscht stets ein ziemliches Durcheinander. Boris hat Laub für ein Schulprojekt gesammelt. Er muss es in ein Buch kleben und darüber schreiben. Als er soweit ist, das Buch zusammenzustellen, kann er nicht alle Blätter finden. Die wenigen, die er gefunden hat, sind eingerissen. Er läuft zu Frau E., seiner Mutter, und sagt: »Ich kann nicht mehr alle Blätter finden! Du musst mir helfen!«

Boris' Schularbeit ist seine Aufgabe. Auch sein Schlafzimmer gehört zu seinem Verantwortungsbereich. Es ist das Problem von Boris.

Was kann die Mutter tun?

✓ Im Augenblick kann – oder sollte – Frau E. nichts tun, um Boris' Projekt zu retten. Die Konsequenz einer schlechten Note könnte eine wichtige Lektion für ihn sein. Wenn seine Mutter sich mit ihm zusammen durch die Unordnung in seinem Zimmer wühlen würde, was würde er lernen? Er würde lernen, dass er keine Verantwortung zu tragen braucht. Er würde lernen, dass seine Mutter ihn vor den Konsequenzen seiner eigenen falschen Entscheidung schützen kann.

✓ Frau E. könnte außerdem zu einem anderen Zeitpunkt mit Boris darüber sprechen, wie er auf seine Sachen besser aufpassen kann. Sie könnte etwa sagen: »Bei Schulprojekten hilft es, wenn du gut organisiert bist. Möchtest du darüber reden, wie du das am besten machst?« Wenn Boris dazu bereit ist, könnten er und seine Mutter miteinander viele Ideen austauschen.

Denken Sie darüber nach, wessen Problem es ist

Denken Sie an ein Problem mit Ihrem Kind, mit dem Sie sich im Augenblick konfrontiert sehen. Fragen Sie sich:

1. Werden meine Rechte missachtet?
2. Ist unser Kind zu jung, um für das Problem verantwortlich zu sein?
3. Könnte jemand verletzt werden?
4. Ist das Eigentum von jemandem gefährdet?

✓ Wenn die Antwort auf eine dieser Fragen »ja« ist, dann ist es Ihr Problem.

✓ Wenn die Antwort auf alle Fragen »nein« ist, dann ist es das Problem Ihres Kindes.

Entscheiden Sie, wessen Problem es ist, Ihres oder das Ihres Kindes.

Sich darüber Gedanken zu machen, ist eine Möglichkeit, Ihrem Kind zu zeigen, dass Sie Ihr Kind und sich selbst respektieren.

Viele Probleme können gelöst werden, wenn Sie und Ihr Kind kooperieren. Das gilt, unabhängig davon, um wessen Problem es sich handelt.

Überlassen Sie es den Kindern, miteinander auszukommen.
Die Kreativität Ihrer Kinder bei der Findung
einer Lösung wird Sie überraschen!

Wie können wir und unser Kind Probleme gemeinsam lösen?

Sobald wir entschieden haben, wessen Problem es ist, wissen wir, was wir tun sollen. Wenn es unser Problem ist, müssen wir handeln. Wenn es das Problem des Kindes ist, ist es manchmal besser, unser Kind selbst damit fertig werden zu lassen. Es hilft unserem Kind unabhängig zu werden. In anderen Fällen ist es vielleicht notwendig, unserem Kind bei der Lösung des Problems zu helfen.

Wir haben bereits gelernt, was wir tun können, wenn es ein Problem gibt. Wir könnten:

1. das Problem ignorieren;
2. »aktiv Zuhören«;
3. eine »Ich-Aussage« verwenden;
4. unserem Kind helfen, verschiedene Möglichkeiten und deren jeweilige Konsequenzen zu sehen.

Eine weitere Möglichkeit wäre, das Problem mit unserem Kind **durchzusprechen**. Wir nehmen uns die Zeit zuzuhören, darüber zu sprechen und zu vereinbaren, wie das Problem am besten gelöst werden kann. Wir bezeichnen das als »*Alternativen erforschen*«.

Die fünf Schritte, Alternativen zu erforschen

Das Erforschen von Alternativen erfolgt unabhängig davon, um wessen Problem es sich handelt. Es wird stets in der gleichen Weise gehandhabt. Wir durchlaufen jeweils die folgenden Schritte:

1. **Wir verstehen das Problem.** Wir müssen sicherstellen, dass beide, wir und unser Kind, das Problem verstanden haben. Das erreichen wir durch »aktives Zuhören«. Wir stellen Fragen, die uns helfen zu verstehen. Wir erklären das Problem mit klaren Worten und mit Respekt. Wir sprechen über unsere eigenen Gefühle. Wir

benutzen »Ich-Aussagen«: »Wenn …, bin ich/fühle ich mich …, weil …«

2. **Wir überlegen uns verschiedene Möglichkeiten, das Problem zu lösen.** Wir lassen unser Kind Lösungen vorschlagen und machen dann auch unsere eigenen Vorschläge.

Diese Ideen sind die *Alternativen.* Es ist wichtig, dass wir für alle Vorschläge ein offenes Ohr haben. Manchmal klingen Ideen unsinnig oder unmöglich. Wir dürfen sie nicht vorschnell ablehnen. Eine »unsinnige« Idee könnte uns oder unserem Kind helfen, auf eine wirklich gute Idee zu stoßen. Zunächst sind alle Ideen gleichermaßen willkommen.

3. **Wir diskutieren die Ideen.** Jetzt ist es an der Zeit, all die einzelnen Ideen genauer zu betrachten. Sowohl wir als auch unser Kind sollten sich frei fühlen, die verschiedenen Ideen durchzuspielen. Wir können helfen, indem wir fragen: »Was würde geschehen, wenn …« Wenn wir mit einer Idee nicht einverstanden sind, stellen wir sie respektvoll in Frage. Wir sagen nicht: »Ich bin sicher, diese Idee ist nicht durchführbar.« Wir sagen statt dessen: »Ich fürchte, dass es schwer für dich sein wird, dich an diesen Plan zu halten.« Dies wird unserem Kind unsere Bedenken klar machen.
4. **Wir entscheiden uns für einen Vorschlag.** Wir entscheiden uns für einen Vorschlag, den beide akzeptieren können.
5. **Wir setzen den Vorschlag in die Tat um** und **überprüfen, ob er funktioniert hat**. Wir vereinbaren also, dass wir den Vorschlag umsetzen, für den wir uns entschieden haben. Wir entscheiden zusammen, wie lange er ausprobiert werden soll. Wir planen genug Zeit ein, um dem Vorschlag eine faire Chance zu geben.

Wir setzen eine Zeit fest, um zu diskutieren, ob der Vorschlag funktioniert hat. Wenn er nicht funktioniert, wiederholen wir die Schritte zur Erforschung von Alternativen oder aber wir probieren eine andere Idee aus, die bei der letzten Diskussionsrunde angesprochen wurde.

Wir stellen offene Fragen

Wenn wir mit unserem Kind sprechen, müssen wir Fragen stellen.

Wir wollen *offene*, nicht *geschlossene* Fragen stellen.

Geschlossene Fragen beenden die Diskussion

Geschlossene Fragen erlauben nur eine mögliche Antwort – es gibt keinen Raum für Diskussion. Einige geschlossene Fragen können nur mit nein oder ja beantwortet werden.

Andere geschlossene Fragen beschuldigen oder kritisieren:

- ✓ »Glaubst du etwa, wir hätten einen Goldesel im Keller?«
- ✓ »Findest du nicht, du solltest deine Hausaufgaben machen?«
- ✓ »Warum hast du das gemacht?«
- ✓ »Wirst du dich jemals benehmen?«

Offene Fragen halten das Gespräch im Gange

Offene Fragen laden unser Kind ein weiterzureden. Sie zeigen Respekt und sie zeigen, dass wir zuhören wollen:

- ✓ »Womit könntest du etwas Taschengeld verdienen?«
- ✓ »Was macht denn die Hausaufgabe schwierig?«
- ✓ »Wie fühlst du dich?« »Was empfindest du dabei?«
- ✓ »Was würdest du lieber tun?«

Es ist wahrscheinlicher, dass Kinder kooperieren, wenn sie:

- ✓ sich respektiert fühlen;
- ✓ eine gewisse Kontrolle haben;
- ✓ eine Wahl haben.

Stellen Sie offene Fragen

Denken Sie an ein Problem, das Sie mit Ihrem Kind haben. Um zu verstehen, wie Ihr Kind das Problem sieht, stellen Sie offene Fragen. Stellen Sie folgende Wörter an den Anfang Ihrer offenen Fragen:

Wo?

Wann?

Was?

Wer?

Welcher/e/es?

Wie?

Üben Sie offene Fragestellungen. Arbeiten Sie daran, dass Sie durch Ihren Tonfall, Ihre Körperhaltung und Ihren Gesichtsausdruck sich und Ihrem Kind Respekt erweisen.

Wir erforschen Alternativen: zwei Beispiele

Wir wollen uns zwei Beispiele anschauen, wie wir Alternativen erforschen. Beim ersten Beispiel handelt es sich um ein Problem der Eltern, beim zweiten geht es um ein Problem des Kindes.

Rechtzeitig nach Hause kommen

Beispiel

Es ist Sommer. Die Kinder aus der Straße, in der Felix (10) wohnt, spielen abends gerne draußen. Frau L., Felix' Mutter, möchte jedoch, dass er nach Hause kommt, bevor es dunkel wird. Sie weiß, dass es nicht sicher für ihn ist, nach Einbruch der Dunkelheit draußen zu sein. Aber Felix denkt, dass es keine Gefahr für ihn gibt.

Hierbei handelt es sich um ein Problem von Frau L. Sie entschließt sich, mit Felix die Alternativen durchzugehen.

1. Wir verstehen das Problem

Frau L. beginnt. Sie sagt: »Felix, wir haben ein Problem. Wenn du nach Einbruch der Dunkelheit noch draußen bist, mache ich mir Sorgen um dich. Es ist einfach gefährlich.« Felix sagt: »Es ist doch nicht gefährlich – ich bin kein Baby mehr.«

Frau L. hört aktiv zu. Sie sagt: »Du bist also der Meinung, dass ich dich zu sehr beschütze. Ist das richtig?« Felix erwidert: »Aber Mutti, Spielen macht am meisten Spaß, wenn es ein bisschen dunkel ist. Und es ist noch nicht mal dunkel, wenn du mich um halb neun hereinholst.«

Daraufhin spricht Frau L. von ihren Gefühlen: »Ich weiß, du bist ein verantwortungsvoller Junge. Aber sobald es dunkel ist, sind auch einige Leute auf der Straße, die für Kinder gefährlich werden könnten. Außerdem ist hier viel Verkehr. Ich mache mir Sorgen, dass dir etwas passieren könnte, erst letzten Monat gab es einen schlimmen Unfall.«

2. Wir überlegen uns verschiedene Möglichkeiten, um das Problem zu lösen

Frau L. sagt: »Lass uns über ein paar Möglichkeiten nachdenken, wie wir dieses Problem lösen könnten. Hast du irgendwelche Ideen?« Felix sagt: »Ich könnte vor dem Haus spielen«. Frau L. erwidert: »Das ist eine Möglichkeit. Noch etwas anderes?«

Sie denken sich noch ein paar andere Ideen aus. Felix schlägt vor, dass er bis 21.00 Uhr draußen bleiben darf. Frau L. schlägt vor, er könnte ins Haus kommen und dort weiter spielen.

3. Wir diskutieren die Alternativen

Felix und seine Mutter sprechen über die verschiedenen Vorschläge. Felix findet, dass es keinen Spaß macht, ins Haus zu kommen. Er glaubt, dass es nicht soviel Spaß macht, vor dem Haus zu spielen wie auf dem Spielplatz.

Frau L. findet, dass 21.00 Uhr zu spät ist. Sie stimmt jedoch zu, dass es um 20.00 Uhr noch nicht ganz dunkel ist.

4. Wir entscheiden uns für einen der Vorschläge

Frau L. und Felix finden eine Alternative, von der sie beide denken, dass sie funktionieren könnte: Felix kann bis 20.00 Uhr auf dem Spielplatz spielen, dann kann er mit seinen Freunden bis 20.30 Uhr vor dem Haus weiterspielen.

Sie schreiben ihre Vereinbarung auf. Sie sieht wie folgt aus:

> *Felix willigt ein, um 20.00 Uhr nach Hause zu kommen. Mami gesteht Felix zu, vor dem Haus bis 20.30 Uhr zu spielen. Felix verspricht, um 20.30 Uhr ins Haus zu kommen. Wenn er zu spät kommt, wird er am nächsten Abend im Haus bleiben.*
>
> *Unterzeichnet: Felix Mutter*

5. Wir setzen den Vorschlag in die Tat um und überprüfen, ob er funktioniert

Frau L. sagt: »Lass uns diesen Vorschlag ein paar Tage ausprobieren. Wir werden sehen, wie es funktioniert. Dann können wir wieder darüber sprechen. Wann soll das sein?« Felix meint: »Ich weiß nicht.« Frau L. erwidert: »Wir werden sehen, wie es an den drei nächsten Abenden funktioniert. Am Freitag können wir wieder darüber sprechen.«

Wenn Felix sich an den Plan hält, ist das Problem gelöst. Beide freuen sich darüber. Aber was passiert, wenn Felix zu spät kommt? Am nächsten Abend könnte Frau L. dann sagen: »Dass du gestern später gekommen bist als verabredet, zeigt mir, dass du dich dafür entschieden hast, heute Abend zu Hause zu bleiben. Du kannst es morgen noch mal probieren.«

Offene Fragen ermutigen unser Kind, weiterzusprechen. Durch sie zeigen wir Respekt.

Hausaufgaben

Beispiel

Nina ist in der 4. Klasse. Ihre Lehrerin, Frau Schröder, gibt jeden Tag Hausaufgaben. Nina macht nicht gerne Hausaufgaben. Frau Schröder ruft Herrn W., Ninas Vater, an. Sie erzählt ihm, dass Nina seit drei Wochen keine Mathematikhausaufgaben mehr abgegeben hat.

Herr W. ist der Meinung, dass Schule Ninas Verantwortung ist. Er weiß auch, dass es wichtig ist für Nina, ihre Hausaufgaben zu machen. Er beschließt, Nina zu fragen, ob sie mit ihm Alternativen finden will.

1. Wir verstehen das Problem

Nach dem Abendessen sagt Herr W. zu Nina: »Frau Schröder hat mich heute angerufen. Sie hat gesagt, dass du deine Mathematikaufgaben nicht gemacht hast.« Nina sagt: »Sie ist so gemein! Sie gibt viel mehr Hausaufgaben als Frau Brandt.«

Herr W. benutzt aktives Zuhören. Er sagt: »Du scheinst wütend zu sein, weil dir so viele Hausaufgaben unfair vorkommen.« Nina erwidert: »Ja, ich kann nicht rechnen.«

Herr W. fragt Nina: »Wo ist das Problem?« »Ich kann nicht teilen,« sagt Nina, »es ist wirklich schwer.«

Herr W. sieht, dass Nina weiß, dass sie ein Problem hat. Sie braucht seine Hilfe.

2. Wir überlegen uns verschiedene Möglichkeiten, um das Problem zu lösen

Herr W. sagt: »Du scheinst dir Sorgen zu machen. Hast du irgendeinen Vorschlag, wie du dich wieder auf Vordermann bringen kannst?« Nina antwortet: »Es ist zu schwer. Ich werde es nie verstehen.«

»Ich weiß, dass du rechnen kannst, Nina. Manchmal ist es allerdings notwendig, etwas mehr dafür zu arbeiten. Sollen wir uns überlegen, wie wir das Problem angehen können?«

»Es gibt eine Hausaufgabenbetreuung nach der Schule. Aber die ist nur für dumme Kinder«, sagt Nina. Herr W. meint: »Du glaubst, dass dich alle für dumm halten, wenn du da hingehst? Hast du andere Ideen?«

»Kannst du mir helfen?«, fragt Nina. »Du bist gut in Rechnen.« Herr W. lacht freundlich. Er sagt: »Vielleicht hast du Recht. Aber es ist lange her, seit ich das letzte Mal so geteilt habe, wie du es in der Schule gelernt hast. Hast du schon mit Frau Schröder gesprochen?«

Nina gibt zu, dass Frau Schröder sie gebeten hat, nach der Schule zu bleiben, damit sie ihr helfen kann. Herr W. und Nina reden darüber, was Nina jetzt machen könnte. Nina findet, dass ihr Vater ihr helfen sollte. »Wenn du das machst«, sagt sie, »verspreche ich auch, dass ich in der Klasse besser aufpasse.« Herr W. schlägt vor, dass Nina mit Frau Schröder spricht. Nina sagt, sie hat eine Freundin, die ihr helfen könnte.

3. Wir diskutieren die Alternativen

Herr W. sagt zu Nina: »Die Schule ist deine Aufgabe, Nina. Ich helfe dir gerne, aber ich muss zuerst sicher sein, dass du dir selbst helfen wirst.«

4. Wir entscheiden uns für einen Vorschlag

Nachdem sie sich länger unterhalten haben, entscheidet sich Nina, mit Frau Schröder zu sprechen. Wenn Frau Schröder es möchte, wird sich Nina zunächst der Gruppe für Hausaufgabenbetreuung anschließen, die nach der Schule stattfindet. Nina möchte auch, dass ihr Vater ihr hilft. Herr W. willigt ein, indem er ihr eine Wahl gibt: »Wenn du in der Schule aufpasst und nach der Schule in der Gruppe mitarbeitest, werde ich deine Hausaufgaben durchsehen, nachdem du sie gemacht hast.«

5. Wir setzen den Vorschlag in die Tat um und überprüfen, ob er funktioniert hat

Herr W. sagt: »Du wirst einige Zeit brauchen, um zu sehen, ob dein Plan funktioniert. Lass es uns eine Woche lang ausprobieren. Dann können wir wieder darüber sprechen.« Nina sagt: »Okay.«

Schritte zum Erforschen von Alternativen

1. Verstehen Sie das Problem.
2. Überlegen Sie sich verschiedene Möglichkeiten, das Problem zu lösen.
3. Diskutieren Sie die Alternativen.
4. Entscheiden Sie sich für einen Vorschlag.
5. Setzen Sie den Vorschlag in die Tat um und überprüfen Sie, ob er funktioniert hat.

Wenn es schwer ist, miteinander zu sprechen

Manchmal scheint es für ein Problem keine Lösung zu geben. Vielleicht sind wir oder unser Kind wütend, oder wir sehen die Sachlage aus unterschiedlichen Blickwinkeln. Möglicherweise glauben wir beide, dass wir Recht haben, oder wir haben Schwierigkeiten, geduldig zu sein. Vielleicht sagen wir uns selbst: »Das ist hoffnungslos. Das wird nie zu etwas führen!«

Ein Problem, das wir als Machtkampf empfinden, nennen wir einen *Konflikt.* Wenn wir einen Konflikt haben, sollten wir nicht einfach aufgeben oder auf unserer Meinung beharren. Stattdessen benutzen wir Alternativen, um einen Weg zur Kooperation zu finden.

Wir suchen nach Gemeinsamkeiten

Bei einem Konflikt ist es leicht zu erkennen, dass wir *nicht* einer Meinung sind. Vielleicht ist unser Kind trotzig oder eigensinnig. Das wirkt möglicherweise selbstsüchtig oder egoistisch. Wenn wir glauben, dass unser Kind selbstsüchtig ist, fällt es schwer, respektvoll mit ihm umzugehen.

BEISPIEL

Unsere Tochter Rebecca würde am liebsten Tag und Nacht mit ihren Freunden zusammen sein. Wir wollen, dass sie auch Zeit mit der Familie verbringt. Es gibt wiederholt Streit deswegen. Beim nächsten Streit fragen wir uns: »Wie können wir uns in die Lage unserer Tochter versetzen? Haben wir etwas gemeinsam, das uns helfen könnte?«

Wir denken an unsere eigenen Freunde. Wir stellen fest, dass wir viele Freunde haben und sie für uns auch sehr wichtig sind. Deshalb sagen wir: »Wir verstehen, dass Freunde für dich wichtig sind. Unsere Freunde sind auch wichtig für uns. Wir müssen einen Weg finden, wie du Zeit mit deinen Freunden, aber auch mit der Familie verbringen kannst. Wie könnten wir das erreichen?«

Wenn uns klar wird, dass unser Kind ähnliche Wünsche und Bedürfnisse hat wie wir selbst, können wir uns besser in unser Kind hineinversetzen. Das könnte uns helfen, die Dinge aus einem anderen Blickwinkel zu sehen. Es kann uns helfen, den Konflikt zu beenden.

Wir bleiben respektvoll

Wir wissen, wie wichtig es ist, Respekt zu zeigen. Wenn wir unserem Kind nicht mit Respekt begegnen, respektieren wir uns auch selbst nicht.

BEISPIEL

Herr M. und seine Tochter streiten sich und unterbrechen einander dauernd. Um die Spannung abzubauen, schlägt Herr M. vor: »Wenn wir beide gleichzeitig sprechen, kann niemand den anderen hören. Es ist besser, wenn wir einander zuerst zuhören und dadurch Respekt zeigen. Sprich du zuerst – während ich zuhöre.«

Wir sprechen über das eigentliche Problem

In einem Konflikt ist es leicht, von den eigenen Gefühlen übermannt zu werden. Dabei verlieren wir nur zu leicht das Problem aus den Augen.

> Beispiel
>
> Wir wollen, dass unser Sohn seine häuslichen Aufgaben erfüllt. Wir beginnen, uns zu streiten und reagieren wütend. Wir denken uns: »Ich muss ihm zeigen, wo sein Platz ist!« Diese Gefühle sagen uns etwas Wichtiges: Wir haben das Problem »häusliche Aufgaben« aus dem Auge verloren. Beim eigentlichen Problem scheint es darum zu gehen, wer das Sagen hat.
>
> Wir halten inne, atmen tief durch und sagen zu unserem Sohn: »Mir scheint, wir wollen beide beweisen, wer hier der Boss ist. Wie soll uns das helfen, unser Problem zu lösen?«

Es ist in Ordnung, zuzugeben, dass wir Teil des Problems sind. Das ermöglicht unseren Kindern einzugestehen, dass sie auch ihren Teil dazu beitragen. Nachdem wir es geschafft haben, die emotional geladene Situation abzukühlen und wir wieder eine gemeinsame Basis haben, können wir eine Lösung für das Problem finden.

Wir kommen überein, uns nicht zu streiten

Wenn wir uns mit unserem Kind in einem Konflikt befinden, haben wir die stillschweigende Übereinkunft getroffen, *uns zu streiten!*

Deswegen ist es zunächst hilfreich, etwas Abstand von der Situation zu gewinnen und uns zu überlegen, ob diese stillschweigende »Übereinkunft« uns daran hindert, das Problem zu lösen. Wenn dem so ist, könnten wir sagen: »Es sieht so aus, als ob wir beide beschlossen hätten, uns zu streiten, anstatt zu versuchen, das Problem zu lösen. Ich bin bereit, das zu ändern, wenn du auch dazu bereit bist. Was meinst du?« Wir sagen dies auf freundliche Art und Weise.

Wie können »Familienkonferenzen« helfen, dass unser Kind kooperiert?

Eine weitere Möglichkeit, die Kooperationsbereitschaft in unserer Familie zu fördern, sind regelmäßige Familienkonferenzen.

Manche Leute fragen sich, ob eine Familienkonferenz überhaupt helfen kann. Sie sagen: »Warum sollten wir eine Konferenz haben? Wir sehen uns doch schon jeden Tag.« Sie glauben: »Konferenzen sind bei der Arbeit hilfreich, in der Kirche und in Vereinen, aber nicht in Familien!« Vielleicht denken sie auch: »Das gab es in der Familie, in der ich aufgewachsen bin, auch nicht.«

Die »Familienkonferenz« bietet ein Forum, in dem die Kinder gehört werden.

Wenn wir jemanden fragen, dessen Familie regelmäßig »Konferenzen« abhält, werden wir erfahren, dass Familienkonferenzen

- ✓ jedem eine Chance geben, positive Gefühle mitzuteilen;
- ✓ der Familie die Möglichkeit geben, miteinander mehr Spaß zu haben;
- ✓ der Familie helfen, sich als »Team« zu fühlen, wo alle einander helfen;
- ✓ den Kindern Respekt beibringen und Wege aufzeigen, Probleme zu lösen;
- ✓ den Eltern, die ihre Kinder schlagen und anschreien, helfen damit aufzuhören;
- ✓ den Kindern eine Gelegenheit geben, sich gehört und geliebt zu fühlen.

BEISPIEL

Sabrina und Maximilian sind achtjährige Zwillinge. Sie sind wütend aufeinander. Sie finden Frau N., ihre Mutter, in der Küche. Sabrina sagt: »Maximilian lässt mich nicht meine Sendung anschauen!« Maximilian erwidert: »Sie schaut dieses Programm jeden Abend. Ich möchte jetzt mal meine Sendung sehen!«

Frau N. ist müde. Sie ist gerade von der Arbeit nach Hause gekommen. Sie ist bereits zu spät dran mit dem Abendessen. Sie hat genug davon, sich Gestreite anzuhören. Sie ist zu beschäftigt und zu genervt, um sich mit den Kindern Alternativen zu überlegen. Deshalb weist Frau N. auf die Notiz an der Kühlschranktüre hin. Dort hängt eine Liste mit Themen, über die am nächsten Tag bei der Familienkonferenz gesprochen werden muss. Sie sagt nur: »Lasst uns bei der Familienkonferenz darüber reden. Schreibt es, bitte, auf die Liste.«

Dies ist nur ein Beispiel, das zeigt, wie Familienkonferenzen Familien jeden Tag helfen. Frau N. verliert nicht die Nerven, wird nicht handgreiflich oder schreit. Sabrina und

Maximilian wissen, dass ihr Problem nicht ignoriert wird. Bereits vor der Konferenz wird dieser Familie dadurch geholfen, dass sie weiß, es wird eine Möglichkeit geben, das Problem zu lösen.

Der Wegweiser für »Familienkonferenzen«

Es braucht Zeit, Familienkonferenzen zur Gewohnheit werden zu lassen. Damit sie funktionieren, müssen wir uns Mühe geben. Es folgen einige Ideen, die uns helfen können.

Wir treffen uns stets zur gleichen Zeit

Regelmäßig könnte einmal pro Woche bedeuten. Wir planen, dass die Familienkonferenz – auch Familienrat genannt – 20 bis 30 Minuten dauert. Wie oft und wie lange wir uns treffen, hängt vom Alter der Kinder ab. Jüngere Kinder brauchen kürzere oder häufigere »Familienkonferenzen«.

Wir machen eine Liste der anfallenden Themen

Einige Leute nennen ihre Themenliste eine *Agenda*. Wir bringen sie an der Pinnwand an. Alle Familienmitglieder können während der Tage vor der Familienkonferenz Punkte hinzufügen. Das hilft uns, über jedermanns Belange auf dem Laufenden zu bleiben, ohne Zeit oder Mühe darauf zu verwenden.

Ein Plan für eine »Familienkonferenz«

1. Tauschen Sie erfreuliche Erlebnisse aus.
2. Lesen Sie die Notizen von der letzten Familienkonferenz.
3. Reden Sie über »alte Themen« – Angelegenheiten von der letzten Familienkonferenz.

4. Reden Sie über »neue Themen« – Angelegenheiten, über die die Familienmitglieder jetzt sprechen möchten.
5. Planen Sie etwas, bei dem Sie zusammen Spaß haben.
6. Fassen Sie zusammen und wiederholen Sie, worüber sich die Familienmitglieder einig geworden sind.

Wir planen die Zeit ein

Am Anfang müssen wir diese Aufgabe übernehmen. Wir schauen uns die Agenda an. Wir entscheiden, mit welchen Themen wir uns in den ersten Familienkonferenzen beschäftigen können. Wir planen genug Zeit ein, Alternativen zu erforschen und Entscheidungen zu treffen.

Wir erfüllen Aufgaben abwechselnd

Während der Familienkonferenz übernehmen wir abwechselnd verschiedene Aufgaben. Derjenige, der die Konferenz leitet, liest die Agenda vor und achtet darauf, dass nicht von den jeweils gerade besprochenen Themen abgewichen wird. Jüngere Kinder werden dabei Hilfe benötigen, und das ist in Ordnung. Trotzdem ist es wichtig, jedem eine Chance zu geben, die Familienkonferenz zu »leiten«.

Wir machen Notizen

Wir machen Notizen über die während der Familienkonferenz getroffenen Vereinbarungen und gefassten Pläne. Auf diese Weise wird niemand etwas vergessen oder sich über etwas nicht im Klaren sein. Wir übernehmen diese Aufgabe abwechselnd. Eine gute Aufgabe für ältere Kinder besteht darin, den jüngeren, die nicht lesen können, die Notizen vorzulesen.

Wir lassen alle zu Wort kommen

Wenn wir über etwas auf der Liste sprechen, lassen wir unsere Kinder zuerst zu Wort kommen. Das hilft ihnen, sich verantwortlich zu fühlen.

- ✓ Wenn ein Kind noch nicht zu Wort gekommen ist, fragen wir das Kind: »Was meinst du?«
- ✓ Wenn ein Kind zu viel redet, bleiben wir respektvoll. Wir könnten sagen: »Das scheint für dich wichtig zu sein. Wir müssen jetzt auch hören, was die anderen darüber denken«.
- ✓ Wenn jemand keinen Respekt zeigt, benutzen wir »Ich-Aussagen«: »Wenn ich Beschimpfungen höre, fürchte ich, dass wir keinen Weg finden werden, zusammenzuarbeiten.«

Wir begrenzen das Ausmaß der vorgebrachten Klagen

Eine Menge Klagen können Familienkonferenzen in eine unerfreuliche Angelegenheit verwandeln. Dadurch werden keine Probleme gelöst und der Familie wird damit nicht geholfen, Spaß miteinander zu haben. Wenn Klagen ein Problem sind, fragen wir: »Was können wir daran ändern? Wie können wir das Problem lösen?«

Wir kooperieren bei der Wahl der häuslichen Arbeiten

Wenn wir damit beginnen, unter den häuslichen Arbeiten auszuwählen, könnten wir uns bei einigen der Aufgaben, die niemand gerne macht, freiwillig melden. Wir könnten etwa sagen: »Ich mache das Katzenklo und das Badezimmer sauber. Wer übernimmt das Saugen und Abstauben?« Mit der Zeit können wir auch von den anderen erwarten, dass sie einige der unbeliebten Aufgaben übernehmen.

Wir machen eine »Aufgabenlotterie«

Eine Möglichkeit, wie wir Aufgaben abwechselnd erfüllen können, ist eine Aufgabenlotterie:

- ✓ Wir reden über alle Aufgaben, die während der Woche erledigt werden müssen.
- ✓ Wir schreiben sie auf kleine Zettel und geben sie in eine Schachtel oder ein Glas.
- ✓ Jede Woche zieht jeder einen Zettel aus der Schachtel.

Wir halten uns an die Vereinbarungen

Wir halten uns an die Abmachungen bis zur nächsten Familienkonferenz. Wenn jemand die Vereinbarung ändern will, hat er dann Gelegenheit dazu. Es wird von Kindern *und* Erwachsenen erwartet, dass sie tun, wozu sie sich bereit erklärt haben.

Was geschieht, wenn wir etwas vergessen, eine Vereinbarung nicht einhalten oder keine Zeit gehabt haben? Wir sagen unserer Familie, dass es uns Leid tut. Wir sagen, dass wir uns bemühen, es besser zu machen. Einem Kind könnte das auch passieren. Niemand ist perfekt. Wenn es immer wieder vorkommt, dass Versprechen gebrochen werden, führen wir eine »Arbeit-vor-Spaß«-Regel ein: Bevor wir Spaß haben können, müssen die jeweiligen Aufgaben erfüllt worden sein. Die Regel gilt für Erwachsene genauso wie für Kinder.

Wir nehmen uns Zeit für Spaß

Familienkonferenzen bieten eine gute Gelegenheit, Probleme zu lösen und Aufgaben zu verteilen. Aber sie sind nicht nur dafür da. Um die Familienkonferenzen zu einem Erlebnis werden zu lassen, das Spaß macht, können wir:

- ✓ **Über positive, gute und schöne Erfahrungen sprechen**
  Wir können uns bei jedem bedanken, der während der Woche auf irgendeine Weise geholfen hat. Jeder kann

diesem Beispiel folgen. Wir können alle bitten, über etwas zu reden, was im Augenblick gut für sie läuft. Das schafft eine positive Atmosphäre. Es lehrt unsere Kinder außerdem auch, andere Menschen und sich selbst zu ermutigen.

✓ **Innerhalb der Familie planen**
Bei der Familienkonferenz planen wir, etwas zu tun, was uns allen zusammen Spaß macht. Wir könnten z. B. planen, am Freitagabend zusammen eine selbstgemachte Pizza zu backen. Wir könnten zusammen eine Fernsehsendung anschauen, die uns allen gefällt. Wir könnten auch eine »Spaßlotterie« haben, mit Ideen auf Zetteln, wie wir als Familie miteinander Spaß haben können. Bei jeder Familienkonferenz könnte eine Idee gezogen werden. Das würde zeigen, dass wir Spaß genauso hoch bewerten wie Arbeit.

✓ **Nach der Familienkonferenz miteinander Spaß haben**
Einige Familien unternehmen unmittelbar nach der Familienkonferenz etwas, das allen Spaß macht. Wir könnten ein Spiel spielen, wir könnten spazieren gehen oder mit dem Fahrrad fahren oder zusammen eine Geschichte lesen.

Finden Sie Zeit für die »Familienkonferenz«

Ihre Familie ist sicherlich sehr beschäftigt. Um einen Zeitpunkt für die Familienkonferenz zu finden, setzen Sie sich z.B. beim Abendessen zusammen und entscheiden gemeinsam darüber. Es folgen einige Themen, über die Sie in der Familienkonferenz sprechen können:

✓ Aktivitäten der Kinder;
✓ Taschengeld;
✓ einmalige Hilfeleistungen;
✓ häusliche Aufgaben;

- ✓ Regeln, wenn Freunde zu Besuch kommen;
- ✓ Wochenendpläne;
- ✓ Benutzung des Telefons;
- ✓ Fernseh- und Computerbenutzung;
- ✓ Hausaufgaben.

»Familienkonferenzen« sind für alle Arten von Familien geeignet

Familienkonferenzen sind für alle Familien geeignet – für alleinerziehende Eltern ebenso wie für die traditionelle Familie, für Familien mit einem Kind oder mehreren genauso wie für Patchwork-Familien oder Pflegeeltern.

Bei einigen Familien will vielleicht nur ein Elternteil zu den Konferenzen kommen. Das ist in Ordnung. Wir beginnen dann mit den Konferenzen ohne den anderen Erwachsenen. Möglicherweise wird unser Partner oder unsere Partnerin nach einer Weile sehen, wie die Konferenzen funktionieren und sich anschließen. Auch wenn dies nicht der Fall ist, machen wir weiter, denn trotzdem wird uns die Familienkonferenz die Möglichkeit geben, unseren Kindern zu helfen, zu kooperieren und Freude miteinander zu haben.

Alleinerziehende Eltern

Als alleinerziehende Eltern geben wir uns – wie alle Eltern – viel Mühe mit unserer Familie. Möglicherweise treffen wir als Alleinerziehende auf andere Herausforderungen. Familienkonferenzen können uns auch dabei helfen.

Eine Sache ist allerdings anders für Alleinerziehende, und zwar, wenn wir über ein Problem sprechen wollen, das den Elternteil betrifft, der nicht anwesend ist. Kinder müssen auch über diese Probleme reden können. Die Familienkonferenz ist jedoch dafür nicht gut geeignet. Sie ist dafür da, den Menschen, die zusammenleben, zu helfen, besser miteinander auszukommen.

Wenn unser Kind über den Elternteil sprechen will, der abwesend ist, tun wir dies bei einer anderen Gelegenheit. Wir könnten sagen: »Mir ist klar, dass du gerne über die Zeit reden möchtest, die du mit deinem Vater/deiner Mutter verbracht hast. Jetzt reden wir jedoch über unsere Familie. Wir sprechen später über deinen Vater/deine Mutter.«

Später, wenn wir über dieses Thema sprechen, können wir auf Gefühle achten und aktiv Zuhören. Wir können den Schritten folgen, die wir zum Erforschen von Alternativen gelernt haben.

Die/Der Alleinerziehende mit einem Kind

Wenn wir eine Zwei-Personen-Familie betrachten, könnten wir denken: »Weshalb sollten wir mit Familienkonferenzen anfangen? Mein Kind und ich sind die ganze Zeit zusammen.«

Bei der Familienkonferenz ereignet sich viel, was beim täglichen »Beisammensein« nicht geschieht. Es ermöglicht uns, uns Zeit zu nehmen, über Probleme zu sprechen. Es gibt uns die Möglichkeit, uns auch auf positive und schöne Dinge zu konzentrieren. Familienkonferenzen helfen uns und unserem Kind, einander näher zu kommen und besser zu kooperieren.

Patchwork-Familien

Patchwork-Familien brauchen Konferenzen genauso wie jede andere Familie. Wenn die Kinder noch nicht lange mit den neuen Eltern und Geschwistern zusammengelebt haben, könnten wir versuchen, Familienkonferenzen wie folgt einzuführen:

- ✓ Wir beginnen immer in einer freundlichen Atmosphäre, nicht als Reaktion auf eine Krise oder einen Streit.

- ✓ Wir beginnen mit Themen, von denen wir glauben, dass es leicht sein wird, darüber zu sprechen, wie Spaß innerhalb der Familie. Nach einigen dieser Konferenzen können wir über »schwierigere« Themen sprechen. Wir könnten dann über häusliche Aufgaben oder ein Problem reden, das den Kindern besonders am Herzen liegt.
- ✓ Wir halten Themen, die nicht die Familie betreffen, wie Erwachsene, die nicht das Sorgerecht haben, aus den Konferenzen heraus.

STEP ERMUTIGUNG

Überlegen Sie sich einige Eigenschaften, die Ihnen und Ihrem Kind gemeinsam sind. Zum Beispiel:

- ✓ Sie mögen beide Sport.
- ✓ Sie haben beide gerne Freunde um sich.
- ✓ Sie sind beide zunächst schlecht gelaunt, wenn Sie aufwachen.

Denken Sie an so viele Dinge wie möglich, in denen Sie sich ähnlich sind. Wenn Sie ein Problem mit Ihrem Kind haben, empfiehlt es sich, das Problem mit den Augen Ihres Kindes zu sehen.

Sie haben einen weiteren, den fünften großen Schritt gemacht

In Kapitel 5 haben Sie Wege gelernt, Ihrem Kind zu helfen zu kooperieren.

✓ Sie haben gesehen, dass Kooperation nicht das Gleiche ist wie zu gehorchen.

✓ Sie haben gelernt zu entscheiden, um wessen Problem es sich handelt.

✓ Sie haben verschiedene Möglichkeiten kennen gelernt, Probleme zu lösen, wenn es sich um Ihre eigenen Probleme handelt. Sie haben gelernt zu erkennen, bei welchen Problemen es sich um die des Kindes handelt. Sie haben auch gelernt, Ihr Kind dabei zu unterstützen, eigene Probleme zu lösen und die Verantwortung dafür zu übernehmen.

✓ Sie haben fünf Schritte gelernt, Probleme gemeinsam mit Ihrem Kind zu lösen.

✓ Sie haben gesehen, wie Familienkonferenzen Ihrer Familie helfen können, zusammen zu arbeiten, dazu zu lernen, Gemeinsamkeiten zu entdecken und so zusammenzufinden.

FÜR IHRE FAMILIE

Laden Sie Ihre Familie dazu ein, regelmäßige Familienkonferenzen abzuhalten. Verabreden Sie eine Zeit für die erste Konferenz. Bevor Sie sich treffen, lesen Sie nochmals die Seiten 181–188. Wenn Sie zusammensitzen, erklären Sie den Zweck einer Familienkonferenz:

- Positive Gefühle, Erfahrungen und Erlebnisse auszutauschen;
- miteinander Spaß zu haben;
- miteinander Pläne zu schmieden;
- miteinander über Probleme zu sprechen und einander zu helfen.

Dann fragen Sie Ihre Kinder, worüber sie gerne sprechen möchten. Halten Sie das erste Treffen kurz. Legen Sie fest, wann die nächste Familienkonferenz stattfinden soll.

Erwarten Sie keine »perfekte« Konferenz. Sie fangen gerade erst an! Das Wichtigste ist, dass sich jeder mit seinen Ideen ernst genommen fühlt. Viel Glück!

AUFGABE DER WOCHE

Wenn es Probleme während der Woche gibt, entscheiden Sie, um wessen Problem es sich handelt. Wenn nötig, benutzen Sie die Schritte zum Erforschen von Alternativen, die Sie auf Seite 168 gelernt haben.

NUR FÜR SIE

BETRACHTEN SIE Situationen AUS EINEM ANDEREN Blickwinkel

Können Sie die gleiche Situation aus einem unterschiedlichen Blickwinkel sehen? Wenn Sie das tun, können Sie Ihre Reaktion auf enttäuschende Ereignisse und Erfahrungen leichter ändern. Es ist zum Beispiel möglich, dass Sie Ihr Kind für eigensinnig halten, weil es sich weigert, bei einer bestimmten Gelegenheit zu kooperieren. Können Sie auch erkennen, dass das Verhalten Ihres Kindes auch anders gedeutet und bewertet werden kann: z.B. als Entschlossenheit? Wenn das der Fall ist, dann sehen Sie Ihr Kind aus einem neuen positiven Blickwinkel.

Erinnern Sie sich daran, was Sie gelernt haben: ein Kind, das Macht ausüben will, will auch Wahlmöglichkeiten haben und somit Entscheidungen treffen. Auch diese Einsicht bedeutet, dass Sie Ihr Kind aus anderer Perspektive sehen können.

Denken Sie an mehrere schwierige Situationen. Stellen Sie sich dann folgende Fragen:

- ✓ Wie sehe ich die Situation normalerweise? Was bringt mich dazu, auf eine Art zu reagieren, die Probleme schafft?
- ✓ Ist eine andere Perspektive, eine andere Sichtweise möglich? Welche Reaktion würde sich aus diesem neuen Blickwinkel ergeben?

Achten Sie darauf, eine Situation auch aus einer positiven Perspektive zu sehen und entsprechend anders zu handeln – tun Sie das Unerwartete.

Zusammenfassung

1. Kooperation bedeutet Zusammenarbeit.
2. Wenn es Probleme mit Kindern gibt, dann ist jemand für das Problem verantwortlich. Manchmal sind die Eltern, manchmal ist das Kind verantwortlich.
3. Um zu entscheiden, um wessen Problem es sich handelt, fragen Sie sich:

   Werden Ihre Rechte missachtet?

   Ist Ihr Kind zu jung, um für das Problem verantwortlich zu sein?

   Könnte jemand verletzt werden?

   Könnte das Eigentum von jemandem Schaden nehmen?

Wenn die Antwort auf eine dieser Fragen »ja« ist, dann sind die Eltern verantwortlich. Wenn die Antwort auf alle Fragen »nein« ist, dann ist das Kind für das Problem zuständig.

4. Derjenige, um dessen Problem es sich handelt, ist für die Handhabung und die Lösung des Problems verantwortlich. Manchmal ist es wichtig, dass Eltern ihrem Kind helfen, ein Problem zu lösen, für das das Kind verantwortlich ist.
5. Wenn es ein Problem gibt, können Sie entscheiden, ob Sie es ignorieren, auf Gefühle achten, eine »Ich-Aussage« verwenden, Wahlmöglichkeiten geben oder ob Sie es lösen wollen, indem Sie Alternativen erforschen.
6. Um Alternativen zu erforschen, folgen Sie diesen fünf Schritten:

   Verstehen Sie das Problem;

überlegen Sie sich verschiedene Möglichkeiten, das Problem zu lösen;

diskutieren Sie die Alternativen;

entscheiden Sie sich für einen Vorschlag;

setzen Sie den Vorschlag in die Tat um und überprüfen Sie, ob er funktioniert hat.

7. Wenn Sie mit Ihrem Kind über ein Problem sprechen, benutzen Sie offene Fragen, die wie folgt beginnen:

Wo?

Wann?

Was?

Wer?

Welcher/e/es?

Wie?

8. Wenn Sie wütend sind und sich in einem Konflikt mit Ihrem Kind befinden:

achten Sie auf Ähnlichkeiten zwischen Ihnen und Ihrem Kind,

zeigen Sie auch weiterhin Respekt,

sprechen Sie über das eigentliche Problem,

vereinbaren Sie, sich nicht zu streiten.

9. Regelmäßige Familienkonferenzen helfen allen Familien, bei der Lösung von Problemen zu kooperieren und miteinander Spaß zu haben.

Tabelle 5

Wessen Problem ist es?

Problem	Wessen Problem ist es?	Mögliche Lösungen
Das Kind ist unglücklich wegen eines verlorenen Spiels.	Kind	*Aktives Zuhören:* »Du bist enttäuscht, dass du verloren hast, oder?«
Das Kind weigert sich, mit dem neuen Stiefvater zu sprechen.	Stiefvater	*Aktives Zuhören und »Ich-Aussage«:* »Es ist schwer, sich an seinen Stiefvater zu gewöhnen. Wenn du nicht mit mir sprichst, bin ich traurig, weil ich dich wirklich gerne kennen lernen möchte.«
Die Kinder schubsen einander im Auto und stören damit den Fahrer/die Fahrerin.	Eltern	*»Ich-Aussage« und Wahlmöglichkeit:* »Der Lärm auf dem Rücksitz lenkt mich wirklich ab.« Wenn die »Ich-Aussage« nichts nutzt, geben Sie eine Wahlmöglichkeit. Halten Sie an und sagen Sie: »Wenn ihr euch beruhigt habt, fahren wir weiter.«

Das Kind kann am Abend vor einer Prüfung nicht einschlafen.	Kind	*Aktives Zuhören*: »Du machst dir wirklich Sorgen wegen des Tests, weil er einen großen Teil deiner Note ausmachen wird.«
Das Kind hat Schwierigkeiten, mit einem Lehrer auszukommen.	Kind	*Alternativen erforschen*: »Du bist wütend auf den Lehrer, weil du ihn für unfair hältst. Möchtest du gerne darüber reden, wie du besser mit ihm auskommen könntest?«
Ein älteres Kind möchte mit Freunden ohne Aufsicht eines Erwachsenen Zelten gehen.	Eltern	*Alternativen erforschen*: »Ich mache mir Sorgen, dass ein Notfall eintreten könnte und kein Erwachsener dabei ist, zu helfen. Deshalb kann ich nicht erlauben, dass ihr ohne Aufsicht eines Erwachsenen zeltet. Lass uns überlegen, wer mitkommen könnte.«

6 Sinnvolle Disziplin

Folgende Aspekte der Kindererziehung werden wir dazulernen:

☞ Der Zweck von Disziplin ist, unseren Kindern zu helfen, verantwortungsbewusst zu handeln.

☞ Durch Disziplin leiten wir unsere Kinder an, selbstständig richtige Entscheidungen zu treffen.

☞ Durch Konsequenzen können unsere Kinder lernen, zu kooperieren und verantwortungsbewusst zu handeln.

☞ Mit Konsequenzen zeigen wir Respekt vor allen Familienmitgliedern.

Wir haben viele Möglichkeiten betrachtet, eine gute Beziehung zu unserem Kind aufzubauen. Respekt und Ermutigung helfen unserem Kind dazuzugehören. Aktives Zuhören und »Ich-Aussagen« helfen uns und unserem Kind, über unsere Gefühle zu sprechen. Wahlmöglichkeiten helfen unserem Kind, Verantwortungsbewusstsein zu lernen. Indem wir unsere Reaktion ändern, zeigen wir unserem Kind, dass sich Fehlverhalten nicht auszahlt. All dies gehört zu der Art und Weise, wie wir Disziplin sinnvoll ausüben.

Sind Disziplin ausüben und Strafen das Gleiche?

Einige Leute denken, dass *Disziplin* ausüben das Gleiche ist wie *Strafen*. Das ist jedoch nicht der Fall. In Kapitel 1 haben wir darüber gesprochen, was Kinder durch die folgenden Erziehungsmethoden lernen:

- ✓ Strafe lehrt Kinder, ihre Eltern nicht zu mögen und sie zu fürchten. Dadurch nimmt das Selbstbewusstsein der Kinder Schaden. Außerdem leidet die gute Beziehung, die wir gerne zu unseren Kindern hätten.
- ✓ Strafe lehrt Kinder, dass sie andere strafen können, indem sie z.B. andere unterdrücken.
- ✓ Belohnungen lehren Kinder, sich immer wieder für neue Belohnungen anzustrengen. Kinder lernen jedoch nicht, wie sie kooperieren können.
- ✓ Um Kinder zu motivieren, müssen Belohnungen mit zunehmendem Alter der Kinder immer größer werden.

Was verstehen wir unter Strafe?

Strafe umfasst vieles:

Drohen, schreien und beschimpfen

Manchmal werden die Drohungen wahr gemacht, manchmal nicht. Schreien macht gewöhnlich alles schlimmer.

Die Kinder fangen möglicherweise an, *nur* noch zuzuhören, wenn wir schreien. Beschimpfungen beleidigen alle – Eltern *und* Kinder.

Sachen wegnehmen oder Privilegien entziehen

Oft entziehen Eltern ihren Kindern zur Strafe Dinge, die sie gerne mögen. Was weggenommen wird, hat oft nichts zu tun mit dem Fehlverhalten des Kindes. Es macht auch keinen Sinn, Hausarrest willkürlich für große und kleine Vergehen zu geben.

Schlagen

Schlagen zeigt Kindern, dass Gewalt eine Möglichkeit ist, Probleme zu lösen. Da Schläge Schmerzen bereiten, lernen Kinder, sich davor zu fürchten. Oft schlagen Eltern ein Kind aus Wut und fühlen sich später schuldig.

Was verstehen wir unter Disziplin?

Wenn wir Disziplin ausüben, ist es unser Ziel, Kindern *Selbstdisziplin* beizubringen. Disziplin hilft, Kinder dahin zu bringen, verantwortungsbewusster zu sein. Wenn Kinder Fehlverhalten zeigen, üben wir Disziplin aus, um ihnen zu helfen, einen besseren Weg zu wählen, dazuzugehören.

Unter der Ausübung von Disziplin verstehen wir gewöhnlich nicht nur eine einmalige Handlung oder Aussage. Es handelt sich vielmehr um einen Prozess. Eltern brauchen Zeit, um zu lernen, Disziplin sinnvoll auszuüben, Kinder brauchen Zeit, um zu lernen, diszipliniert zu sein.

Wie üben wir Disziplin sinnvoll aus?

Wegweiser für eine hilfreiche, sinnvolle Disziplin:

1. Wir zeigen Respekt vor unserem Kind und uns selbst.
2. Wir erwarten von unserem Kind, dass es kooperiert.

3. Wir geben Wahlmöglichkeiten.
4. Wir lassen Konsequenzen folgen.

Über Disziplin nachdenken

Denken Sie an ein Ereignis, bei dem Sie Disziplin ausgeübt haben ohne zu strafen.

✓ Was hat sich ereignet?

✓ Was haben Sie gemacht?

✓ Warum, glauben Sie, hat sich Ihr Kind entschieden, sich besser zu benehmen?

✓ Wie haben Sie und Ihr Kind sich danach gefühlt?

Was wäre geschehen, wenn Sie geschrieen, das Kind geschlagen oder ihm Hausarrest auferlegt hätten? Inwiefern wäre es anders gelaufen?

Wir setzen Grenzen und geben Wahlmöglichkeiten

Einige Eltern glauben, dass sie absolute Kontrolle über ihre Kinder haben müssen. Sie haben Angst, dass ihre Kinder *sie* kontrollieren, wenn ihnen das nicht gelingt. Auch Kinder wollen eine gewisse Kontrolle haben. Es hilft Kindern, verantwortungsbewusster zu handeln, wenn sie auf positive Art ein angemessenes Maß an Kontrolle ausüben können.

Wie können wir unserem Kind diese angemessene Kontrolle gewähren? Statt Befehle zu erteilen, setzen wir Grenzen. Wir lassen unserem Kind innerhalb dieser Grenzen die Wahl. *Das Festlegen von Grenzen gibt uns eine gewisse Kontrolle. Die Möglichkeit der Wahl verschafft unserem Kind ebenfalls eine gewisse Kontrolle.*

✓ »Du kannst mir streichen helfen, wenn du zuerst zuhörst und schaust, wie ich es mache, oder aber du findest etwas anderes zu tun. Du kannst dich entscheiden, du hast die Wahl.«

✓ »Du kannst zum Hockeytraining gehen, sobald du mit den Hausaufgaben fertig bist.«

✓ »Tanja kann die Nacht hier verbringen, wenn du versprichst, nicht mit dem Make-up deiner Schwester zu experimentieren.«

Denken Sie über Grenzen nach

Grenzen sind wichtig. Zum Beispiel:

✓ Vielleicht möchten manche Eltern, dass zwischen 14.00 und 15.00 Uhr zu Hause Ruhe herrscht, das Fernsehgerät ausgeschaltet ist. In dieser Zeit der Ruhe kann das Kind Hausaufgaben machen. Die Eltern können lesen, arbeiten und da sein, um dem Kind zu helfen.

✓ Andere Eltern möchten eine regelmäßige Schlafenszeit mit ihrem Kind vereinbaren. Das Kind geht zu dieser Zeit in sein Zimmer. Die Eltern können das Kind nicht zum Schlafen zwingen. Trotzdem wird dem Kind damit eine Grenze gesetzt – es muss in seinem Zimmer sein.

Denken Sie über weitere Situationen nach, in denen Sie Grenzen setzen, die Ihrem Kind helfen.

Wir lassen unser Kind aus den Konsequenzen lernen

Wenn wir das Verhalten unseres Kindes korrigieren müssen, können wir eine *Konsequenz* folgen lassen. Eine Konsequenz ist die *Folge der Wahl*, die das Kind getroffen hat.

Einige Konsequenzen ergeben sich von selbst

Konsequenzen, die sich von selbst als Folge einer Handlung ergeben, nennen wir *natürliche Konsequenzen.*

- ✓ Wenn Lisa kein Abendessen isst, wird sie hungrig sein, wenn sie ins Bett geht.
- ✓ Wenn Matthias keinen Regenmantel trägt oder keinen Schirm mitnimmt, wird er nass.
- ✓ Wenn Sandra mit ihrem Hund zu grob umgeht, wird er vielleicht nach ihr schnappen.

Wir schaffen logische Konsequenzen

Einige natürliche Konsequenzen sind allerdings gefährlich. Außerdem ziehen viele Verhaltensweisen keine natürlichen Konsequenzen nach sich. In diesen Fällen müssen wir *logische* Konsequenzen schaffen:

> BEISPIEL
>
> Am Montag hat Frau P. Nicola, ihre Tochter, freihändig mit dem Fahrrad fahren sehen. Frau P. sagt zu Nicola: »Freihändig zu fahren ist gefährlich. Du könntest die Kontrolle über das Fahrrad verlieren und von einem Auto angefahren werden. Du fährst mit beiden Händen an der Lenkstange oder du gehst zu Fuß zu deiner Freundin. Du hast die Wahl.«
>
> Nicola stimmt zu, beidhändig zu fahren. Aber am Dienstag sieht Frau P. sie wieder freihändig fahren. Frau P. sagt: »Ich sehe, du hast dich entschieden, heute zu Fuß zu gehen. Am Donnerstag kannst du dein Fahrrad wieder benutzen.«

Was unterscheidet eine Konsequenz von einer Strafe?

Durch folgende Aspekte unterscheiden sich Konsequenzen von Strafe:

- ✓ Sie zeigen Respekt für beide, sowohl für uns als auch für unser Kind.
- ✓ Sie passen zum Fehlverhalten.
- ✓ Sie richten sich gegen eine falsche Entscheidung (das Fehlverhalten) – nicht gegen das »böse« Kind.

- ✓ Sie beziehen sich auf die Gegenwart – nicht auf die Vergangenheit.
- ✓ Sie spiegeln unsere Haltung wider: Wir sind freundlich und bestimmt.

Mit Konsequenzen zeigen wir Respekt

Konsequenzen zeigen Respekt – sowohl für uns als auch für unser Kind:

> Beispiel
>
> Wir versuchen zu schlafen, bevor wir zur Nachtschicht gehen. Unser Sohn Sven hat den Fernseher auf volle Lautstärke gestellt. Er lacht aus vollem Hals. Wir schreien ihn nicht an: »Mach aus oder es passiert was!« Wir sagen stattdessen: »Scheint ein lustiges Programm zu sein. Aber ich brauche meinen Schlaf. Bitte stelle den Fernseher leiser oder finde etwas anderes zu tun.«

Konsequenzen passen zum Fehlverhalten

Konsequenzen sind sinnvoll, weil sie zum Verhalten passen.

> Beispiel
>
> Lars hat im ganzen Haus Unordnung gemacht. Frau V., seine Mutter, sagt nicht: »Kein Kino am Samstag!«. Ins Kino zu gehen, hat nichts mit der Unordnung zu tun. Stattdessen sagt Frau V.: »Wir wollen die Wohnung sauber halten. Bitte räume deine Sachen auf, sonst packe ich alles, was noch herumliegt, in einen Sack, der dann für drei Tage weg sein wird.«

Konsequenzen richten sich gegen eine falsche Entscheidung (das Fehlverhalten), nicht gegen das Kind

Konsequenzen sind die Folge einer falschen Entscheidung des Kindes – sie richten sich nicht gegen das »böse« Kind. Wir trennen die Tat vom Täter. Konsequenzen helfen uns dabei. Schließlich soll das Fehlverhalten – nicht das Kind – geändert werden! Konsequenzen geben dem Kind zu verstehen: »Ich mag nicht, was du tust, aber ich liebe dich trotzdem!«.

Beispiel

Valerie hat das Werkzeug ihres Vaters benutzt, ohne zu fragen. Alle Werkzeuge sind durcheinander. Der Hammer ist verschwunden. Herr S., ihr Vater, sagt nicht: »Valerie! Du räumst nie meine Sachen weg! Jetzt hast du auch noch meinen Hammer verloren!« Stattdessen sagt Herr S.: »Bitte hilf mir, das Werkzeug wieder zu sortieren. Du musst dir überlegen, wo du den Hammer gelassen hast.«

Wirksame Disziplin passt zum Fehlverhalten.

Konsequenzen beziehen sich auf die Gegenwart

Konsequenzen beziehen sich auf die gegenwärtige Situation – nicht auf die Vergangenheit.

Beispiel

Martin geht nach der Schule zu seinem Freund. Um 17.00 Uhr soll er zu Hause sein, um seine Hausaufgaben zu machen. Er kommt erst um 18.00 Uhr. Herr. G., sein Großvater, sagt nicht: »Du kommst immer zu spät! Wie oft müssen wir noch darüber sprechen? Du gehst diese Woche nirgends mehr hin, basta!«

Stattdessen sagt Herr G. zunächst gar nichts. Er macht Martin keine Vorwürfe, dass er sich nicht an die Abmachung gehalten hat. Er lässt sich nicht auf einen Machtkampf ein. Er weiß, dass Martin sich entschieden hat, zu spät nach Hause zu kommen. Am nächsten Tag will Martin wieder zu seinem Freund gehen. Herr G. sagt: »Es tut mir Leid, aber du hast dich noch nicht verantwortungsbewusst genug gezeigt, um rechtzeitig nach Hause zu kommen. Du kommst heute direkt von der Schule nach Hause. Morgen können wir es noch mal probieren.«

Konsequenzen spiegeln unsere Haltung wider: Wir sind freundlich und bestimmt

Dadurch zeigen wir Respekt und Fürsorge.

Beispiel

Philipp wünschte sich einen kleinen Hund. Er hat versprochen, für ihn zu sorgen. Als Frau D., seine Mutter, heute nach Hause kommt, stellt sie fest, dass der Hund hungrig ist. Er hat kein Wasser und er hat auf den Boden gemacht.

Frau D. kümmert sich um den Hund. Später möchte Philipp zusammen mit seinen Freunden mit dem Hund spielen. Frau D. sagt nicht in vorwurfsvollen Ton: »Nein. Du hast den Hund nicht gefüttert! Du hast ihn nicht Gassi geführt! Deshalb darfst du heute auch nicht mit ihm spielen!« Stattdessen spricht sie in sachlichem Ton mit ihm: »Philipp, du hast dich heute nicht um den Hund gekümmert, ihn nicht gefüttert und du bist nicht mit ihm Gassi gegangen. Wenn du dich morgen um ihn kümmerst, kannst du auch mit ihm spielen. Es ist deine Entscheidung.«

Konsequenzen lassen Freiraum für Entscheidungen

Durch die Entscheidungsmöglichkeit hat das Kind eine gewisses Maß an Kontrolle.

Beispiel

Wenn seine Söhne bei Tisch miteinander streiten, sagt Herr F., ihr Vater, nicht: »Hört sofort auf damit oder ihr geht ohne Abendessen ins Bett.« Stattdessen sagt er ruhig: »Seid bitte ruhig oder geht auf euer Zimmer, bis ihr soweit seid, mit uns in Ruhe zu essen. Ihr entscheidet.«

Wie Sie Konsequenzen einsetzen

1. **Geben Sie Wahlmöglichkeiten.** Nehmen Sie sich vor, die Wahl Ihres Kindes innerhalb der von Ihnen gesetzten Grenzen zu akzeptieren.
2. **Lassen Sie Konsequenzen folgen.** Sagen Sie Ihrem Kind, dass es zu einem späteren Zeitpunkt eine Chance bekommen wird, sich anders zu entscheiden.
3. **Geben Sie nicht auf.** Wenn Ihr Kind das gleiche Fehlverhalten wieder zeigt, muss Ihr Kind länger warten, bis es wieder einen Versuch machen darf.

Wie können wir Konsequenzen einsetzen?

Was ist zu beachten, wenn wir Konsequenzen einsetzen?

Wir sind freundlich und bestimmt

Die Worte *bestimmt* und *strikt* bedeuten nicht das Gleiche. Wenn wir strikt sind, zeigen wir, dass wir der Boss sind. Wenn wir bestimmt auftreten und handeln, zeigen wir, dass wir entschlossen sind, Kooperation erwarten und uns selbst respektieren.

Unser Ton und unsere Körperhaltung sind freundlich. Wir beweisen Entschlossenheit, indem wir Konsequenzen folgen lassen.

Beispiel
Gloria will, dass Theresa während der Schulwoche über Nacht bleibt. Frau E., Glorias Mutter, sagt: »Theresa darf bleiben, wenn ihr beide einverstanden seid, um 21 Uhr ins Bett zu gehen.« Um 21.15 Uhr spielen Gloria und Theresa noch immer sehr laut. Frau E. sagt: »Ihr habt euch also entschieden, dass Theresa nach Hause gehen soll. Ich werde ihren Vater anrufen und ihn bitten, sie abzuholen.«

Frau E. hält sich konsequent an die Abmachung. Sie kritisiert nicht die Entscheidung der beiden Mädchen. Sie bleibt freundlich und bestimmt. Frau E. hätte auch anders reagieren können. Vielleicht hätte es keine Möglichkeit gegeben, Theresa um 21.15 Uhr nach Hause zu bringen. Dann hätte Frau E. die Mädchen trennen können. Oft machen Kinder entscheidende Erfahrungen, wenn sie mit Konsequenzen konfrontiert werden. Wir erwarten von unseren Kindern, dass sie aus ihren »Fehlern«, ihren falschen Entscheidungen, lernen.

Sinnvolle Disziplin macht deutlich, dass Sie Kooperation erwarten.

Wir reden weniger und handeln mehr

Kinder hören auf zuzuhören, wenn Eltern zu viel reden. Die beste Zeit zum Reden ist dann, wenn wir und unser Kind ruhig und gelassen sind. Wenn wir Konsequenzen einsetzen wollen, reden wir so wenig wie möglich und lassen unsere Handlungen für sich sprechen.

Wir streiten uns nicht und geben nicht nach

Wir setzen Grenzen und lassen unser Kind darauf reagieren. Wir akzeptieren die Entscheidung unseres Kindes. Wir befinden uns nicht in einem Wettstreit und wir müssen deshalb nicht »gewinnen«. Unser Ziel ist es, unseren Kindern zu helfen, für ihr eigenes Verhalten, die Verantwortung zu übernehmen.

Beispiel

Toni fragt seine Mutter, Frau R., ob er mit seinem Freund Malik am Samstag ins Kino gehen darf. Frau R. sagt, er könne gehen, wenn er mit seinen Hausaufgaben fertig ist. Toni ist damit einverstanden. Am Samstag um 13 Uhr kommt Malik, um Toni abzuholen. Frau R. bittet Toni, ihr seine Hausaufgaben zu zeigen. Toni erwidert: »Ich mache sie heute Abend.« Frau R. meint dazu: »Es tut mir Leid, Toni, aber da du deine Hausaufgaben nicht gemacht hast, kannst du nicht ins Kino gehen.«

Toni beginnt zu betteln. Er sagt: »Oh, Mutti, heute Abend habe ich nichts zu tun, da kann ich sie doch machen.« »Nein.«, entgegnet Frau R., »Wir haben vereinbart, dass du deine Hausaufgaben vor dem Kino machst.« »Bitte, Mutti!«, jammert Toni. »Ich habe Malik versprochen, mit ihm zu gehen. Bitte lass mich gehen!«

Frau R. sagt nichts mehr. Sie verlässt einfach das Zimmer. Sie hört, wie Toni sich bei Malik beschwert. Sie hört ihn in der Küche herumstampfen, nachdem Malik gegangen ist. Aber sie sagt nichts mehr darüber zu ihrem Sohn.

Frau R. streitet sich nicht, aber sie gibt auch nicht nach. Sie lässt ihren Sohn innerhalb der von ihr gesetzten Grenzen entscheiden. Toni hat seine Hausaufgaben nicht gemacht, daraus schließt Frau R., dass er sich entschieden hat, nicht ins Kino zu gehen. Freundlich, aber bestimmt, lässt sie die Konsequenz folgen, die in Beziehung zu Tonis Verhalten steht.

Wenn Konsequenzen nicht greifen

Wenn der Einsatz von Konsequenzen keine Wirkung zeigt, stellen Sie sich folgende Fragen:

- ✓ War meine Haltung »offen«? Habe ich Wahlmöglichkeiten gegeben und die Entscheidung meines Kindes akzeptiert?
- ✓ Habe ich in freundlichem Ton gesprochen?
- ✓ Passt die Konsequenz zum Fehlverhalten?
- ✓ Habe ich mich an mein Wort gehalten und konsequent gehandelt?

Wir benutzen respektvolle Worte

Wenn wir Wahlmöglichkeiten geben, sprechen wir in einem freundlichen und ermutigenden Ton. Eine Möglichkeit wäre es, zu sagen: »Du darfst/kannst…« oder: »Du hast die Wahl. / Es ist deine Entscheidung. / Es liegt in deiner Hand. / Die Entscheidung liegt bei dir.«

- ✓ »Du kannst mit uns essen, wenn du höflich bist, oder du kannst den Tisch verlassen. Du entscheidest.«
- ✓ »Du kannst dich an die Regeln halten, die im Schulbus gelten, oder von der Schule zu Fuß nach Hause kommen. Du hast die Wahl.«

Eine andere Möglichkeit wäre: »Du darfst/kannst..., wenn...«

- ✓ »Du darfst Stephanie und Caroline einladen, wenn du damit einverstanden bist, deine Schwester nicht auszuschließen.«
- ✓ »Du kannst eine Pizza machen, wenn du die Küche so verlässt, wie du sie vorgefunden hast.«

Wir respektieren die Entscheidung

Unser Kind könnte die Konsequenz benutzen, um zu testen, ob wir tatsächlich meinen, was wir sagen.

Wenn dies passiert, akzeptieren wir die Entscheidung unseres Kindes. Wir sagen zum Beispiel einfach: »Dein Verhalten zeigt mir, dass du dich entschieden hast, morgen zu Hause zu bleiben«. oder: »In Ordnung, du hast dich entschieden, zu spät vom Spielplatz nach Hause zu kommen. Morgen gehst du nicht auf den Spielplatz. Übermorgen kannst du es dann noch mal probieren.« Wir achten darauf, dass wir durch unseren Tonfall, Gesichtsausdruck und unsere Körperhaltung Respekt zeigen.

Wir sagen es deutlich, wenn es keine Wahlmöglichkeit gibt

Oft bieten Eltern Wahlmöglichkeiten an, die sie nicht wirklich akzeptieren können. Wenn es wirklich keine Wahl gibt, tun wir nicht so, als ob es so wäre, denn dies schafft nur weitere Probleme. Stattdessen ist es wichtig, dass wir klar und deutlich sagen, was wir erwarten.

Beispiel

Herr A. nimmt seine Kinder mit ins Schwimmbad. Er muss um 18 Uhr zur Arbeit. Um 17 Uhr müssen sie gehen, damit Herr A. noch rechtzeitig zur Arbeit kommt.

Herr A. sagt nicht: »Es ist Zeit nach Hause zu gehen – okay?« »Okay« klingt, als ob es eine Wahl gäbe. Er sagt auch nicht: »Seid ihr soweit, dass wir nach Hause gehen können?« Wenn die Kinder das hören, antworten sie vielleicht: »Nein, noch nicht.«

Stattdessen sagt Herr A. um 16.50 Uhr: »Wir müssen in 10 Minuten gehen, trocknet euch bitte ab.« Um 17 Uhr sagt er: »Es ist Zeit zu gehen.«

Wenn die Kinder nicht freiwillig kommen, könnte Herr A. folgende Wahlmöglichkeiten anbieten: »Wir gehen jetzt auf jeden Fall. Ihr könnt jetzt freiwillig kommen oder wir werden nächstes Wochenende gar nicht erst schwimmen gehen. Die Entscheidung liegt bei euch.«

Wenn die Kinder nicht kooperieren, wird Herr A. sich an die Konsequenzen halten müssen. Am folgenden Wochenende wird er sagen: »Heute werden wir nicht schwimmen gehen, aber wir werden es am nächsten Wochenende noch einmal probieren.«

Verhandeln Sie über Konsequenzen

Es ist wichtig, mit älteren Kindern über Konsequenzen zu verhandeln. Es ist wahrscheinlicher, dass sie sich an Konsequenzen gebunden fühlen, an deren Festsetzung sie mitgewirkt haben. Fragen Sie Ihre Kinder, was sie als fair erachten oder was sie tun würden, wenn sie selbst Eltern wären. Wenn sich das Kind weigert, sich bei der Festlegung der Konsequenz zu beteiligen oder unakzeptable Vorschläge macht, müssen Sie die Konsequenz festlegen.

Manchmal brauchen Sie keine Verhandlungen zu führen. Vielleicht ist das Problem zu klein oder zu ernst oder es bieten sich nur wenige Wahlmöglichkeiten an.

Es wird viele Möglichkeiten geben, Ihr Kind am Festlegen von Konsequenzen zu beteiligen.

Wir lassen alle Kinder verantwortlich sein

Oft ereignet sich ein Problem innerhalb einer Gruppe von Kindern. Die Eltern können nicht immer wissen, wer Fehlverhalten gezeigt hat. Wenn dies geschieht, versuchen wir nicht, die schuldige Person zu finden. Wir hören es uns nicht an, wenn Kinder einander anschwärzen. Wir lassen die Kinder entscheiden, wie sie das Problem handhaben wollen:

Beispiel

Frau Rebecca W. hat drei Kinder im Alter von acht, neun und elf Jahren. Frau W. ist gewöhnlich am späten Nachmittag zu Hause. Ihre Kinder bringen oft Freunde nach Hause mit, um Playstation zu spielen. Jedes Mal findet Frau W. danach Obstreste, Tassen, Bonbonpapier und Krümel überall im Wohnzimmer verstreut. Eines Nachmittags sagt sie zu den Kindern: »Wenn ihr etwas essen wollt, während ihr spielt, müsst ihr hinterher sauber machen.«

Am nächsten Abend stellt Frau W. fest, dass ein Teil der Unordnung beseitigt ist, aber nicht alles. Sie versucht nicht herauszufinden, wer was gemacht hat. Stattdessen entscheidet sie, dass die Kinder am nächsten Tag nicht im Wohnzimmer essen dürfen. Sie ist überzeugt, dass die Kinder gemeinsam einen Weg finden werden. Sie überlegen selbst, was sie tun könnten, um wieder im Wohnzimmer essen zu dürfen.

Was ist sinnvoll?

Wir setzen Konsequenzen ein, die zum jeweiligen Fehlverhalten passen – diese Art von Disziplin ist sinnvoll. Das bedeutet, dass jede Konsequenz anders ist. Es hängt davon ab, um welches Fehlverhalten es sich handelt.

Beispiel

Wenn unser Kind kein Abendessen zu sich nehmen will, schicken wir es nicht ins Bett. Zu Bett gehen hat nichts mit Essen zu tun. Stattdessen akzeptieren wir, was unser Kind vom angebotenen Essen haben möchte. Wir könnten sagen: »Das ist alles, was es heute Abend gibt. Es wird erst zum Frühstück wieder etwas zu essen geben.«

Wir erinnern uns daran, dass wir nicht versuchen, unser Kind zum Essen zu *zwingen*. Wir wollen unserem Kind beibringen, Entscheidungen zu treffen und daraus zu lernen.

**Das Ziel von Disziplin ist es,
Selbstdisziplin zu lehren.**

Wir machen uns keine Sorgen darüber, was andere denken

Manchmal gehen unsere Kinder bis an die Grenzen, wenn andere Leute anwesend sind. Dadurch stellen sie ihre Eltern auf die Probe. Es ist wichtig, konsequent zu handeln.

Beispiel

Philipp und Nicholas sind zehn. Sie spielen im gleichen Fußballteam. Herr K., Philipps Vater, sitzt neben Frau T., Nicholas' Mutter, sie schauen beim Fußballspiel zu. Nach dem Spiel wollen die Jungs ins Kino gehen.

Frau T. hat sich angeboten, sie hinzubringen und auch wieder abzuholen. Herr K. fragt Philipp: »Welchen Film wollt ihr sehen?« »Zombieland», erwidert Philipp. Herr K. antwortet: »Dieser Film ist zu gewalttätig, Philipp. Ihr könnt euch einen anderen aussuchen.« »Oh, Papa«, jammert Philipp, »das ist nicht fair. Nicholas hat den Film schon mal gesehen und er sagt, er ist wirklich voll cool. Bitte, lass mich mitgehen!«

Frau T. sagt zu Herrn K.: »Ich habe ihn mit Nicholas gesehen und ich fand ihn nicht so schlecht.« »Ja, Papa«, bettelt Philipp, »komm, ich bin kein Baby mehr.« Aber Herr K. hält an seiner Meinung fest. Er sagt zu Frau T.: »Es ist sehr nett von Ihnen, dass Sie die Jungs zum Kino fahren wollen. Aber ich möchte nicht, dass Philipp diesen Film sieht. Er kann sich einen anderen Film aussuchen oder heute Abend zu Hause bleiben.« »Das ist nicht fair!«, schreit Philipp. »Wenn Nicholas gehen kann, warum darf ich dann nicht?«

Herr K. bleibt ruhig: »Ich sehe, du hast dich entschieden, den heutigen Abend zu Hause zu verbringen. Bitte hole deine Handschuhe und deine Mütze und lass uns gehen.«

An unserer Meinung festzuhalten, wenn andere Eltern uns unter Druck setzen, ist nicht einfach. Aber diese Erfahrung ist sehr wichtig für unser Kind. Unsere Grenzen sind klar und deutlich.

Manchmal finden Eltern das Verhalten ihres Kindes peinlich. Sie glauben, dass es die Eltern bloßstellt. Aber Kinder werden nicht immer so handeln, wie wir es gerne hätten. Wenn das geschieht, sind wir nicht immer die Ursache dafür.

Möglicherweise sind andere Eltern anderer Meinung, was sinnvolle Disziplin betrifft.

Wir bleiben ruhig

Wenn wir schreien, nörgeln oder drohen, verwandeln wir eine Konsequenz in eine Strafe. Wir bleiben ruhig. Wir sind beides, freundlich und bestimmt. Wir zeigen Respekt vor uns selbst und vor unserem Kind.

Wenn wir wütend sind und es schwer finden, ruhig zu bleiben, *warten* wir. Wir sagen nichts. Wir gehen in ein anderes Zimmer, um uns zu beruhigen. Wenn wir den Raum nicht verlassen können, sagen wir zu unserem Kind: »Ich bin zu wütend, um jetzt darüber zu reden. Wir werden ein anderes Mal darüber sprechen.« Wir atmen tief durch und denken daran, welche Wahlmöglichkeiten wir geben können, wenn wir uns wieder beruhigt haben. Nachdem wir das Fehlverhalten korrigiert haben, achten wir besonders auf positives Verhalten. Das hilft, die Tat vom Täter zu trennen.

Wir sind geduldig

Konsequenzen führen dazu, dass Fehlverhalten seltener auftritt, sie werden es jedoch nicht vollständig ausschließen können. Wie bei jeder Entwicklung wird es einige Zeit dauern, denn schließlich verändern wir unsere Verhaltensmuster. Außerdem ist es möglich, dass das Kind unsere Grenzen testen will. Wir erinnern uns an Folgendes:

Geduld + Übung = Ein Fortschritt für uns und unser Kind auf dem Weg zu einer besseren Beziehung zueinander.

Wenn Eltern nicht der gleichen Meinung sind

Eltern sind nicht immer einer Meinung, was Disziplin angeht. Wenn dies bei einer Familie der Fall ist, dann muss jeder Elternteil mit den Kindern nach seiner eigenen Art verfahren, denn wenn sich Eltern über Disziplin streiten, ist das nicht gut für die Kinder. Kinder gewöhnen sich an unterschiedliche Erziehungsmethoden und lernen, sich anzupassen. Es ist viel wichtiger, den Kindern Kooperation und gegenseitigen Respekt vorzuleben – so gut wir eben können.

Üben Sie, wie Sie sich am besten ausdrücken

Wenn Sie eine Konsequenz festsetzen, verfolgen Sie das Ziel, Ihr Kind etwas lernen zu lassen. Dabei sind drei Dinge wichtig:

- ✓ Ihre Tonlage,
- ✓ Ihre Körpersprache,
- ✓ die Worte, die Sie wählen.

Denken Sie an ein Problem, das Sie mit Ihrem Kind haben. Überlegen Sie sich respektvolle Worte, mit denen Sie Wahlmöglichkeiten geben. Üben Sie vor dem Spiegel.

Leben in der Patchwork-Familie

Möglicherweise akzeptieren Kinder Disziplin von Stiefeltern nicht. In diesem Fall ist es am besten, die Ausübung der Disziplin dem leiblichen Elternteil zu überlassen, solange sich keine besonderen Probleme zwischen Stiefeltern und Kind ergeben. Wenn sich die Beziehungen gebessert haben, können Stiefeltern die gleiche Rolle bei der Anwendung sinnvoller Disziplin – mit dem Ziel der Selbstdisziplin – übernehmen wie die leiblichen Eltern.

STEP ERMUTIGUNG

Beachten Sie, wenn Ihr Kind versucht, etwas Gutes zu tun. Konzentrieren Sie sich auf die Bemühung. Sprechen Sie ihm Mut zu. Zum Beispiel:

- ✓ »Du hast viel Zeit damit verbracht, das Modellflugzeug anzufertigen.«
- ✓ »Du fühlst dich gut, weil du Fortschritte machst.«
- ✓ »Das sieht nach einem guten Anfang aus.«

Nehmen Sie besonders zur Kenntnis, wenn Ihr Kind sich bemüht zu kooperieren.

Sie haben einen weiteren, den sechsten großen Schritt gemacht

In Kapitel 6 haben Sie eine Art von Disziplin kennen gelernt, die sinnvoll ist:

- ✓ Sie haben den Unterschied zwischen Strafe und Disziplin kennen gelernt.
- ✓ Sie haben gelernt, Grenzen zu setzen und Wahlmöglichkeiten zu geben.
- ✓ Sie haben erkannt, dass Sie Ihr Kind zur Selbstdisziplin erziehen können, indem Sie ihm mit Respekt und Entschlossenheit begegnen.
- ✓ Sie haben über Wahlmöglichkeiten nachgedacht, die Sie Ihrem Kind geben könnten.
- ✓ Sie haben die Bedeutung von Geduld, Ausdauer und Berechenbarkeit erkannt.

FÜR IHRE FAMILIE

Setzen Sie die Familienkonferenzen fort. Diskutieren Sie Konsequenzen für nichteingehaltene Vereinbarungen. Wenn Sie Konsequenzen diskutieren, sagen Sie: »Wir alle vergessen manchmal etwas. Was sollte geschehen, wenn jemand unsere Vereinbarung vergisst?« Möglicherweise kommen die Kinder mit der Idee zu strafen: »Sie sollen verprügelt werden.« Sollte dies der Fall sein, sagen Sie den Kindern, dass Ihnen diese Lösung nicht zusagt und entwickeln Sie zusammen Alternativen. Bei den häuslichen Arbeiten entscheiden sich viele Familien für die Regel: »Erst die Arbeit, dann das Vergnügen«. Bevor sich die einzelnen Familienmitglieder vergnügen, müssen die anstehenden Aufgaben erledigt sein. Diese Regel gilt für Eltern genauso wie für Kinder.

AUFGABE DER WOCHE

Wählen Sie *ein* Disziplinproblem, an dem Sie arbeiten möchten. Beginnen Sie nicht mit dem schwierigsten! Überlegen Sie sich Konsequenzen, die Sie verwenden könnten. Überlegen Sie sich, was Sie sagen und tun könnten, wenn Sie Wahlmöglichkeiten anbieten. Seien Sie berechenbar, freundlich und bestimmt. Lassen Sie die Kinder die Konsequenzen ihres Verhaltens erfahren!

NUR FÜR SIE

DIE **Rechte** VON ELTERN UND KINDERN

Eltern und Kinder haben Rechte. Das eigene Leben nur auf die Kinder auszurichten, ist nicht fair, weder Ihnen noch den Kindern gegenüber.

Als Eltern haben Sie ein Recht auf:

- ✓ Freundschaften,
- ✓ Privatleben,
- ✓ Zeit für sich selbst,
- ✓ Respekt vor Ihrem Eigentum,
- ✓ ein Leben auch ohne die Beteiligung Ihrer Kinder.

Ihr Kind hat ein Recht auf:

- ✓ ein sicheres und liebevolles Zuhause,
- ✓ Freundschaften außerhalb der Familie,
- ✓ Privatleben,
- ✓ Respekt vor seinem Eigentum.

Diese Rechte können in einem Ausdruck zusammengefasst werden: **gegenseitiger Respekt**.

Diese Woche achten Sie besonders auf die Einhaltung dieser Rechte.

Was können Sie tun, um Respekt vor den Rechten Ihres Kindes zu zeigen?

Zusammenfassung

1. Disziplin hilft Kindern, Kooperation, Selbstkontrolle und Selbstdisziplin zu lernen.

2. Die Bausteine für wirksame Disziplin lauten wie folgt:

   Zeigen Sie Respekt vor sich und Ihrem Kind.

   Erwarten Sie Kooperation von Ihrem Kind.

   Geben Sie Wahlmöglichkeiten.

   Lassen Sie Konsequenzen folgen.

3. Statt Befehle zu erteilen, setzen Sie Grenzen und geben Sie Wahlmöglichkeiten. Grenzen und Wahlmöglichkeiten geben jedem ein gewisses Maß an Kontrolle.

4. Eine Konsequenz ist die Folge einer Wahl, die ein Kind getroffen hat.
   Konsequenzen

   vermitteln Respekt vor Eltern und Kind;

   passen zum Fehlverhalten;

   richten sich gegen falsche Entscheidungen (das Fehlverhalten), nicht gegen das »böse« Kind;

   beziehen sich auf die Gegenwart, nicht auf die Vergangenheit;

   spiegeln unsere Haltung wider: Wir sind freundlich und bestimmt;

   lassen Freiraum für Entscheidungen.

5. Um Konsequenzen benutzen zu können, geben Sie Wahlmöglichkeiten und akzeptieren Sie die Wahl Ihres Kindes.

6. Es folgen einige Richtlinien für die Benutzung von Konsequenzen:

   Seien Sie freundlich und bestimmt.

   Reden Sie weniger und handeln Sie mehr.

   Streiten Sie nicht und geben Sie nicht nach.

   Benutzen Sie respektvolle Worte.

   Respektieren Sie die Wahl Ihres Kindes.

   Sagen Sie klar und deutlich, wenn es keine Wahl gibt.

   Lassen Sie alle Kinder für ihre Entscheidungen verantwortlich sein.

   Machen Sie sich keine Sorgen darüber, was andere denken.

   Bleiben Sie ruhig.

7. Seien Sie geduldig mit sich und mit Ihrem Kind.

Tabelle 6

Konsequenzen und tägliche Routine

Tageszeit	Tätigkeit oder Problem	Wahlmöglichkeiten (Zeigen Sie Respekt durch Ton und Körperhaltung. Erwarten Sie Kooperation)	Konsequenzen (Vorschläge, die Ihnen helfen, die für Ihre Familie passenden Lösungen zu finden) Überlegen Sie, welche in Ihre Familie passen!
Am Morgen	Rechtzeitiges Aufstehen	»Du kannst rechtzeitig aufstehen oder früher zu Bett gehen.«	Wenn das Kind zu spät aufsteht, geht es an diesem Abend früher in sein Zimmer.
		»Du kannst den Wecker stellen und rechtzeitig aufstehen oder auf das Frühstück verzichten. Es ist deine Wahl.«	Wenn das Kind zu spät aufsteht, verzichtet es auf sein Frühstück.
	Frühstücken	»Du kannst entweder frühstücken oder dir etwas Gesundes zu essen mitnehmen.«	Wenn das Kind das Frühstück versäumt, nimmt es vitaminreiche Nahrung mit.
	Schulsachen vorbereiten	»Du kannst rechtzeitig aufstehen, um alles einzupacken, oder du packst am Abend vorher.«	Wenn das Kind die Sachen nicht einpackt, geht es ohne diese Schulsachen und wird in der Schule mit den Konsequenzen konfrontiert werden.
		»Ich gehe zur Arbeit, bevor du aufstehst. Ich kann die Erlaubnis für den Ausflug nur am Abend vorher unterschreiben.«	Wenn das Kind die Erlaubnis nicht unterschreiben lässt, geht es nicht beim Ausflug mit.
Nach der	Fernsehen	»Du kannst entweder nach der Schule oder vor dem Abendessen eine Stunde fernsehen.«	Wenn die Zeit um ist und das Kind nicht selbst abstellt, schalten die Eltern das Gerät kommentarlos (ruhig, ohne Vorwürfe) ab.
		»Du kannst Sendungen sehen, mit denen wir einverstanden sind, oder du findest etwas anderes zu tun.«	Wenn das Kind streitet oder Programme schaut, die nicht verabredet waren, schalten die Eltern das Gerät kommentarlos aus und das Kind findet etwas anderes zu tun.

Schule	Hausaufgaben	»Du kannst deine Hausaufgaben direkt nach dem Mittagessen oder nach dem Spielen machen, spätestens aber um 17 Uhr. Du hast die Wahl.«	Wenn das Kind die Hausaufgaben erst spät am Abend oder gar nicht macht, werden die Hausaufgaben am nächsten Tag direkt nach dem Mittagessen erledigt. Zu diesem Zeitpunkt gibt es keine Wahl.
		»Ich kann dich um 17 Uhr aus der Stadt mitnehmen oder du kannst mit dem Bus nach Hause fahren.«	Das Kind ist rechtzeitig am Treffpunkt oder es nimmt den Bus.
Am Abend	Telefon	»Du kannst telefonieren, nachdem du deine Hausaufgaben gemacht hast.«	Wenn das Kind das Telefon benutzt, bevor es die Hausaufgaben zuende gemacht hat, darf es das Telefon an diesem Tag nicht mehr benutzen.
		»Du kannst deine Hausaufgaben mit deiner Freundin am Telefon besprechen, wenn du in 20 Minuten fertig bist.«	Wenn die Zeit um ist, unterbrechen die Eltern das Kind respektvoll, das Gespräch muss beendet werden.
	Küchenarbeiten	»Bitte spüle das Geschirr. Wir haben bald kein sauberes Geschirr mehr.«	Wenn das Kind das Geschirr nicht abwäscht, lassen die Eltern das schmutzige Geschirr stehen. Kurz vor der nächsten Mahlzeit wird das Kind freundlich und bestimmt aufgefordert, seine Aufgabe zu erfüllen.
	Aktivitäten	»Du kannst dich für Basketball oder Fußball eintragen. Es ist deine Entscheidung.«	Wenn das Kind sich nicht entscheidet, nimmt das Kind nicht teil oder die Eltern entscheiden für das Kind.
		»Du darfst in der Band mitspielen, wenn du versprichst zu üben. Es liegt an dir.«	Wenn das Kind nicht übt, geben die Eltern das Instrument zurück.
		»Du kannst zum Einkaufszentrum gehen, wenn Toms Vater oder seine ältere Schwester euch begleiten.«	Wenn das Kind ohne die Begleitung eines Erwachsenen geht, darf das Kind das nächste Mal nicht mehr mit seinem Freund ins Einkaufszentrum. Die Eltern setzen eine Zeit fest, wann wieder ein Versuch gemacht wird.
	Schlafenszeit	»Du kannst ins Bett gehen oder in deinem Zimmer ruhig spielen.«	Wenn das Kind zu lange in seinem Zimmer liest oder spielt, erfolgt die natürliche Konsequenz, dass es am Morgen müde ist.
		»Du kannst alleine zu Bett gehen oder ich begleite dich.«	Wenn das Kind nicht alleine zu Bett geht, bringen die Eltern das Kind in sein Zimmer.

7 Was machen wir, wenn...?

Mit folgenden Aspekten der Kindererziehung werden wir uns in diesem Kapitel befassen:

- ☞ Unsere Vorgehensweise hängt von der jeweiligen Situation ab.
- ☞ Um zu entscheiden, wie wir vorgehen, fragen wir uns, wessen Problem es ist, was das Ziel des Kindes ist, was unsere Absicht ist und wie wir am besten helfen können.
- ☞ Was die Schularbeit betrifft, ist es unsere Aufgabe, die Voraussetzungen zu schaffen, unter denen das Kind lernen kann und will.
- ☞ Wir können von unseren Kindern erwarten, miteinander auszukommen und ihre eigenen Probleme selbst zu lösen.
- ☞ Wir können unsere durch STEP erworbenen Fähigkeiten und erlernten Methoden benutzen, um unserem Kind zu helfen, ernste Sicherheitsrisiken zu vermeiden.

Wir haben bislang vier Vorgehensweisen kennen gelernt, unserem Kind zu helfen, sich für besseres Verhalten zu entscheiden:

1. »Aktives Zuhören«, wenn es sich um ein Problem unseres Kindes handelt.
2. »Ich-Aussagen«, um mitzuteilen, wie wir uns fühlen, wenn es sich um unser Problem handelt.
3. Alternativen erforschen, unabhängig davon, um wessen Problem es sich handelt.
4. Wahlmöglichkeiten anbieten, die abhängig davon sind, um wessen Problem es sich handelt.

Wie entscheiden wir, was wir tun sollen?

Die Entscheidung, wie wir reagieren, hängt von der jeweiligen Situation, dem jeweiligen Kind und unseren Wertvorstellungen ab. Manchmal wenden wir nur eine STEP Fertigkeit an, manchmal alle.

Beispiel

Simon ist elf Jahre alt und lässt seine Sachen überall herumliegen. Schuhe, Mützen, Bücher und Essensreste sind überall verstreut. Frau Z., seine Mutter, benutzt eine »Ich-Aussage«: »Wenn diese Sachen nicht aufgehoben werden, bin ich verärgert. Wenn ich nach Hause komme, möchte ich in eine saubere Wohnung kommen.« Simon sagt: »Ich weiß, es tut mir Leid. Ich werde es besser machen.« »Gut«, erwidert Frau Z. »Danke«.

An diesem Abend hebt Simon die meisten Sachen auf und bringt sie in sein Zimmer. Am nächsten Tag jedoch lässt er sie wieder herumliegen. Frau Z. entscheidet sich, bei der nächsten Familienkonferenz über Alternativen zu sprechen. Frau Z. sagt deswegen: »Simon, wenn unsere Abmachungen nicht eingehalten werden, fühle ich mich, als ob das, was ich sage, überhaupt nicht zählen würde.« Simon entgegnet: »Warum muss alles perfekt sein?«

Bei der Familienkonferenz hört Frau Z. aktiv zu. Sie sagt: »Du bist ärgerlich, weil du denkst, dass es unvernünftig von mir ist, eine saubere Wohnung haben zu wollen?« »Ja«, sagt Simon. »Ich mag es, wenn es ein bisschen unordentlich ist. Ich finde es gemütlich.« Herr Z. wirft ein: »Simon, deine Mutter und ich arbeiten hart, um unser Zuhause sauber und ordentlich zu halten. Wir kommen einfach gerne in ein sauberes Heim.« »Aber es ist auch mein Zuhause«, erwidert Simon, »und ich hasse es, wenn deswegen dauernd genörgelt wird.« Frau Z. stellt fest: »Gut, wir müssen also einen Weg finden, der für uns alle annehmbar ist. Was glaubst du, könnten wir tun? Hast du einen Vorschlag?«

Simon und seine Eltern überlegen sich einige Alternativen. Alle stimmen schließlich folgendem Plan zu: Nach der Schule wird sich Simon eine halbe Stunde ausruhen, dann wird er seine Sachen wegräumen. Seine Eltern werden ihn nicht nochmals auf seine Aufgabe hinweisen. So lange Wohnzimmer, Bad und Küche sauber bleiben, kann Simon in seinem eigenen Zimmer so unordentlich sein, wie er will. Sie kommen überein, diesen Plan eine Woche lang auszuprobieren.

An den zwei folgenden Tagen hebt Simon seine Sachen auf. Aber bald liegen sie wieder herum. Wie verabredet sagen Herr und Frau Z. nichts zu ihm. Am Ende der Woche fragt Herr Z.: »Wie, glaubst du, hat unser Plan funktioniert?« Jeder schaut sich das unordentliche Wohnzimmer an. Simon meint dazu: »Es ist schwer, alles aufzuräumen. Ich bin müde nach der Schule.«

Frau Z. fragt Simon nach weiteren Lösungsvorschlägen. Er hat jedoch keine weiteren Ideen anzubieten. Frau Z. bleibt freundlich, aber gleichzeitig ist sie entschlossen. Sie sagt: »Simon, es scheint mir, du glaubst, wir sind gemein, weil wir darauf bestehen, dass du unsere Abmachung einhältst. Aber dein Vater und ich haben ein Recht auf ein ordentliches Zuhause. Du hast die Wahl: Du kannst alles aufheben wie verabredet, oder ich räume alles weg und behalte die Sachen, bis ich feststelle, dass du dein Verhalten geändert hast. Es ist deine Entscheidung.«

Daraufhin spielt Simon verrückt. Er schreit: »Ihr könnt mir nicht einfach meine Sachen wegnehmen!« Herr Z. bleibt ruhig. Er fragt Simon: »Hast du irgendwelche anderen Vorschläge, wie wir das Problem lösen können?« »Nein!«, brüllt Simon. »Ihr könnt keine Sachen behalten, die mir gehören!« Herr und Frau Z. sagen nichts mehr. Sie stehen auf und gehen spazieren.

Diese Eltern müssen alle STEP Fertigkeiten benutzen, um mit dem Verhalten von Simon umzugehen. Sie entscheiden, welche Fertigkeit sie in der jeweiligen Situation anwenden.

Zuerst benutzt Frau Z. eine »Ich-Aussage«

Die »Ich-Aussage« hätte das Problem lösen können. Ein paar Tage später hätte Frau Z. dann sagen können: »Simon, ich weiß es zu schätzen, dass du deine Sachen immer aufgeräumt hast.« Aber die »Ich-Aussage« hat das Problem nicht gelöst. Deswegen probiert Frau Z. eine andere Methode aus.

Frau Z. hört aktiv zu

Das aktive Zuhören zeigt Simon, dass seine Mutter seine Gefühle respektiert und dass sie von ihm Kooperation erwartet. Auch daraufhin hätte das Problem gelöst sein können. Es hat jedoch nicht funktioniert und deshalb entscheiden sich Herr und Frau Z. für eine andere Vorgehensweise.

Die Familie erforscht Alternativen

Die Eltern verhalten sich weiterhin respektvoll. Sie fragen Simon nach weiteren Vorschlägen. Da ihm nichts einfällt, schlagen sie Alternativen vor. Sie überlegen das Für und Wider des jeweiligen Vorschlags und stimmen schließlich einem Plan zu. Wenn Simon sich an die Vereinbarung gehalten hätte, wäre damit das Problem gelöst gewesen. Da sich Simon jedoch nicht daran gehalten hat, beschließen seine Eltern, mit STEP Disziplin auf sinnvolle Weise auszuüben.

Frau und Herr Z. geben Simon eine Wahlmöglichkeit

Sie sind dabei freundlich und bestimmt. Als Simon zu streiten beginnt, weigern sie sich, sich auf den Machtkampf einzulassen. Was passiert, wenn Simon seine Sachen wieder nicht wegräumt? Dann müssen die Eltern das tun, was sie angekündigt haben.

Herr und Frau Z. müssen konsequent handeln

Sie behalten die Sachen ein, die Simon herumliegen lässt. Simon wird dann ein Lieblingsspielzeug oder wichtige Unterlagen für die Schule vermissen. Es könnte sein, dass er dann seine Sachen aufräumt.

Trotzdem braucht Simon Ermutigung

Herr und Frau Z. müssen Wege finden, Simon zu ermutigen, wenn er kein Fehlverhalten zeigt. Wie können sie ihn ermutigen?

- ✓ Indem sie seinen Bemühungen Beachtung schenken.
- ✓ Indem sie Simon zeigen, dass sie ihn schätzen.
- ✓ Indem sie ihn um Hilfe bitten.
- ✓ Indem sie Simon auffordern, an Entscheidungen teilzunehmen, die die Familie betreffen.

Auf diese Weise können Herr und Frau Z. Simon helfen, sich für besseres Verhalten zu entscheiden.

Es wird einige Zeit dauern

Wenn seine Eltern nicht aufgeben, sollte ihre Beziehung mit Simon besser werden. Mit der Zeit stellen sie möglicherweise fest, dass sie Konsequenzen immer weniger benutzen müssen. Simon wird seinen Eltern mehr Respekt entgegenbringen. Er wird wissen, dass seine Eltern die angekündigten Konsequenzen folgen lassen, wenn es sein muss. Möglicherweise entscheidet er sich, sein Verhalten zu ändern, bevor die Konsequenz erfolgt.

Wir entscheiden, was wir tun sollen

Wann immer es ein Problem mit unserem Kind gibt, entscheiden wir zunächst, wessen Problem es ist. Wir fragen uns:

1. Werden meine Rechte missachtet?
2. Ist unser Kind zu jung, um für dieses Problem verantwortlich zu sein?
3. Könnte jemand verletzt werden?
4. Könnte das Eigentum von jemandem beschädigt werden?

- ✓ Wenn die Antwort auf *eine* dieser Fragen »ja« ist, dann ist es das Problem der Eltern.
- ✓ Wenn die Antwort auf *alle* Fragen »nein« ist, dann ist es das Problem des Kindes.

Wenn es sich um ein Problem unseres Kindes handelt, könnten wir wie folgt handeln, um das Problem zu lösen: Wir können beschließen, es zu ignorieren, aktiv zuzuhören oder anzubieten, Alternativen zu erforschen.

Wenn es sich um ein Problem der Eltern handelt, müssen wir uns darüber klar werden, was das Ziel unseres Kindes ist. Wir achten darauf, wie wir uns fühlen und reagieren anders als unser Kind erwartet. Wir denken über unsere Absicht nach:

- ✓ Wollen wir unserem Kind dauernd Aufmerksamkeit schenken oder ihm helfen, selbstbewusst zu werden?
- ✓ Wollen wir ihm zeigen, wer das Sagen hat, oder wollen wir unserem Kind helfen, selbstständig und verantwortungsbewusst zu sein?

- ✓ Wollen wir uns an unserem Kind rächen oder ihm zeigen, dass wir es verstehen?
- ✓ Wollen wir unser entmutigtes Kind aufgeben oder ihm helfen, Selbstvertrauen zu gewinnen?

Wenn es das Problem erlaubt, ignorieren wir das Fehlverhalten. Wenn nicht, dann verwenden wir »Ich-Aussagen« um mitzuteilen, wie wir uns fühlen. Wir erforschen Alternativen, um Konflikte zu lösen. Wenn es nötig ist, bieten wir Wahlmöglichkeiten an und lassen unsere Kinder aus den Konsequenzen lernen. Wir sind dabei beides, sowohl entschieden als auch respektvoll.

Sinnvolle Disziplin bezieht sich auf das Fehlverhalten.

Denken Sie darüber nach, was Sie tun wollen

Denken Sie an ein Problem, das Sie mit Ihrem Kind zu Hause haben. Entscheiden Sie, um wessen Problem es sich handelt. Denken Sie über Ihre Absicht nach. Entscheiden Sie, wie Sie am besten helfen können.

Fragen Sie sich:

- ✓ Was ist das Ziel des Kindes?
- ✓ Kann ich das Fehlverhalten ignorieren?
- ✓ Kann ich aktiv zuhören?
- ✓ Kann ich eine »Ich-Aussage« machen?
- ✓ Können wir Alternativen erforschen?
- ✓ Kann ich Wahlmöglichkeiten geben?
- ✓ Wie kann ich mein Kind ermutigen?

Überlegen Sie sich einen Plan, wie Sie das Problem mit Ihrem Kind lösen können.

Wenn Kinder ihre häuslichen Aufgaben vergessen

Möglicherweise denken Eltern, dass es sich um eine Konsequenz handelt, wenn sie ihren Kindern kein Taschengeld geben, weil sie ihren häuslichen Pflichten nicht nachgekommen sind. Was lernen Kinder daraus? Dass sie dafür bezahlt werden sollten, dass sie einen Beitrag in der Familie leisten.

Kinder haben ein Recht auf einen Anteil am Familieneinkommen. Sie müssen aber auch mithelfen. Bei der Familienkonferenz sprechen wir darüber, was geschehen soll, wenn jemand vergisst, seine häuslichen Arbeiten zu erledigen. Vielleicht stimmen alle der Regel zu, dass »die Arbeit vor dem Spiel« erledigt werden muss.

Wenn die häuslichen Aufgaben noch immer nicht erledigt worden sind, benutzen wir den »Aufgabentausch«. Das bedeutet, dass wir vorschlagen, die Arbeiten der Kinder zu erledigen, dass es uns dann allerdings nicht möglich sein wird, andere Dinge für sie zu tun, wie zum Beispiel, sie zu ihren verschiedenen Aktivitäten zu fahren. Wir schreiben auf, was wir alles für sie tun. Wir diskutieren mit den Kindern, welche Aktivitäten nicht mehr stattfinden können, wenn wir ihre häuslichen Arbeiten erfüllen müssen. Die Aufgaben, über die verhandelt wird, sollten in einem gerechten Verhältnis zueinander stehen. Wir benutzen den »Aufgabentausch« nicht als Waffe. Wir diskutieren die häuslichen Arbeiten bei der nächsten Familienkonferenz, dann können die Kinder entscheiden, ob sie ihre häuslichen Aufgaben erfüllen wollen. Wenn nicht, setzen wir den »Aufgabenhandel« fort.

Wie verhalten wir uns beim Thema »Schule«?

Die Schule gehört zum Verantwortungsbereich des Kindes. Heißt das, dass wir unserem Kind nicht helfen sollen, wenn es um die Schule geht? Nein. Um in der Schule erfolgreich zu sein, braucht unser Kind unsere Unterstützung.

Wir schaffen die Voraussetzungen

Es folgen einige Vorschläge, wie wir unserem Kind helfen können, in der Schule erfolgreich zu sein:

Wir geben unserem Kind gesundes Essen. Gesundes Essen fördert Körper *und* Geist des Kindes.

Wir ermutigen unser Kind, sich jeden Tag körperlich zu betätigen. Es ist gut für Körper und Geist und hilft unserem Kind, mit Stress fertig zu werden. So können zum Beispiel regelmäßige Spaziergänge oder Fahrradtouren zu einer Aktivität werden, an der die ganze Familie Spaß hat.

Wir unterstützen unser Kind, Selbstvertrauen zu entwickeln. Wir ermutigen sooft wie möglich. Kinder, die mit sich zufrieden sind, sind wissbegierig.

Wir lehren Verantwortungsbewusstsein. Wir beginnen damit zu Hause. Kinder können häusliche Aufgaben erledigen. Sie können innerhalb der von den Eltern gesetzten Grenzen Entscheidungen treffen und lernen, mit dem Ergebnis ihrer Wahl zurechtzukommen. Verantwortungsbewusstsein, das sie zu Hause lernen, wird ihnen helfen, Verantwortlichkeit für die Schule zu entwickeln.

Wir kümmern uns um Schulangelegenheiten. Wir treffen die Lehrer unseres Kindes. Wir gehen zu den Elternsprechtagen und nehmen an Schulaktivitäten teil. Wir schließen uns der Elternpflegschaft an, melden uns als Klassenelternvertreter, bieten unsere Hilfe bei Schulfesten an oder bringen unsere (beruflichen) Kompetenzen bei Ereignissen und Projekten ein.

Wir nehmen an einem Elterntraining teil. Es hilft, Erfahrungen mit anderen Eltern auszutauschen. Es ist eine gute Möglichkeit, sowohl unsere Fertigkeiten als auch unser Selbstvertrauen zu entwickeln. Dadurch werden wir als Eltern immer effektiver und der Umgang mit unserem Kind wird leichter werden. Weitere Informationen über Elternkurse sind im Vorwort auf Seite 7–12 zu finden.

Schule ist Teamarbeit

Stellen Sie sich den Lernprozess Ihres Kindes als das Ergebnis von Teamarbeit vor. Die Mitglieder des Teams sind der Lehrer, das Kind und Sie.

- ✓ Die Aufgabe des *Lehrers* ist es, dem Kind zu ermöglichen, sein Potenzial zu entfalten.
- ✓ Die Aufgabe des *Kindes* ist es, sich engagiert und verantwortungsvoll am Lernprozess zu beteiligen.
- ✓ Die Aufgabe der *Eltern* ist es, die Voraussetzungen zu schaffen, unter denen das Kind lernen kann und will und ihm so helfen, sein Potenzial zu entfalten.

Wir vermeiden Belohnungen und Strafen

Einige Eltern geben ihren Kindern Geld für gute Noten. Noten sind jedoch nicht so wichtig wie lernen. Wenn Kinder Geld für Noten erwarten, konzentrieren sie sich möglicherweise auf das Geld und nicht auf das Lernen. Dadurch entgeht ihnen die Erfahrung, dass harte Arbeit und eine gut zu Ende gebrachte Aufgabe Zufriedenheit mit sich selbst nach sich ziehen.

Einige Eltern bestrafen ihre Kinder für schlechte Noten. Strafe hilft den Kindern aber nicht zu lernen und verantwortungsbewusst zu sein. Hausarrest, Schlagen, Fernseh-, PC- oder Computerspielverbot als Strafe führen zu Machtkämpfen und Entmutigung, nicht zur Kooperation.

Wir lassen unser Kind Verantwortung übernehmen

Einige Kinder machen Hausaufgaben ganz alleine, ohne Schwierigkeiten. Sie stellen ihren eigenen Plan auf und machen alles ohne große Umstände fertig. Andere wiederum brauchen unsere Hilfe, um eine Routine beim Hausaufgabenmachen zu entwickeln.

- ✓ Wir geben unserem Kind die Wahl, wann es die Hausaufgaben machen will.
- ✓ Wir sorgen dafür, dass unser Kind einen besonderen Platz hat, wo es Hausaufgaben machen kann.
- ✓ Wir sind bereit, Fragen zu beantworten oder mit unserem Kind vor einer Klassenarbeit ein Unterrichtsthema zu wiederholen.

Wenn unser Kind keine Verantwortung übernimmt, gibt es in der Schule Konsequenzen. Wir lassen unser Kind die Erfahrung mit diesen Konsequenzen machen. Wenn wir oder die Lehrer finden, dass unser Kind Hilfe braucht um Selbstverantwortung zu entwickeln, wenden wir passende STEP Fertigkeiten (Ermutigung, aktives Zuhören und »Ich-Aussagen«) an. Wenn dies nicht hilft, bieten wir Wahlmöglichkeiten an.

- ✓ »Du kannst deine Hausaufgaben direkt nach dem Mittagessen machen oder nachdem du eine Stunde gespielt hast. Was möchtest du lieber?«

- ✓ »Du kannst am Samstag ins Kino gehen, wenn du, wie besprochen, deine Hausaufgaben gemacht hast.«

Wenn diese Hilfe nicht ausreicht, dann könnte es sein, dass das Ziel unseres Kindes Macht oder Rache ist. Wir sprechen in ruhigem Ton mit unserem Kind: »Ich kann dich nicht dazu zwingen, deine Arbeit zu tun. Ich überlasse es dir. Du kannst mich um Hilfe bitten.« Es ist wichtig, uns aus Machtkämpfen herauszuhalten. Wenn wir erkannt haben, dass wir unser Kind nicht zwingen können, welche anderen Wahlmöglichkeiten bleiben uns dann? Wenn wir die Entscheidung wirklich dem Kind überlassen, wird es schließlich die Verantwortung übernehmen.

Wenn unser Kind tatsächliche Lernschwierigkeiten in der Schule hat, dann hören wir aktiv zu, um mehr darüber herauszufinden, was vor sich geht. Wenn uns die Fachkenntnisse fehlen, sprechen wir über Möglichkeiten, wie das Kind die notwendige Hilfe bekommen kann. Selbstverständlich arbeiten wir dabei mit den Lehrern zusammen. Wir erklären dem/r Lehrer/in die Gründe für unsere Handlungsweise.

Wir ermutigen

Manche Kinder sind schlecht in der Schule, um ihre Unfähigkeit zu beweisen. Wir erinnern uns daran, dass ein Kind, das Hilflosigkeit zeigt, sehr entmutigt ist. Es ist wichtig, dass wir

- ✓ jede kleine Verbesserung unseres Kindes beachten und ermutigen – bei der Schularbeit ebenso wie auf anderen Gebieten;
- ✓ uns auf die Stärken unseres Kindes konzentrieren;
- ✓ unserem Kind sagen, dass wir es lieb haben.

Kindern, die mit sich zufrieden sind, fällt es leichter, Verantwortung zu übernehmen.

Wie verhalten wir uns beim Umgang mit Medien?

Moderne Medien, wie Fernseher, Computer, Tablets oder Smartphone sind aus unserem Alltag nicht mehr wegzudenken. Sie nehmen immer größeren Einfluss auf unser Leben. Auch Kinder haben heutzutage einen so leichten Zugang zu elektronischen Medien wie nie zuvor und verbringen oft sehr viel Zeit damit. Sie werden »Digital Natives« genannt, weil sie mit digitalen Medien aufwachsen. Es ist verständlich, dass Eltern sich immer mehr Gedanken über einen angemessenen Umgang mit Medien machen.

Es ist wichtig, dass sich Eltern über die neuen Medien informieren, um die positiven Aspekte, die **Chancen,** aber auch die **Gefahren** zu erkennen und diesbezüglich Sicherheit im Erziehungsalltag zu gewinnen. So können gute Kinderfernsehsendungen anregend sein, indem sie Hintergründe und Geschehnisse der realen Welt spannend erklären und auf mehr Wissen neugierig machen. Geeignete kurze Computerspiele und Apps können Kinder altersangemessen unterhalten. Zu den Gefahren zählt z.B. die Überforderung der Kinder durch altersunangemessene und gewalthaltige Filme oder Spiele.

Das Internet hat Kindern einiges zu bieten: z.B. vielfältige Kommunikationsmöglichkeiten, Informationsangebote, Unterhaltung und einen Raum, in dem sie sich selbst präsentieren oder, ohne große Mühe, Spannendes über andere Menschen erfahren können. Online-Kommunikation birgt aber auch zahlreiche Risiken, wie gefährdende Kontakte über soziale Netzwerke, ungeeignete Inhalte wie Pornografie, Gewalt, Rassismus/Extremismus, etc., bis hin zu Suchtgefährdung.

Um medienkompetent und fit für den Alltag – jetzt und in der Zukunft – zu sein, müssen Kinder lernen, Medien zu beherrschen statt von ihnen beherrscht zu werden. Und das will früh gelernt und konsequent praktiziert sein.

Entwicklung der Medienkompetenz in der Familie – Wegweiser für die Begleitung der Kinder beim Umgang mit Medien

Jede Familie wird einen eigenen Mediennutzungsstil entwickeln. Wir Eltern entscheiden, wie wir eine angemessene Medienerziehung im Familienalltag integrieren können.

Grundsätzlich gilt auch für die Medienerziehung das Prinzip, **Freiheit innerhalb von Grenzen** zu gewähren. Die STEP Fertigkeiten und die STEP Haltung leisten dabei grundsätzlich hilfreiche Dienste.

Es folgen einige **Richtlinien**, die wir als Eltern beachten, wenn wir unsere Kinder bei der Entwicklung der Medienkompetenz unterstützen[1]:

Die Bedeutung einer gelingenden Beziehung

Als Eltern liegt uns die Entwicklung einer gelingenden Beziehung zum Kind, basierend auf Respekt und Wertschätzung, am Herzen. Deshalb ist eine offene, angstfreie Atmosphäre in der Familie, in der die Gefühle und Meinungen aller Familienmitglieder respektiert und geachtet werden, eine gute Basis, auf der Eltern ihren Kindern Orientierung in der Medienwelt geben und sie bei der Entwicklung der Medienkompetenz begleiten können.

Die Bedeutung der Medienkompetenz der Eltern

Die Voraussetzung, um unseren Kindern einen adäquaten Umgang mit Medien vermitteln zu können ist, dass wir Eltern selber medienkompetent sind. D.h. wir setzen uns mit den »neuen Medien« auseinander, lernen einiges dazu und benutzen die Medien adäquat.

1 Herzlichen Dank an Frau Angela Stauten-Eberhardt, zertifizierte STEP Kursleiterin und ausgebildete Medienreferentin für die Unterstützung bei diesem Thema.

Oft kann dies durch einen regen Austausch zwischen Kindern und Eltern über die Mediennutzung erreicht werden. Auch gegenseitige Unterstützung bei technischen Details und kritisches Hinterfragen der Medien sind wichtig. Als »Digital Natives« kennen sich viele Kinder heutzutage besser mit bestimmten Medien aus als ihre Eltern. Von- und Miteinander lernen – und dabei auch Spaß haben – lautet die Devise!

Wir setzen den Rahmen und treffen mit den Kindern Vereinbarungen zur Mediennutzung

Es folgen einige Aspekte, die wir berücksichtigen wollen, sowie Anregungen zur Umsetzung:

- Wir stellen Fernseher, Konsole und Computer in Gemeinschaftsräumen auf und nicht im Kinderzimmer.

  Je jünger das Kind ist, desto sinnvoller ist es, den Standort des Computers bzw. der Konsole an einem allgemein zugänglichen Platz einzurichten. Die Wahrscheinlichkeit einer intensiven Nutzung steigt, wenn sich der Computer im Zimmer des Kindes befindet. Auch mobile Konsolen und Handys sollten sich zu bestimmten Zeiten, z.B. abends, außerhalb des Kinderzimmers befinden.

  Es ist besser, Kindern **unter 12 Jahren keinen eigenen Computer** zur alleinigen Nutzung zur Verfügung zu stellen. Einen eigenen Internetzugang im Kinderzimmer einzurichten, ist erst ab einem Alter von 14 Jahren zu empfehlen.
- Wir überlegen auch, ab welchem Alter unser Kind ein internetfähiges Handy oder Smartphone besitzen darf. Durch den Besitz dieser Geräte können die Kinder rund um die Uhr von jedem Ort aus surfen – ohne dass wir Einblicke in die zeitliche oder inhaltliche Nutzung erhalten.

Empfehlungen von Experten:

- Handy ohne Internetfunktion – frühestens ab 9 Jahre,
- internetfähiges Handy oder Smartphone – frühestens ab 12 Jahre, und wenn Eltern ihrem Kind die verantwortungsvolle Nutzung zutrauen.

Detaillierte Hinweise, wie wir Kinder und Jugendliche bei der Nutzung von Handy und Smartphone unterstützen können, findet man unter www.handywissen.at und www.handysektor.de.

- Wir planen die Medienaktivitäten gemeinsam und im Voraus und lassen die Kinder – mit zunehmendem Alter – mehr und mehr an der Auswahl der Sendung/der Spiele und an der Zeitplanung teilhaben.

  Bei den Gesprächen zur **Planung der Medienaktivitäten** hören wir den Kindern aktiv zu, wir formulieren Ich-Aussagen und erforschen gemeinsam Alternativen (s. Kap. 5).

  Eine Familienkonferenz (Kap. 5) bietet einen guten Rahmen, um über die Mediennutzung und die Festlegung von Regeln zu sprechen.

- Es ist sinnvoll, einen familieninternen »**Medienvertrag**« abzuschließen, in welchem altersangemessene zeitliche und inhaltliche Orientierungen gegeben bzw. Regeln zur Mediennutzung individuell festgelegt werden.

  Für die Internetnutzung ist es hilfreich, einen speziellen, dem Alter des Kindes entsprechenden »Vertrag zur Internetnutzung« zu schließen (s. Abschnitt »Internet«).

  Es hat sich bewährt, dass Kinder und Eltern in diesem Vertrag **Verpflichtungen eingehen**: z.B. wie Kinder sich beim »Surfen im Netz« verhalten sollen, wo sie Hilfe finden, wenn sie auf schockierende Seiten stoßen oder auf eine Art angesprochen werden, die sie erschreckt. Es kann auch festgelegt werden, wann sich Eltern Zeit nehmen, um gemeinsam mit den jüngeren Kindern das Internet zu entdecken.

Bei der Aushandlung des Vertrags sprechen wir auch über die möglichen Konsequenzen bei Überschreitung der Regeln. Das Kind ist eher bereit, die Verantwortung zu übernehmen und Konsequenzen einzuhalten, wenn es bei der Aufstellung der Regeln mitentschieden hat.

BEISPIELE für hilfreiche Familienregeln:
Kinder verfügen über eine gemeinsam bestimmte **Medienzeit**, die sie sich selber für die Nutzung der Konsole, des Computers oder des Fernsehers einteilen. Je nach Alter bzw. Entwicklungsstand der Kinder wird eine tägliche oder eine wöchentliche Medienzeit vereinbart.

Z.B. Das Kind erhält wöchentliche Gutscheine für jeweils eine halbe Stunde Fernseh- oder Computerspielzeit (z.B. 7 Gutscheine für Sechsjährige).

Das Kind kann selber entscheiden, wann es die Gutscheine für seine Medienzeit einsetzt – vielleicht möchte das Kind diese bevorzugt am Wochenende einlösen, wenn ein spannender Film läuft, dafür aber an zwei Tagen in der Woche ohne Medien auskommen.

Bei der Nutzungsdauer ist zu bedenken, dass ältere Kinder PC und Internet auch für die Schule nutzen müssen.

Die Spielkonsole oder der Fernseher wird nach der vereinbarten Zeit oder Sendung ausgestellt – am besten vom Kind selbst. Bei Computerspielen hat es sich als hilfreich erwiesen, 5–10 Minuten vorher anzukündigen, dass die Zeit langsam abläuft.

Wenn die Vereinbarung getroffen wurde oder falls sich das Kind an diese Regel nicht hält, geben wir unserem Kind die Wahlmöglichkeit: »Soll ich die Spielkonsole/den Fernseher ausstellen oder möchtest du das selbst machen?« Wichtig ist dabei die wohlwollende, freundlich und bestimmte – vielleicht sogar humorvolle – Haltung vor dem Hintergrund, dass wir dem Kind **Selbstdisziplin beibringen** wollen – und dabei vielleicht sogar noch gemeinsam lachen können.

Mindestens ein Nachmittag/Abend wird wochentags für andere gemeinsame Familienaktivitäten eingeplant.

Nach einem intensiven Medientag gibt es am folgenden Tag eine Medienpause.

Bei Geschwisterstreit z.B. wegen der Uneinigkeit über ein bestimmtes Programm oder die Nutzung der Spielkonsole, erforschen die Kinder gemeinsam Alternativen, um miteinander eine Lösung zu finden. Dabei haben wir Vertrauen in die Fähigkeit der Kinder, zusammen eine Lösung zu finden. Wenn notwendig, helfen wir ihnen dabei (z.B. bei der Familienkonferenz, s. Kap. 5).

- Wir nehmen die Mahlzeiten ohne »Medienberieselung« ein (kein Fernsehen, keine Unterbrechung durch Smartphone, etc.). Möglicherweise entscheiden sich einige Eltern hin und wieder Ausnahmen zuzulassen, wie z.B. bei der Fußballweltmeisterschaft oder der Olympiade.
- Wir sprechen auch mit Freunden und Verwandten, bei denen unsere Kinder (regelmäßig) Zeit verbringen, über Dauer und Inhalte der Mediennutzung. Wenn möglich, treffen wir entsprechende Vereinbarungen mit ihnen.

  Der Austausch der Eltern zum Thema Medien untereinander, z.B. in Elternkursen oder bei Elternabenden, ist dabei sehr hilfreich.
- Wir informieren uns auf entsprechenden Webseiten wie z.B. www.schau-hin.info, www.flimmo.de, www.internet-abc.de; www.klicksafe.de, wenn wir mehr über Medienerziehung wissen möchten.

Wir entdecken die Interessen unserer Kinder beim Fernsehen, Computerspielen oder Internetsurfen

Wir zeigen Interesse für die Eindrücke, Meinungen und Gefühle unseres Kindes im Zusammenhang mit den Inhalten der TV-Sendungen, Computerspielen oder besuchten Internetseiten. Z.B. fragen wir unser Kind, was es an seinen TV-Lieblingen besonders mag. Wir lassen uns bevorzugte Internetseiten zeigen. Wir sprechen mit ihm über Filmszenen oder über seine Erlebnisse und Gefühle beim Computerspielen: Wir hören aktiv zu und stellen offene Fragen (s. Kap. 4). Auf diese Weise erfahren wir viel über unser Kind: seine Wünsche, seine Sicht auf die Welt, seine Alltagserfahrungen, seine Probleme und Lösungsstrategien. Wir lernen die ganz persönlichen Interessen unseres Kindes kennen und können sie dann in der Folge fördern – durch weitere Gespräche, Aktivitäten, Buchempfehlungen, etc. Wir sprechen sowohl über positive als auch über negative Gefühle und Erfahrungen – wir hören aktiv zu und helfen ihm, das Erlebte zu verarbeiten.

Wir können unser Kind anregen, ein **Medientagebuch** zu führen, in dem es die Zeiten seiner medialen Aktivitäten (Fernsehen, Internet, Computer), seine Erfahrungen, aber auch seine Gefühle beim Spielerleben notiert.

Wir reden nicht »abfällig« über die Heldinnen und Helden unseres Kindes. Kinder identifizieren sich sehr stark mit ihren Lieblingsfiguren und Kritik an den geliebten Figuren bedeutet für Kinder häufig auch Kritik an ihnen selbst.

- **Wir nutzen Medien produktiv**

  Wir zeigen unserem Kind, z.B. wie es Bilder ausdrucken, Geräusche aufnehmen oder fotografieren kann. Kinder ab 6 Jahren sind oft schon in der Lage, Videos aufzunehmen oder Fotos zusammen mit den Eltern zu bearbeiten. Auch ältere Geschwister können diese Rolle übernehmen.

- **Wir bieten alternative Freizeitbeschäftigungen an**

  Wir machen Medien nicht zum Zentrum unseres Familienlebens. Wenn Kinder keine alternativen Freizeitmöglichkeiten haben oder sich langweilen, neigen sie dazu, Medien verstärkt zu nutzen. Ebenso, wenn sie sehen, dass sich die Geschwister oder die Eltern andauernd mit Medien beschäftigen. Wir schaffen regelmäßig Alternativen zu medialen Beschäftigungen im Alltag: Ein regelmäßiger gemeinsamer Spieleabend, Erlebnisse austauschen, gemeinschaftlich kochen, Tischtennis oder Fußball spielen sind nur einige wenige Möglichkeiten.

- **Wir setzen Medienkonsum nicht als Belohnung ein und Medienentzug nicht als Bestrafung!**

  Unser Ziel ist, dass Kinder Selbstdisziplin im Hinblick auf den Umgang mit den Medien entwickeln. Belohnung und Bestrafung sind dafür nicht hilfreich – deshalb vermeiden wir sie!

- **Wir ermutigen unser Kind, das, was andere – insbesondere Freunde – tun, kritisch zu hinterfragen** und selbstbewusst auch einmal »**gegen den Strom zu schwimmen**«. Denn ein Grund, warum unser Kind zu viel Zeit mit den Medien verbringt, kann der Druck sein, den Freunde ausüben. Manchmal ist es notwendig, mit unserem Kind zu üben, wie es zu seinen Freunden »Nein« sagen kann., z.B. durch Sätze wie:

  - »Ich habe heute keine Lust, dieses Computerspiel/ Ego-Shooter zu spielen.«
  - »Mich interessiert die Sendung nicht. Lass uns doch rausgehen und Fußball spielen.«
  - »Du meinst, wir könnten auf deinem PC im Internet surfen? Nee, möchte ich jetzt nicht. Können wir nicht lieber … (etwas anderes tun)?«

  Es kann eine Hilfe sein, diese Art des Gesprächs mit einem anderen Elternteil in einem Elternkurs zu üben, um Sicherheit zu gewinnen und sich auch in die Rolle des Kindes zu versetzen.

- **Wir sind unseren Kindern ein gutes Vorbild in Bezug auf die achtsame Mediennutzung**

  Medienerziehung findet zuerst in der Familie statt. Ob Kinder dabei einen sinnvollen, selbstständigen und verantwortungsvollen Umgang erlernen, hängt hauptsächlich davon ab, wie wir Eltern selbst mit dem Thema Fernsehen, Computer, Spielkonsole, Smartphone und Co. im Familienalltag umgehen.

Wir Eltern und die älteren Geschwister sind Vorbilder. Wir lassen uns nicht ständig von unserem Handy/ Smartphone ablenken oder surfen nicht im Beisein des Kindes im Internet. Wir Eltern – und die älteren Geschwister – sind mehr Vorbild, als wir gemeinhin annehmen. Außerdem gilt: **Was wir tun, zählt mehr als das, was wir sagen!**

Fernsehen, Spielkonsole

Beim Umgang mit diesen Medien haben wir Eltern zuerst die Aufgabe, bewusst ein **qualitativ hochwertiges Fernsehprogramm bzw. ein gewaltfreies Computerspiel** auszuwählen, das dem Alter und Entwicklungsstand des Kindes entspricht. Je älter unser Kind wird, desto mehr muss es lernen – innerhalb der von uns Eltern gesetzten Grenzen –, aus der Vielfalt der medialen Angebote selber verantwortungsvoll auszuwählen. Wir nehmen die Alterskennzeichnung von Filmen und Spielen als Untergrenze ernst (USK-Regeln beachten)!

Neue Konsolen bieten, zusätzlich zu Computerspielen, die Möglichkeit, sowohl zu Hause wie unterwegs online miteinander zu spielen, zu chatten, neue Produkte zu erwerben, sowie Filme zu sehen oder Musik zu hören. Als Eltern müssen wir uns vor dem Kauf von Geräten mit den umfangreichen Funktionen vertraut machen, um bewusst über den Kauf zu entscheiden bzw. unserem Kind zu sagen, welche Funktionen es nutzen darf und welche nicht.

Zur Entwicklung der Medienkompetenz der Kinder gehört auch die Zeit, die sie insgesamt mit Fernsehen oder anderen Medien verbringen. **Vereinbarungen bzw. Verträge bzgl. »Medienzeit«** und die Anwendung von logischen Konsequenzen bei Missachtung der Regeln – wie zuvor beschrieben – helfen Kindern, Selbstdisziplin zu entwickeln.

Internet

In den frühen Jahren sind Kinder eher an Fernsehsendungen und Computerspielen interessiert. Im Grundschulalter werden Webseiten von Fernsehsendern (TOGGO, KI.KA), Videoportale (YouTube), und zunehmend die Kommunikationsmöglichkeiten mit den Freunden über Internet (E-Mail, Instant Messaging z.B. in sozialen Netzwerken wie Facebook oder Whatsapp) wichtiger. Kinder sind fasziniert vom Internet als dem »Tor zur Welt«, als Chance, sich mit Hilfe von Suchmaschinen zu informieren, aber auch sich selbst oder ihre Interessen, Meinungen und Hobbys zu präsentieren.

Die intensive Internetnutzung steht nicht immer im Einklang mit dem Familienleben, und sie birgt Risiken, die nicht unterschätzt werden dürfen.

Manche Eltern neigen dazu, das Internet an sich abzulehnen oder vor der Vielfalt, dem »Wust« an Medien zu kapitulieren. Generelle Verbote würden allerdings dazu führen, dass Kindern und Jugendlichen die positiven Aspekte der Kommunikation und des Wissenserwerbs im Internet verwehrt bleiben.

Darüber hinaus werden Erwachsene, die nur verbieten oder – ohne selbst ausreichend Erfahrungen gemacht zu haben – das Internet laufend kritisieren, von Kindern oft nicht ernst genommen. Eine weitere mögliche Folge ist, dass diese Kinder unkontrolliert Medien bei Freunden nutzen und den Eltern dies verheimlichen.

Kinder müssen lernen, das Internet kompetent zu nutzen!

Unsere Rolle/Aufgaben als Eltern:

- Für den Einstieg brauchen Kinder die Hilfe und Unterstützung von uns Eltern, damit sie von den positiven Aspekten des Internets profitieren. Wir Eltern brauchen **ein Mindestmaß an Know-how zum Thema Internet**, damit wir diese Aufgabe erfüllen können.

Zu den Themen, die wir ansprechen müssen, gehören: Funktionen des Internets; *Chancen und Gefahren* des Internets; Erkennen von Kostenfallen; der Unterschied zwischen Information und Werbung; Datenschutz: z.B. Weitergabe von Passwörtern; Urheberrechte: z.B. Downloads von Musik und Videos, Schutz der eigenen Persönlichkeit: z.B. das Hochladen von Bildern oder Videos bei Facebook oder YouTube, etc. Informationen dazu unter www.internet-abc.de. Die Broschüre »Tipps zum Einstieg von Kindern ins Netz« ist als Download auf dieser Seite verfügbar.

Die STEP Kommunikationsfertigkeiten (s. Kap. 4) helfen uns, Gespräche respektvoll zu führen, auch wenn die Meinungen unserer Kinder als »Digital Natives« und unsere als, »Zugewanderte in die digitale Welt«, unterschiedlich sind. Durch Alternativen erforschen (s. Kap. 6) finden wir gemeinsam mit unseren Kindern Lösungen und treffen Vereinbarungen mit ihnen, die sie mit größerer Wahrscheinlichkeit einhalten, weil sie mitbestimmt haben.

- In einem »**Vertrag zur Internetnutzung**« wird vereinbart, dass Kinder keine persönlichen Daten ins Netz stellen und bestimmte Dienste, wie Downloads oder Gewinnspiele, nicht eigenständig nutzen. Im Vertrag sind auch (evtl. gemeinsame) Surfzeiten festgelegt, sowie die Konsequenzen im Falle des Nichteinhaltens der Vereinbarung[1] (s. www.surfen-ohne-risiko.net).

  Wir können auch vereinbaren, gemeinsam das **Verlaufsprotokoll** (die Internetseiten, die unser Kind besucht hat) zu überprüfen. Wir sprechen mit unserem Kind über die Inhalte dieser Seiten und zeigen, dass wir uns für die Internetnutzung interessieren, und nicht nur Kontrolle ausüben wollen.

1 s. www.lfn-nrw.de – LfM Publikationen: »Internetkompetenz für Eltern – Kinder sicher im Netz begleiten

Bei der Begleitung der Entwicklung der Medienkompetenz unseres Kindes setzen wir auf Vertrauen in unser Kind und seine Fähigkeit dazuzulernen.

Die STEP Kommunikationsfertigkeiten sowie die STEP Fertigkeiten, um Kooperation zu erreichen (s. Kap. 5 – Wessen Problem ist es?, Alternativen erforschen und die Familienkonferenz) sind wertvolle Werkzeuge für die Ausarbeitung des Vertrags.

- Wir **konfigurieren den Computer** kindgerecht und richten für das Kind sein eigenes – je nach Alter eingeschränktes – Benutzerkonto ein. Infos unter www.klicksafe.de.
- Wir speichern **ausgewählte und kindgerechte Webseiten** (werbefrei und übersichtlich), für die sich unsere Kinder interessieren, als **Favoriten** (Internet Explorer) bzw. **Lesezeichen** (Firefox) – z.B. www.seitenstark.de. Infos unter www.klicksafe.de.

  Wir können auch die Lieblingsseite oder Suchmaschine für Kinder als Startseite festlegen. – s. www.meine-startseite.de.

  Im Laufe der Zeit erweitern wir Schritt für Schritt das Webangebot für unsere Kinder – wir erweitern die Grenzen. Ältere Kinder werden bei der Auswahl der Seiten mit einbezogen und können ihre **eigenen Sammlungen erstellen**. – Infos unter www.klick-tipps.net.
- Wir helfen unserem Kind, **Suchkompetenz** zu entwickeln. Z.B. üben wir gemeinsam mit unserem Kind das Formulieren von Suchbegriffen. Kinder müssen verstehen, wie die Suchwerkzeuge funktionieren, um die Ergebnisse bewerten zu können.

  Wir sprechen mit dem Kind über die Risiken der Suchmaschinen (z.B. Seiten mit Gewaltszenen oder Sexfotos, die es ungewollt aufruft, wenn es sich bei der Eingabe eines Suchwortes vertippt oder aus Unkenntnis nach einem doppeldeutigen Begriff sucht). Wir stehen als Ansprechpartner zur Verfügung, hören dem Kind zu und helfen ihm schockierende Bilder bzw. Inhalte zu verarbeiten.

- Wir lassen unser Kind geeignete Kindersuchmaschinen nutzen – z.B. www.blinde-kuh.de; www.helles-koepfchen.de; www.fragfinn.de und zeigen ihm **Spezialsuchmaschinen**, die sich nur einem Bereich widmen, sei es Reisen, Medizin, Tierwelt oder News. Die Datenmenge, die sie durchsuchen, ist relativ überschaubar. Das erhöht die Wahrscheinlichkeit, brauchbare Treffer zu erzielen.

  Ausführliche Hinweise gibt es in der Doppelbroschüre: »Ein Netz für Kinder – Surfen ohne Risiko?« – »Ein Netz für Kinder – Entdecke dein Internet!«, das unter: www.bmfsfj.de heruntergeladen werden kann.
- Wir stellen sicher, dass unser Kind, den »Internetführerschein« macht, bevor es eigenständig das Internet nutzt – z.B. den »Surfschein« auf www.internet-abc.de.
- Wir aktivieren **einen Schutzfilter** in den »Einstellungen« der Suchmaschine – Infos über die Funktionsweise von Jugendschutzsoftware und gängige Filterprogramme unter www.klicksafe.de. Eine einfache Installation finden Sie unter: www.kinderserver-info.de.

  Die Kombination aus technischen Maßnahmen und erzieherischen Mitteln – abgestimmt auf das Alter der Kinder – bietet am zuverlässigsten Sicherheit für Eltern. Eine Garantie für sicheres Internetsurfen gibt es dennoch nicht!
- Wenn sich unser Kind für die Mitgliedschaft in einem **sozialen Netzwerk** interessiert, müssen wir entscheiden, ob wir – abhängig vom Entwicklungsstand des Kindes und vom Mindestalter, das der Anbieter angibt (z.B. Facebook: 13 Jahre) – den Zugang erlauben. Inzwischen wird Facebook von einer wachsenden Anzahl von Kindern und Jugendlichen bereits als »Oma-Netzwerk« betrachtet, weil so viele Erwachsene teilnehmen und sie sicher vor dem Zugriff Erwachsener sein wollen.

Laut einer Umfrage nutzen 59 % der 13–25 Jährigen »TUMBLR« intensiv. Damit überflügelt die Blogging Plattform sogar Facebook.[1]

Relativ neu ist auch Whatsapp, eine kostenlose Alternative zu SMS und Chatten – ideal für den Dauerkontakt der Kinder.

Umso wichtiger ist es, mit den Kindern im Gespräch zu bleiben und mit Hilfe von STEP eine vertrauensvolle Beziehung zu entwickeln. Es ist unsere Pflicht, klare Grenzen zu setzen und dabei eine konsequente und respektvolle Haltung einzunehmen.

Wenn wir einverstanden sind, dass unser Kind Mitglied wird, dann erstellen wir gemeinsam mit ihm sein erstes Profil auf der Seite und achten auf die **Einstellungen zur Privatsphäre.**

Wir teilen mit unserem Kind die Freude über die schöne, positive Seite dieser Möglichkeit, den Kontakt mit Freunden zu pflegen, wir sprechen aber auch über die **Gefahren**, und dementsprechend über die **Regeln**, die unbedingt eingehalten werden müssen.

Es folgen einige wesentliche Hinweise, die wir den Kindern weitergeben müssen:

- keine Anschrift, Telefonnummer und private E-Mail-Adresse im Profil,
- einen Spitznamen (Nickname) verwenden, der keine Rückschlüsse auf Namen, Alter und Geschlecht zulässt,
- Profileinstellungen sind privat – nur Freunde sollen das Profil sehen,
- »Online-Freunde« gut aussuchen,
- keine peinlichen Fotos, Filme und sehr persönlichen Infos posten,

1 Vgl. Magazin Schule, Oktober/November 2013, S.110/111

- keine Mitgliedschaft in fragwürdigen Gruppen wie »Saufen bis der Arzt kommt«,
- in Chaträumen oder bei Instant Messenger: bei einem seltsamen, unangenehmen oder belästigenden Kontakt den eigenen Kontakt sofort abbrechen und mit den Eltern oder einer Vertrauensperson darüber sprechen sowie den Vorfall dem Chat-Moderator melden,
- niemals eine Internetbekanntschaft ohne Begleitung einer erwachsenen Person treffen; Treffpunkt immer an einem öffentlichen Ort abmachen,
- keine Beleidigungen oder illegalen Inhalte wie Pornografie, Gewalt oder rassistische Inhalte etc. verbreiten. Der Besitz bzw. die Weitergabe sind Straftaten.

Nach den ersten Schritten, gemeinsam mit uns, ist unser Kind für den Schutz der eigenen **Privatsphäre** und die **Einhaltung der Regel selbst verantwortlich**. Wir ermutigen unser Kind die Verantwortung zu übernehmen und zeigen ihm, dass wir Vertrauen in ihn bzw. sie haben.

Ausführliche Infos zum Thema »soziale Netzwerke« unter www.klicksafe.de, www.internet-abc.de, www.watchyourweb.de.

Falls unser Kind bereits Mitglied in einem Netzwerk ist, bitten wir darum, uns zu zeigen, wie das Netzwerk funktioniert und welche Daten online stehen. Auch in dieser Situation schaffen wir eine Vertrauensbasis, indem das Kind uns alles selber zeigt, und es sich nicht ausspioniert fühlt.

- Wir sprechen mit unserem Kind darüber, dass es **Kostenfallen** im Internet gibt und es deswegen besonders vorsichtig mit Bestellungen im Internet und bei der Eingabe von persönlichen Daten sein soll. Wir vereinbaren klare Regeln – z.B. dass das Kind uns bei jedem Download oder bei jeder vermeintlich kostenlosen Bestellung vorher fragen muss. Informationen darüber unter www.klicksafe.de.

- Wir sprechen mit unserem Kind über **Urheberrechte** von Fotos, Musik, Filmen, etc. im Netz und über Tauschbörsen. Wir machen unser Kind auf die Risiken von illegalen Downloads aufmerksam. Wir zeigen unserem Kind, wo es legale Musikdownloads, auch kostenlose, gibt. Wir vereinbaren, wie viel Geld für Downloads ausgegeben werden darf.

  Informationen über Urheberrechte und Tauschbörsen unter www.klicksafe.de

- Wir sensibilisieren unser Kind für das Thema **Cybermobbing** (das absichtliche Beleidigen, Bedrohen, Bloßstellen oder Belästigen anderer mit Hilfe moderner Kommunikationsmittel – meist über einen längeren Zeitraum). Wir machen ihm klar, dass Mobbing über das Internet genauso weh tut wie ein persönlicher Angriff.

  Falls wir wissen oder auch nur das Gefühl haben, dass unser Kind **Opfer von Cybermobbing** ist, dann helfen wir ihm diese schmerzliche Erfahrung zu verarbeiten. Darüber hinaus können wir uns an den Betreiber des sozialen Netzwerks wenden, um problematische Inhalte zu entfernen.

  Infos zum Thema Cybermobbing unter www.klicksafe.de und www.saferinternet.at

Heutzutage gehört Medienkompetenz zu den sozialen Kompetenzen unserer Kinder. Auch in diesem Bereich sind wir als Eltern gefragt, unsere Kinder so zu begleiten, dass sie verantwortlich, kooperativ, respektvoll agieren. Bei der Bewältigung dieser Erziehungsaufgabe können wir auch Spaß zusammen mit unseren Kindern haben und gleichzeitig eine wertschätzende, tragfähige Beziehung aufbauen bzw. weiterentwickeln!

Wie verhalten wir uns bei anderen Problemen?

Bei jedem Problem können wir die Methoden benutzen, die wir durch STEP gelernt haben. Wir betrachten uns einige Beispiele genauer.

»Ich mag das nicht essen«

Viele Kinder sind wählerische Esser. Die meisten Eltern machen sich Sorgen darüber, was ihre Kinder essen bzw. nicht essen.

> BEISPIEL
> Ines ist sehr wählerisch, was Essen betrifft. Meist isst sie nur einen Teil des Abendessens. Sie sagt: »Ich mag Tomaten nicht. Sie sind schleimig.« »Ich hab' genug von Hähnchen. Igit!« »Pfui. Was ist denn in diesem Eintopf drin?«
>
> Herr und Frau L., die Eltern von Ines, hätten gerne, dass Ines ihr Abendessen isst. Sie machen sich Sorgen darüber, dass sie nicht die Nährstoffe zu sich nimmt, die sie braucht. Sie haben keine Naschereien, wie Eis oder Süßigkeiten, im Haus. Stattdessen kaufen sie gesunde Lebensmittel.

Was können Herr und Frau L. tun?

Es ist Ines' Problem, dass sie eine wählerische Esserin ist. Herr und Frau L. können sie nicht zum Essen zwingen. Das bedeutet jedoch nicht, dass sie ihr nicht helfen können.

✓ Herr und Frau L. können darüber nachdenken, was das Ziel von Ines sein könnte. Wenn die Eltern verärgert sind, will Ines möglicherweise Aufmerksamkeit. Wenn sie wütend sind, möchte Ines vielleicht Macht. Sie können sich weigern zu streiten. Sie könnten ihr Verhalten beim Essen und ihre Kommentare einfach für ein paar Tage ignorieren. Sie können Ines positive Aufmerksamkeit schenken und sie bei anderen Gelegenheiten ermutigen.

- ✓ Herr und Frau L. könnten Ines fragen, was sie am Abend essen möchte. Das könnte ein gutes Thema für eine Familienkonferenz sein. Sie könnten vereinbaren, wie oft sie bereit sind, Ines' Lieblingsgericht zu kochen. Sie könnten ihr auch vorschlagen, bei der Zubereitung zu helfen.
- ✓ Herr und Frau L. könnten eine Wahlmöglichkeit anbieten. Sie könnten beim Abendessen sagen: »Iss soviel wie du willst. Das ist alles, was es bis zum Frühstück gibt.« Wenn Ines ein paar Abende lang hungrig ist, wird sie sich möglicherweise entscheiden, auch Gerichte zu essen, die nicht zu ihren Lieblingsgerichten zählen.

Wenn Ines allerdings gesundheitliche Probleme bekommt oder Mangelerscheinungen zeigt, wird es zu einem Problem ihrer Eltern. Einige Kinder gehen zu weit und essen zu wenig. Dann könnte es sich um eine sehr ernste Situation handeln. Wenn das geschieht, müssen Herr und Frau L. mit ihrem Kind einen Arzt aufsuchen.

Wann wird essen zum Problem?

Die Körperformen von Kindern sind ebenso verschieden voneinander wie ihre Essgewohnheiten sich unterscheiden. Es ist nicht ungewöhnlich für ein Kind, manches Essen nicht zu mögen oder zu viele Süßigkeiten essen zu wollen. Aber manchmal wird essen zum Problem. Wir wenden uns dann an einen Arzt, wenn unser Kind:

- ✓ sich weigert zu essen, aus Angst zu dick zu werden,
- ✓ sich »fett« fühlt, wenn es tatsächlich schlank oder dünn ist,
- ✓ die meiste Zeit viel zu viel isst,
- ✓ schnell zu- oder abnimmt.

Wenn sich Geschwister streiten

Geschwister streiten sich viel und kämpfen oft miteinander. Dieses Phänomen ist so weit verbreitet, dass viele Eltern glauben, dass es »normal« sei. Eltern *erwarten,* dass Geschwister sich streiten, und Kinder wissen, was Eltern von ihnen erwarten.

BEISPIEL

Leo und Moritz streiten viel miteinander. Am Morgen trommelt Moritz an die Badezimmertür. Leo bleibt im Bad so lange er kann, nur um Moritz eins auszuwischen. In der Schule macht Moritz sich lustig über Leo. Er bringt ihn vor seinen Freunden in peinliche Situationen. Nach der Schule streiten sie sich darüber, wer welche häuslichen Arbeiten erledigen soll. Leo nennt Moritz einen »Blödmann« und einen »Homo«. Moritz versucht, Leos Lieblingssüßigkeiten aufzuessen. Herr V., ihr Vater, versucht sie dazu zu bringen, damit aufzuhören, aber sie lassen sich nicht davon abbringen.

Herr V. hat genug von den Streitereien der beiden Jungen. Er fühlt sich schlecht, weil seine Kinder sich nicht besser vertragen, aber er weiß nicht, was er sonst noch tun könnte. Er glaubt, dass die Kinder in den meisten Familien streiten.

Es ist Moritz' und Leos Problem, miteinander auszukommen. Die Versuche von Herrn und Frau V., den Streit zu beenden, machen ihn gewöhnlich schlimmer. Gleichgültig was sie versuchen, wenigstens ein Kind wird wahrscheinlich das Gefühl haben, dass die Eltern Partei für das andere Kind ergreifen.

Normalerweise hat der Streit zwischen Kindern ein Ziel. Es könnte sich dabei um den Versuch handeln, die Aufmerksamkeit der Eltern zu erregen. Es könnte auch darum gehen, den Eltern zeigen zu wollen, dass sie tun können, was sie wollen. Es ist möglich, dass ein Kind auf dem anderen

»herumhackt«, weil es glaubt, dass der andere der »Liebling« der Eltern sei.

Was kann Herr V. tun?

- ✓ Herr V. kann Moritz und Leo nicht zwingen, sich besser zu vertragen. Aber er kann erwarten, dass sie kooperieren, und eine ermutigende Bemerkung machen, wenn sie es tun. Wenn er sieht, dass sie sich vertragen, könnte er sagen: »Ihr beiden scheint Spaß miteinander zu haben.« oder: »Es sieht so aus, als ob ihr einen Weg gefunden hättet, miteinander auszukommen.«
- ✓ Herr V. könnte sich auch weigern, sich einzumischen. Wenn er sich dazu entschließt, könnten die Streitszenen zwischen Moritz und Leo zunächst schlimmer werden, bevor die beiden lernen, sich besser zu vertragen. Sie versuchen möglicherweise, ihren Vater wieder in den Streit hineinzuziehen, indem jeder den anderen bei ihm anschwärzt. Herr V. könnte dann sagen: »Dieses Problem musst du zusammen mit deinem Bruder lösen. Ich weiß, ihr werdet eine Lösung finden.« Das zeigt den Jungen, dass ihr Vater daran glaubt, dass sie sich vertragen können. Wenn sie nicht damit aufhören, ihren Vater hineinziehen zu wollen, kann er in ein anderes Zimmer gehen und die Türe schließen.

Wie verhalten wir uns, wenn jemand verletzt werden könnte?

Wenn der Streit in Schlagen, Beißen und Treten ausartet, wird es zum Problem von Herrn V., und er könnte dann eine Konsequenz folgen lassen. Er könnte sagen: »Einer von euch könnte verletzt werden. Entweder ihr werdet mit dem Problem fertig, ohne zu schlagen, oder ich werde euch trennen, bis ihr euch wieder besser vertragt.« Wenn sie einander auch weiterhin schlagen, wird Herr V. sich an sein Wort halten und die Kinder trennen müssen.

Wie verhalten wir uns, wenn ein Kind viel jünger ist?

Wenn ein Kind jünger ist und verletzt werden könnte, müsste Herr V. den Streit beenden. Zum Beispiel: Wenn Leo sechs Jahre alt ist und Moritz zehn, könnte Herr V. sagen: »Komm, Leo, lass uns etwas anderes finden, was du tun könntest.« Das würde den Streit beenden und weder Moritz noch Leo würden bestraft werden.

Wie verhalten wir uns, wenn Jungen und Mädchen streiten?

Wenn Jungen mit Mädchen streiten, bestrafen viele Eltern die Jungen. Das ist unfair, und die Jungen könnten auf diese Behandlung mit Bitterkeit und Wut reagieren. Bei jedem Streit müssen Jungen und Mädchen gleich behandelt werden, was die Konsequenzen betrifft.

Denken Sie über den Streit Ihrer Kinder nach

Überlegen Sie, wann Ihre Kinder streiten. Fragen Sie sich:

- ✓ Was mache ich normalerweise, wenn unsere Kinder sich streiten?
- ✓ Ist meine Reaktion hilfreich?
- ✓ Was kann ich anders machen?

Entscheiden Sie, was Sie das nächste Mal tun werden, wenn Ihre Kinder sich streiten. Halten Sie sich an Ihren Plan.

Wie reagieren wir auf Lügen und Stehlen?

Früher oder später lügen alle Kinder einmal. Viele Kinder nehmen etwas, was ihnen nicht gehört. Das bedeutet nicht, dass unsere Kinder zu Lügnern und Dieben heranwachsen. Was sollten wir tun, wenn unser Kind etwas stiehlt oder nicht die Wahrheit sagt? Strafen und Belohnungen können zum Lügen ermutigen. Wir reagieren in einer solchen Situation wie bei anderem Fehlverhalten. Das Kind hat sich entschieden, zu lügen oder zu stehlen, deswegen muss das Kind jetzt die Konsequenz seiner Handlungsweise erfahren.

Beispiel

Annika sitzt auf dem Boden und hört ein neue CD. Herr H., ihr Vater, sagt: »Diese CD habe ich noch nie gehört. Wann hast du sie gekauft?« Annika brummelt: »Ist schon 'ne Weile her.« Sie schaut ihren Vater dabei nicht an. Herr H. fragt: »Stimmt etwas nicht?« Annika betrachtet ihre Füße. Nach einer Weile fügt sie hinzu: »Ich habe sie mitgenommen. Niemand hat mich gesehen.«

Annika hat etwas genommen, was ihr nicht gehört. Das Problem geht beide an.

Was kann Herr H. tun?

Herr H. kann Disziplin sinnvoll anwenden. Er könnte mit Annika zu dem Geschäft gehen, in dem sie die CD gestohlen hat und mit dem Filialleiter sprechen. Annika müsste ihm sagen, was sie gemacht hat. Sie wird die CD zurückgeben müssen. Der Filialleiter könnte von ihr verlangen, die CD zu bezahlen. Es ist auch möglich, dass sie das Geschäft nicht mehr betreten darf. Was auch immer der Filialleiter entscheidet, wird eine Konsequenz sein, die Annika akzeptieren muss.

Wie verhalten wir uns bei wiederholtem Lügen und Stehlen?

Wenn unser Kind wiederholt lügt und stiehlt, ist das Problem größer. Es ist wichtig, dass wir professionelle Hilfe für unser Kind bekommen.

Wie gehen wir mit dem Problem Gewalt um?

Wir sind umgeben von Gewalt. Wir sehen Gewalt im Fernsehen. Wir lesen darüber in der Zeitung. Viele Menschen erfahren Gewalt in der eigenen Familie. Eltern machen sich deshalb Sorgen. Am besten können wir mit dem Problem Gewalt umgehen, indem wir unsere Kinder lehren, dass *Gewalt keine Lösung ist.*

Wir entschließen uns, nicht zu schlagen

Schlagen ist eine Form von Gewalt. Wenn Kinder sehen, dass ihre Eltern schlagen, dann betrachten sie das vielleicht als Möglichkeit, Probleme zu lösen. Schreien kann auch eine Art von Gewaltanwendung sein. Wenn Kinder ihre Eltern schreien hören, könnten sie daraus die Schlussfolgerung ziehen, dass sie durch Schreien bekommen, was sie wollen.

Durch Schlagen und Schreien lösen wir jedoch keine Probleme. Im Gegenteil: Dadurch werden Probleme nur verschlimmert. Auf den Seiten 148/149 (Kapitel 4) werden mehr Vorschläge gemacht, was wir tun können, wenn wir den Drang verspüren, zu schlagen oder zu schreien.

Wir treffen eine Auswahl bezüglich der Medien

Das Fernsehprogramm und das Internet bieten jede Menge Gewalt. Wenn Kinder jeden Tag Gewalt sehen, könnten sie denken, dass es in Ordnung ist, Gewalt anzuwenden. Wir entscheiden deshalb, welche Programme und Filme ohne Gewaltszenen in Frage kommen und welche PC-Spiele und Webseiten für Kinder geeignet sind, und lassen die Kinder aus diesem Angebot auswählen. Wir sprechen mit unserem Kind darüber, warum wir diese Grenzen setzen. Wir schauen uns selbst einige der Programme, Webseiten und PC-Spiele an, um entscheiden zu können. Wir sehen auch *mit* unserem Kind zusammen fern und wenn Gewalt in einem Film vorkommt, sprechen wir darüber. Es ist wichtig, Gewalt nicht zu ignorieren, sondern darüber zu diskutieren und sich damit auseinander zu setzen. Fernsehen bietet eine gute Chance, darüber ins Gespräch zu kommen.

Kinder sind den Eltern oft einen Schritt voraus.

Wir werden vielleicht feststellen, dass unser Kind mit uns darüber sprechen möchte, denn Kinder machen sich auch Sorgen um Gewalt. Mehr zum Umgang mit Medien s. S. 237 ff.

Wie gehen wir mit dem Problem »Jugendbanden« um?

BEISPIEL
Stefan ist zehn Jahre alt. Er spielt nach der Schule draußen. Einige ältere Jungen, die einer Bande angehören, kommen herüber. Sie wollen mit Stefan sprechen, aber Stefan rennt nach Hause. Abends erzählt er seinen Eltern, was passiert ist. »Ich weiß, sie werden wieder kommen.«, sagt Stefan. »Was kann ich dann machen?«

Das ist ein großes Problem. Banden respektieren die Rechte anderer Menschen nicht. Jemand könnte verletzt werden, und Stefan ist zu jung, um mit diesem Problem alleine fertig zu werden.

Was können seine Eltern tun?

Stefans Eltern, Herr und Frau L., müssen mit ihm über seine Gefühle sprechen. Er muss wissen, dass seine Eltern für ihn da sind. Das ist jedoch nicht genug. Seine Eltern können die Welt nicht vollkommen sicher für ihn machen, aber es gibt einige Dinge, die sie tun können, um ihm zu helfen, Banden aus dem Weg zu gehen.

- ✓ Sie können Stefan sagen, dass er das Richtige gemacht hat. Nichts zu den Jungen zu sagen und nach Hause zu kommen, war eine gute Entscheidung.
- ✓ Sie können Stefan helfen, den sichersten Ort zu finden, an dem er spielen kann, und den sichersten Weg, nach Hause zu gehen.
- ✓ Sie können darüber sprechen, wie Stefan sich das nächste Mal verhalten sollte. Wenn sie darüber sprechen, können sie Stefan nach Alternativen fragen. Sie können ihm auch ihre Ideen mitteilen. Er hat möglicherweise einige gute Vorschläge, aber auch andere, die nicht so gut sind. Herr und Frau L. sollten sie sich anhören, damit sie ihm helfen können, die sicherste Entscheidung zu treffen.

Herr und Frau L. könnten auch nach anderen Möglichkeiten suchen, um Stefans Sicherheit zu gewährleisten:

- ✓ Vielleicht gibt es die Möglichkeit der nachmittäglichen Hausaufgabenbetreuung in der Schule.
- ✓ Manchmal bieten die Kirchengemeinden nach der Schule Kinderbetreuung in einer Spiel- und Spaßgruppe an.
- ✓ Stefan könnte mit einer Gruppe von Freunden nach Hause gehen.

✓ Herr und Frau L. könnten mit anderen Eltern eine Gruppe gründen oder sich einer anschließen, die sich besonders um die Sicherheit der Kinder bemüht.

Wir helfen Kindern, Banden zu vermeiden

Banden sind ein ernstzunehmendes Problem. Niemand kann Banden einfach zum Verschwinden bringen. Als Eltern können wir jedoch unseren Kindern helfen, sich nicht mit ihnen einzulassen. Wir müssen unseren Kindern dann helfen, wenn sie zu jung sind, um sich für Banden zu interessieren. Wenn sie bereits daran denken, sich einer Bande anzuschließen, ist es schwieriger. Was können wir tun?

Wir helfen unseren Kindern, sich geliebt zu fühlen

Indem wir unsere Kinder ermutigen, helfen wir ihnen, sich geliebt zu fühlen. Indem wir unsere Kinder akzeptieren, helfen wir ihnen, sich anerkannt und geschätzt zu fühlen. Wir alle möchten wissen, dass wir geliebt werden. Kinder müssen dieses Gefühl haben, wenn sie jung sind, dann ist es sehr viel weniger wahrscheinlich, dass sie später in einer Bande nach Anerkennung und Liebe suchen.

Wir helfen unseren Kindern, sich stark zu fühlen

Kinder müssen sich in irgendeinem Bereich stark fühlen. Durch Wahlmöglichkeiten geben wir unseren Kindern ein gewisses Maß Kontrolle. Wenn Kinder Freiraum für Entscheidungen bekommen, empfinden sie dies als positive Art von Stärke. Später wird es dann weniger wahrscheinlich sein, dass sie sich einer Bande anschließen wollen, um Macht ausüben zu können.

Wir helfen unseren Kindern das Gefühl zu haben gebraucht zu werden

Wir können unsere Kinder wissen lassen, dass sie für uns wichtig sind. Wir zeigen dies, indem wir sie nach ihren Ideen fragen und um Vorschläge bitten oder von ihnen erwarten, dass sie kooperieren. Wir können unseren Kindern auch sagen, wie viel ihre Hilfe uns bedeutet. Wir können unseren Kindern helfen, sich jetzt, wenn sie jung sind, als wichtigen Teil der Familie zu betrachten. Es wird dann weniger wahrscheinlich sein, dass sie sich später eine Bande als »Familienersatz« suchen werden.

Wie verhalten wir uns beim Thema Drogen?

Schon Kinder in der Grundschule wissen oft über Drogen Bescheid. Kinder können auf vielfältige Art an Drogen kommen und sie zu sich nehmen.

- ✓ Sie können Zigaretten und Alkohol von älteren Kindern bekommen. Sie können sie aus dem häuslichen Vorrat entwenden. Manchmal bieten Eltern sogar einen Schluck Bier oder Wein an.
- ✓ Sie können Medizin, wie Aspirin oder Hustensaft, zu Hause einnehmen.
- ✓ Sie können zu Hause Klebstoff, Farbenverdünner oder Dosenspray schnüffeln.
- ✓ Sie können Marihuana und andere illegale Drogen von anderen Kindern oder von Dealern bekommen, für die Kinder leichte Beute sind.

Wir können nicht garantieren, dass unser Kind keine Drogen nehmen wird. Dennoch können wir viel tun, unseren Kindern zu helfen, die richtige Entscheidung zu treffen. Die Fertigkeiten und Vorgehensweisen, die wir durch STEP gelernt haben, können uns in folgender Hinsicht behilflich sein:

Wir entwickeln das Selbstvertrauen unseres Kindes. Bei Kindern, die mit sich zufrieden sind, ist es wahrscheinlicher, dass sie für sich verantwortlich sein können und entsprechend handeln. Es ist weniger wahrscheinlich, dass sie sich von Freunden dazu überreden lassen, Drogen zu nehmen.

Wir bringen unserem Kind bei, Entscheidungen zu treffen und Probleme zu lösen. Bei Kindern, die das können, ist es wahrscheinlicher, dass sie über die *Konsequenzen* des Gebrauchs von Drogen nachdenken.

Wir ermutigen unser Kind zu Aktivitäten, die gesundheitsfördernd sind. Kinder können sich bei Workshops und AGs in der Schule beteiligen oder sich einem Sportverein anschließen. Kirchengemeinden bieten ebenfalls Gruppen an, die zur Teilnahme einladen. Wenn möglich, beteiligen wir Eltern uns als Freiwillige an den Vorbereitungen für Schulaktivitäten oder besuchen die jeweiligen Aufführungen. Wir organisieren als Familie Aktivitäten wie Spaziergänge, Radwanderungen, Picknicks oder eine Rallye. Wir tun etwas, das jedem gefällt.

Wir reden mit unserem Kind über Drogen. Wir predigen nicht, sondern tauschen Informationen aus. Wir hören uns die Meinung, Überlegungen und Sorgen unseres Kindes bezüglich Drogen an und wir beantworten die Fragen unseres Kindes ehrlich.

Wir lernen die Eltern der Freunde unseres Kindes kennen. Wir arbeiten mit anderen Eltern zusammen, um Aktivitäten zu planen, die sicher sind, Spaß machen und bei denen Drogen keine Gefahr bedeuten.

Wir veranlassen unsere Kinder, in Gruppen zur Schule zu gehen. Wenn unsere Kinder auf dem Weg zur Schule und auf dem Heimweg mit Freunden unterwegs sind, hilft es ihnen, Drogendealern zu widerstehen.

Wir achten auf unseren eigenen Gebrauch von Drogen. Legale Drogen, wie Zigaretten und Alkohol – oder sogar Medikamente, die in der Apotheke rezeptfrei zu kaufen sind – können missbraucht werden. Kinder lernen eine Menge über Drogen, einfach dadurch, dass sie ihre Eltern beobachten.

Wir lernen mehr über Drogen

Es sind viele Bücher, Hefte und Broschüren für Eltern und Kinder über Drogen geschrieben worden. Sowohl Schulen als auch örtliche Polizeiwachen haben sie vorrätig. Informationen zu diesem Thema können wir außerdem über die Deutsche Hauptstelle für Suchtfragen e.V. (www.dhs.de, Tel. 0 23 81/9 01 50) erhalten.

Denken Sie voraus

Denken Sie an die Zukunft, denn Ihr Kind wird über viele Dinge Entscheidungen treffen müssen:

- ✓ Hausaufgaben
- ✓ Streit
- ✓ Freundschaften
- ✓ Umgang mit Medien
- ✓ Drogen
- ✓ Sex
- ✓ Gesundheit

Wie können Sie Ihrem Kind helfen, richtige Entscheidungen hinsichtlich dieser Themen zu treffen?

STEP ERMUTIGUNG

Konzentrieren Sie sich auf die Gefühle Ihres Kindes. Arbeiten Sie daran, die Gefühle so vollständig wie möglich zu verstehen, und zeigen Sie, dass Sie sie verstanden haben. Um sich selbst zu helfen, tun Sie Folgendes:

- ✓ Achten Sie auf die Worte, den Tonfall, die Körperhaltung und die Handlungen Ihres Kindes.
- ✓ Überlegen Sie, was Ihr Kind fühlt und glaubt.
- ✓ Praktizieren Sie aktives Zuhören.
- ✓ Bleiben Sie beim Thema und reagieren Sie nur auf das, was Ihr Kind sagt.
- ✓ Sehen Sie die Situation aus dem Blickwinkel Ihres Kindes.

Nehmen Sie sich sooft wie möglich Zeit, auf diese Art zuzuhören. Es zeigt Ihrem Kind, dass Sie sich um es kümmern und dass Sie Verständnis haben.

Sie haben einen weiteren, den siebten großen Schritt gemacht

In Kapitel 7 haben Sie gesehen, dass Sie die Fertigkeiten und Methoden, die Sie bei STEP gelernt haben, auf vielfältige Weise anwenden können. Während des STEP Kurses haben Sie viele Möglichkeiten gelernt, Ihrem Kind zu helfen, verantwortungsbewusst zu sein und zu kooperieren. Sie helfen, indem Sie

- ✓ Ihrem Kind und sich selbst Respekt zeigen,
- ✓ die Ziele des Verhaltens Ihres Kindes erkennen,
- ✓ die Art ändern, in der sie reagieren,
- ✓ Kooperation erwarten,
- ✓ Ihr Kind ermutigen,
- ✓ auf Gefühle achten und über Gefühle sprechen,
- ✓ Grenzen setzen und Wahlmöglichkeiten geben,
- ✓ Zusammenarbeiten, um Probleme zu lösen.

All diese Fertigkeiten und Vorgehensweisen müssen geübt werden. Geben Sie nicht auf. Seien Sie geduldig mit sich und Ihrem Kind. Wenn Sie Schwierigkeiten haben, denken Sie wieder an Ihre Erziehungsziele:

- ✓ Ein Kind zu erziehen, das glücklich, gesund, selbstbewusst, kooperativ und verantwortungsbewusst ist,
- ✓ eine tragfähige, erfüllende Beziehung zu Ihrem Kind zu entwickeln, die ein Leben lang hält,
- ✓ Ihrem Kind zu helfen, sich zu einem verantwortungsbewussten Erwachsenen zu entwickeln,
- ✓ ein Kind zu erziehen, das geliebt wird und fähig ist, Liebe zu geben.

FÜR IHRE FAMILIE

Halten Sie auch weiterhin Familienkonferenzen ab. Beim nächsten Treffen:

- Sprechen Sie über Vereinbarungen, die Sie getroffen haben.
- Arbeiten Sie zusammen, um Probleme zu lösen.
- Schmieden Sie zusammen Pläne.
- Lassen Sie Ihre Kinder sprechen. Halten Sie sich mit Ihren Vorschlägen etwas zurück. Genießen Sie den Augenblick!

Erinnern Sie sich daran, dass alle Familienmitglieder spüren müssen, dass ihre Ideen wichtig sind.

NUR FÜR SIE

SEIEN SIE **stolz** AUF DAS, WAS SIE **erreicht** HABEN

Ein Elternbuch durchgearbeitet zu haben oder einen Elternkurs beendet zu haben, ist ein Erfolg. Es beweist, dass Sie fähig sind, neue Ideen in Betracht zu ziehen, und dass Sie bereit sind, sich selbst zu helfen, sich weiterzuentwickeln.

✓ Was ist in Ihrer Familie jetzt neu, anders und positiv?

✓ Was würden Sie sich für Ihre Kinder wünschen, in einem Jahr, in fünf und zehn Jahren?

✓ Wie können die STEP Prinzipien in diesem Buch und Ihre persönlichen Fähigkeiten Ihnen und Ihren Kindern auf Ihrem Weg helfen?

Erinnern Sie sich, dass es leicht ist, sich darauf zu konzentrieren, was Sie noch nicht erreicht haben. Es ist viel wichtiger zu wissen, was wir schon erreicht haben.

Zusammenfassung

1. Die Vorgehensweise, die Sie anwenden, ist abhängig von der jeweiligen Situation, dem jeweiligen Kind und Ihren Wertvorstellungen.
2. Um zu wissen, was Sie tun sollen, fragen Sie sich, um wessen Problem es sich handelt, welches Erziehungsziel Sie verfolgen und wie Sie das positive Verhalten Ihres Kindes am besten fördern können.
3. Was die Schule betrifft, schaffen Sie die Voraussetzungen, unter denen Ihr Kind lernen kann und will. Sie tun dies, indem Sie gute Arbeitsbedingungen schaffen, Belohnungen und Strafen vermeiden, Ihr Kind Verantwortung übernehmen lassen, Ihr Kind ermutigen und es so unterstützen, sein Potenzial zu entfalten.
4. Vorausgesetzt, dass das Problem nicht ernst ist, lassen Sie Ihr Kind bei der Weigerung zu essen die Konsequenzen spüren. Lassen Sie Ihr Kind erfahren, was es bedeutet, nicht gegessen zu haben.
5. Erwarten Sie von Ihren Kindern, dass sie miteinander auskommen und Probleme unter sich aushandeln. Greifen Sie nur ein, wenn jemand verletzt werden könnte.
6. Wenn Ihr Kind lügt oder stiehlt, lassen Sie Konsequenzen folgen.
7. Um Ihre Kinder dazu zu bringen, auf Gewalt zu verzichten, entschließen Sie sich, selbst nicht zu schlagen und das Fernsehprogramm, die PC-Spiele und die Webseiten, zu denen sie Zugang haben, entsprechend auszuwählen.

8. Um Ihrem Kind zu helfen, sich nicht mit Jugendbanden (kriminellen Vereinigungen, Rechtsradikalismus etc.) einzulassen, arbeiten Sie daran, dass Ihr Kind sich geliebt und stark fühlt und das Gefühl hat, gebraucht zu werden.
9. Um Ihrem Kind zu helfen, positive Entscheidungen im Hinblick auf Drogen zu treffen,

   bauen Sie das Selbstvertrauen Ihres Kindes auf,

   lehren Sie Ihr Kind, Entscheidungen zu treffen,

   sprechen Sie mit Ihrem Kind über Drogen,

   lernen Sie die Freunde Ihres Kindes und deren Eltern kennen,

   achten Sie auf Ihr eigenes Verhalten gegenüber legalen Drogen, wie z.B. Zigaretten und Alkohol,

   ermutigen Sie gesundheitsförderliche Aktivitäten,

   ermutigen Sie Ihre Kinder, längere Wege zusammen mit Freunden oder in der Gruppe zurückzulegen.
10. Sie können die Sicherheit Ihres Kindes nicht garantieren. Benutzen Sie Ihre STEP Fähigkeiten und Fertigkeiten, um Ihrem Kind zu helfen, ernste Probleme zu vermeiden und richtige Entscheidungen zu treffen.

Wie geht es weiter?

Der nächste Schritt liegt bei Ihnen! Sie haben viele neue Erkenntnisse und Fertigkeiten gewonnen. Üben und nutzen Sie diese neuen Fähigkeiten, um Ihrem Kind zu helfen, verantwortungsbewusst und selbstständig zu werden. Ermutigen Sie Ihr Kind, sich selbst und Ihre Familie immer wieder aufs Neue. Vor allem aber genießen Sie Ihre Beziehung zu Ihrem Kind.

(Informationen über STEP Elternkurse bei zertifizierten Kursleiter/innen: www.instep-online.de; www.instep-online.ch; www.instep-online.at)

Tabelle 7

»Schritt für Schritt als Eltern fit«:

Wie entscheiden Sie, was wann zu tun ist?

1. Entscheiden Sie, wessen Problem es ist.
   Fragen Sie sich:
   - Werden meine Rechte missachtet?
   - Ist mein Kind zu jung, um für dieses Problem verantwortlich zu sein?
   - Könnte jemand verletzt werden?
   - Könnte das Eigentum von jemandem beschädigt werden?
2. Erkennen Sie das Ziel des Fehlverhaltens.
   Achten Sie darauf:
   - wie Sie sich fühlen,
   - wie Sie reagieren,
   - wie Ihr Kind auf Ihre Reaktion reagiert.
3. Achten Sie auf Ihre Absicht.
   Fragen Sie sich:
   - Möchte ich dauernd Aufmerksamkeit schenken oder will ich meinem Kind helfen, selbstbewusst zu sein?
   - Möchte ich zeigen, wer das Sagen hat, oder will ich meinem Kind helfen, selbstständig und verantwortungsbewusst zu sein?
   - Möchte ich mich rächen oder zeigen, dass ich mein Kind verstehe?
   - Möchte ich mein entmutigtes Kind aufgeben oder ihm helfen, Selbstvertrauen zu gewinnen?
4. Wählen Sie eine Methode aus. Wählen Sie nur eine oder kombinieren Sie mehrere:
   - Ignorieren Sie das Fehlverhalten, wenn es Ihrem Kind hilft zu kooperieren.

- Praktizieren Sie aktives Zuhören.
- Benutzen Sie »Ich-Aussagen«, um mitzuteilen, wie Sie sich fühlen.
- Strafen Sie nicht. Bieten Sie Wahlmöglichkeiten an und lassen Sie Ihr Kind Erfahrungen mit den Konsequenzen seiner Entscheidungen machen.
- Erforschen Sie Alternativen.

5. Ermutigen Sie Ihr Kind und sich selbst immer wieder. Um Ihrem Kind zu helfen:

- Ermutigen Sie Ihr Kind, statt es zu loben.
- Lieben und akzeptieren Sie die einzigartige Persönlichkeit Ihres Kindes.
- Glauben Sie an Ihr Kind.
- Schätzen Sie Ihr Kind.
- Achten Sie darauf, wenn Ihr Kind sich Mühe gibt oder Fortschritte macht.

Um sich selbst zu helfen:

- Haben Sie Geduld mit sich selbst.
- Erinnern Sie sich daran, dass Ihr Kind nicht ein Teil von Ihnen ist, sondern eine eigenständige Person.
- Stecken Sie sich realistische Ziele.
- Benutzen Sie positive innere Dialoge.
- Achten Sie auf Ihre Gesundheit, damit Sie so gesund wie möglich bleiben.
- Seien Sie humorvoll.
- Haben Sie den Mut, nicht perfekt zu sein.

Um Ihrer Familie zu helfen:

- Behandeln Sie einander mit Respekt.
- Erwarten Sie Kooperation.
- Halten Sie Familienkonferenzen ab, um Probleme zu lösen und Spaß zu haben.

WAS IST IHRE **PRIORITÄT?**

Wir alle möchten dazugehören. Auf welche Weise Sie versuchen dazuzugehören, ist abhängig von Ihren *Prioritäten* – jenen Dingen, die Ihnen am wichtigsten sind.

Eine Reihe von Prioritäten haben mit der Art zu tun, wie Sie Ihre Beziehungen mit anderen Menschen gestalten.

Um Ihre eigenen Prioritäten zu finden, denken Sie über jeden der folgenden Aspekte nach. Was ist Ihnen am wichtigsten? Setzen Sie eine »1« davor. Setzen Sie eine »2« vor den Aspekt, der Ihnen am zweitwichtigsten ist. Die anderen bewerten Sie entsprechend mit »3« und »4«.

___ A. Ich möchte vermeiden, abgelehnt zu werden.
___ B. Ich möchte vermeiden, dass mir etwas peinlich ist.
___ C. Ich möchte Stress oder Konflikt vermeiden.
___ D. Ich möchte vermeiden, unproduktiv zu sein.

A. Wenn Sie diesen Punkt mit einer »1« gekennzeichnet haben, ist Ihr Wunsch, *anderen zu gefallen*, wahrscheinlich Ihre wichtigste Priorität. Sie möchten von anderen gemocht werden.

B. Wenn Sie diesen Punkt mit einer »1« bewertet haben, dann ist wahrscheinlich *Kontrolle* Ihre wichtigste Priorität. Sie möchten bestimmen, Verantwortung übernehmen, von niemandem kontrolliert werden.

C. Wenn Sie diesen Punkt mit einer »1« versehen haben, dann ist *Bequemlichkeit/Gelassenheit* wahrscheinlich Ihre höchste Priorität. Sie möchten Stress oder Konflikte vermeiden.

D. Wenn Sie diesen Punkt mit einer »1« bewertet haben, dann ist wahrscheinlich *Perfektion* Ihre wichtigste Priorität. Sie möchten Ihrem Leben Bedeutung geben.

In der folgenden Tabelle werden einige Möglichkeiten aufgezeigt, wie sich die unterschiedlichen Prioritäten bei Ihnen und Ihrem Kind auswirken können.

Priorität	Vorteile für Sie	Nachteile für Sie	Vorteile für Ihr Kind	Nachteile für Ihr Kind
Gefallen wollen	Sie kommen möglicherweise gut mit anderen aus. Sie wissen wahrscheinlich, was andere wollen.	Vielleicht fühlen Sie sich (und werden auch tatsächlich) ausgenutzt und nicht respektiert.	Es erlebt wahrscheinlich selten Konflikte und fühlt sich schnell verstanden.	Möglicherweise respektiert es die anderen nicht oder es nutzt sie aus.
Kontrolle	Wahrscheinlich denken Sie sehr logisch und sind sehr organisiert.	Sie finden es schwer, anderen Menschen nahe zu kommen und Gefühle mitzuteilen.	Es lernt Grenzen zu akzeptieren und sich zu organisieren.	Es sieht sich vielleicht vielen Machtkämpfen ausgesetzt, hat möglicherweise Angst, Gefühle mitzuteilen.
Bequemlichkeit/ Gelassenheit	Sie sind wahrscheinlich sehr umgänglich, haben wenige Konflikte.	Möglicherweise haben Sie das Gefühl, dass Sie zu kurz kommen und zu wenig Erfolgserlebnisse haben.	Es erlebt wenig Konflikte, kann eigene Interessen verfolgen.	Vielleicht bleiben seine Interessen unerkannt, scheinen unwichtig.
Perfektionismus	Sie sind wahrscheinlich sehr fähig und kreativ.	Sie fühlen sich überlastet und tragen zu viel Verantwortung.	Es ist wahrscheinlich kreativ, sieht das Leben positiv.	Es fühlt sich möglicherweise nicht gut genug, hat das Gefühl perfekt sein zu müssen.

- Welche positive Auswirkung hat Ihre Priorität auf Ihr Leben und auf Ihren Erziehungsstil?
- Welche negative Auswirkung hat Ihre Priorität?
- Welche Änderungen möchten Sie vornehmen?

Literaturhinweise

Antoch, Robert F.: Beziehung und seelische Gesundheit. Frankfurt/M. 1994

Badinter, Elisabeth: Die Mutterliebe. Geschichte eines Gefühls vom 17. Jahrhundert bis heute. München 1996

Bergmann, Wolfgang: Die Kunst der Elternliebe. Weinheim, Basel 2006

Bergmann, Wolfgang: Gute Autorität. Grundsätze einer zeitgemäßen Erziehung. Weinheim, Basel 2006

Biddulph, Steve: Das Geheimnis glücklicher Kinder. München 1998

Brazelton, T. Berry/Greenspan, Stanley I.: Die sieben Grundbedürfnisse von Kindern. Was jedes Kind braucht, um gesund aufzuwachsen, gut zu lernen und glücklich zu sein. Weinheim, Basel 2002

Dinkmeyer, Don Sr. et al.: STEP Das Elternbuch – Die ersten 6 Jahre. Weinheim, Basel 2004

Dinkmeyer, Don Sr. et al.: STEP Das Elternbuch – Leben mit Teenagern. Weinheim, Basel 2005

Dinkmeyer, Don Sr. et al.: STEP – Das Buch für Lehrer/innen, Wertschätzend und professionell den Schulalltag gestalten. Weinheim, Basel 2011

Dinkmeyer, Don Sr. et al.: STEP – Das Buch für Erzieher/innen, Kinder wertschätzend und kompetent erziehen. Berlin 2008

Dreikurs, Rudolf: Ermutigung an jedem Tag. Zuversicht für Eltern und Kinder. Freiburg 2002

Dreikurs, Rudolf: Familienrat. Der Weg zu einem glücklichen Zusammenleben von Eltern und Kindern. Stuttgart 2003

Dreikurs, Rudolf/Grey, Loren: Kinder lernen aus den Folgen. Wie man sich Schimpfen und Strafen sparen kann. Freiburg 2000

Fassbender, Ursula/Schumacher, Holger: Starke Kinder wehren sich. Prävention gegen Gewalt: Das Kindersicherheitstraining. München 2004

Friedrich, Max H.: Kinder ins Leben begleiten. Vorbeugen statt Therapie. Wien 2003

Gruhn, Wilfried: Kinder brauchen Musik. Musikalität bei kleinen Kindern entfalten und fördern. Weinheim, Basel 2003

Hüther, Gerald: Bedienungsanleitung für ein menschliches Gehirn. Göttingen 2001

Hurrelmann, Klaus: Familienstress, Schulstress, Freizeitstress. Weinheim, Basel 1999

Hurrelmann, Klaus/Unverzagt, Gerlinde: Kinder stark machen für das Leben. Herzenswärme, Freiräume, klare Regeln. Freiburg 2000

Juul, Jesper: Das kompetente Kind. Reinbek 2003

Juul, Jesper/Jensen, Helle: Vom Gehorsam zur Verantwortung. Für eine neue Erziehungskultur. Weinheim, Basel 2005

Kast, Verena: Loslassen und sich selber finden. Freiburg 2003

Kornbichler, Thomas: Die Individualpsychologie nach Alfred Adler. Freiburg 2009

Lauth, Gerhard W./Schlottke, Peter F./Naumann, Kerstin: Rastlose Kinder, ratlose Eltern. Hilfen bei Überaktivität und Aufmerksamkeitsstörungen. München 2002

Pfeifer, Annemarie: Mütter sind nicht immer schuld, Wuppertal und Zürich 1996

Rotthaus, Wilhelm: Wozu erziehen? Entwurf einer systemischen Erziehung. Heidelberg 2002

Rufo, Marcel/Schilte, Christine: Geschwisterliebe, Geschwisterhass. Die prägendste Beziehung unserer Kindheit. München 2005

Veith, Peter: Jedes Kind braucht seinen Platz. Geschwister in der Familie. Freiburg 2000

Veith, Peter: Ohne Fäuste geht es auch. Freiburg 2001

Wahlgren, Anna: Das KinderBuch. Wie kleine Menschen groß werden. Weinheim, Basel 2004

Wahlgren, Anna: Kleine Kinder brauchen uns. Weinheim, Basel 2006

Register

A

B

D

E

I

J

K

L

M

N

P

R

S

T

U

V

W

Z